イスラーム世界といかに向きあうか？

文明の接近
【「イスラームvs西洋」の虚構】

E・トッド
Y・クルバージュ
石崎晴己訳・解説

忽ち増刷！

現在のイラク情勢を予見した世界的ベストセラー『帝国以後』の続編。欧米のイスラーム脅威論の虚構を暴き、独自の人口学的手法により、イスラーム圏の現実と多様性に迫った画期的分析！

四六上製　三〇四頁　二八〇〇円

エマニュエル・トッド
世界中の家族制度の緻密な歴史的統計調査に基づいて、従来の「常識」を覆す数々の問題提起をなす、今もっとも刺激的な知識人。実証的知見に裏付けられた分析から、欧州統合やグローバリゼーションなどのアクチュアルな問題にもシャープに回答する論客。

帝国以後
【アメリカ・システムの崩壊】

E・トッド　石崎晴己訳

大ヒットの話題作

アメリカがもはや「帝国」ではないことを独自の手法で実証し、イラク攻撃後の世界秩序を展望する超話題作。世界がアメリカ無しでやっていけるようになり、アメリカが世界無しではやっていけなくなった「今」を活写。

二五〇〇円

イスラームの国家・社会・法
【法の歴史人類学】

H・ガーバー　黒田壽郎訳・解説

イスラーム理解の鍵、イスラーム法の歴史的実態を初めて明かす。ウェーバーの「東洋的専制」論を実証的に覆し、中東における法と理性の不在という既存の定説に宿るオリエンタリズムの構造を暴いた、地域研究の最前線。

五八〇〇円

イスラーム治下のヨーロッパ
【衝突と共存の歴史】

Ch-E・デュフルク　芝修身・芝紘子訳

ヨーロッパ世界とイスラーム世界は果たして水と油なのか？イスラーム治下の中世ヨーロッパにおける日常生活の歴史から、共存の実態を初めて明かし、二大文明の出会いを描く。

三三〇〇円

目次

別冊 環 ⑭
KAN: History, Environment, Civilization
トルコとは何か

●「東」と「西」の接点に位置する、多様な歴史と文化の地、トルコの素顔に迫る

歴史と文化に多角的に迫る

別冊 環 ⑭

KAN: History, Environment, Civilization

トルコとは何か

澁澤幸子
永田雄三
三木亘
岡田明憲
鈴木董
内藤正典
坂本勉
設樂國廣
三宅理一
長場紘
山下王世
安達智英子
ヤマンラール水野美奈子
横田吉昭
細川直子

新井政美
浜名優美
陣内秀信
三沢伸生
高橋忠久
三杉隆敏
牟田口義郎
庄野真代

マーガレット・アトウッド
ロータル・ミュラー
バルバラ・スピネッリ
莫言
イ・ナナ
オルハン・パムク
河津聖恵
和久井路子
勝田茂
安川晴基　尾河直哉
彭佳紅　渡辺直紀　澤井一彰

藤原書店

二〇〇六年のノーベル文学賞に輝いたトルコの作家オルハン・パムクは、受賞以前からすでに世界の主要各国で翻訳され、好評を博していた。彼の作品が際立って来たのは、9・11事件を予見する作品『雪』を発表した頃からである。小社は、パムク作品に世界文学としてのスケールの大きさを感じ、二〇〇四年秋、『わたしの名は紅』を翻訳出版した。去る二〇〇七年七月には最新作の『イスタンブール』を刊行したばかりである。

パムクが生まれ育ったイスタンブールは、アジアとヨーロッパに跨がる文明の十字路の中心都市であり、トルコという国も双方の文化が共存する国である。言語や民族の面でも日本人とは近い存在であり、親日的なトルコとは、早くから「遠くて近い国」という形容がふさわしい関係だった。

トルコと日本は、ロシアや西欧の脅威に抗して近代化に成功した数少ない国である。グローバリゼーションが席巻するなかで、近代史を世界的スケールで見直すことが求められる現在、トルコの歴史や文化を理解することは日本の近代史を理解するためにも避けて通ることができない。

一九八五年のイラン・イラク戦争の時、トルコ航空機による日本人救出劇は記憶に新しいところだが、その動機となった歴史的原点は、串本沖のトルコ軍艦「エルトゥール号」の海難救助（一八九〇年）、そして日露戦争における日本の勝利である。小国日本の勝利はトルコの人々を強烈に勇気づけた。黒海に隣接するトルコもまた、ロシア艦隊の傲慢さと脅威に晒されていたからである。日露戦争がトルコの近代化を後押ししたのはいうまでもなく、オスマン帝国衰退後、新生トルコを建国したトルコの父《アタチュルク》、ムスタファ・ケマルの革命は日本の昭和維新の運動にも関与した。

こうした歴史的背景がありながら、日本人のトルコへの興味と理解は心もとない限りだ。本企画は、とりわけトルコを代表する作家オルハン・パムクの魅力の謎を解き明かすために、トルコを総合的に理解することを試みた。同時に、現代トルコが抱える様々な政治的諸問題、例えばキプロス・アルメニア・クルド人問題、ドイツへの移住労働者、ＥＵ加盟などにも光を当てた。イスラームでありながらアラブでもイランでもなく、さらにはヨーロッパとも密接な関係で結ばれてきたトルコの歴史・文化を浮彫りにしたい。

〈座談会〉

トルコとは何か

澁澤幸子（作家・トルコ研究家）
永田雄三（明治大学教授／オスマン帝国史）
三木　亘（慶應義塾大学特選塾員／中東歴史生態学）
〈司会〉岡田明憲（マズダ・ヤスナの会代表／インド／イラン学）

中央アジアからアナトリアに至るトルコ系民族の移動の歴史と、アナトリアの地における、古代から現代に至る様々な文明の交替の歴史によって、多様で重層的な魅力をもつトルコ。西洋文明との接触や近代国家樹立の困難において、呼応する経験をもつトルコと日本だが、東洋の西端と東端にあって、実際にはトルコの本質は意外に日本でも理解されていない。トルコを知悉する三人の方々をお招きし、その歴史と魅力、そしてトルコという存在から考えるべきことを語り合っていただいた。〈編集部〉

Photo by Shibusawa Sachiko

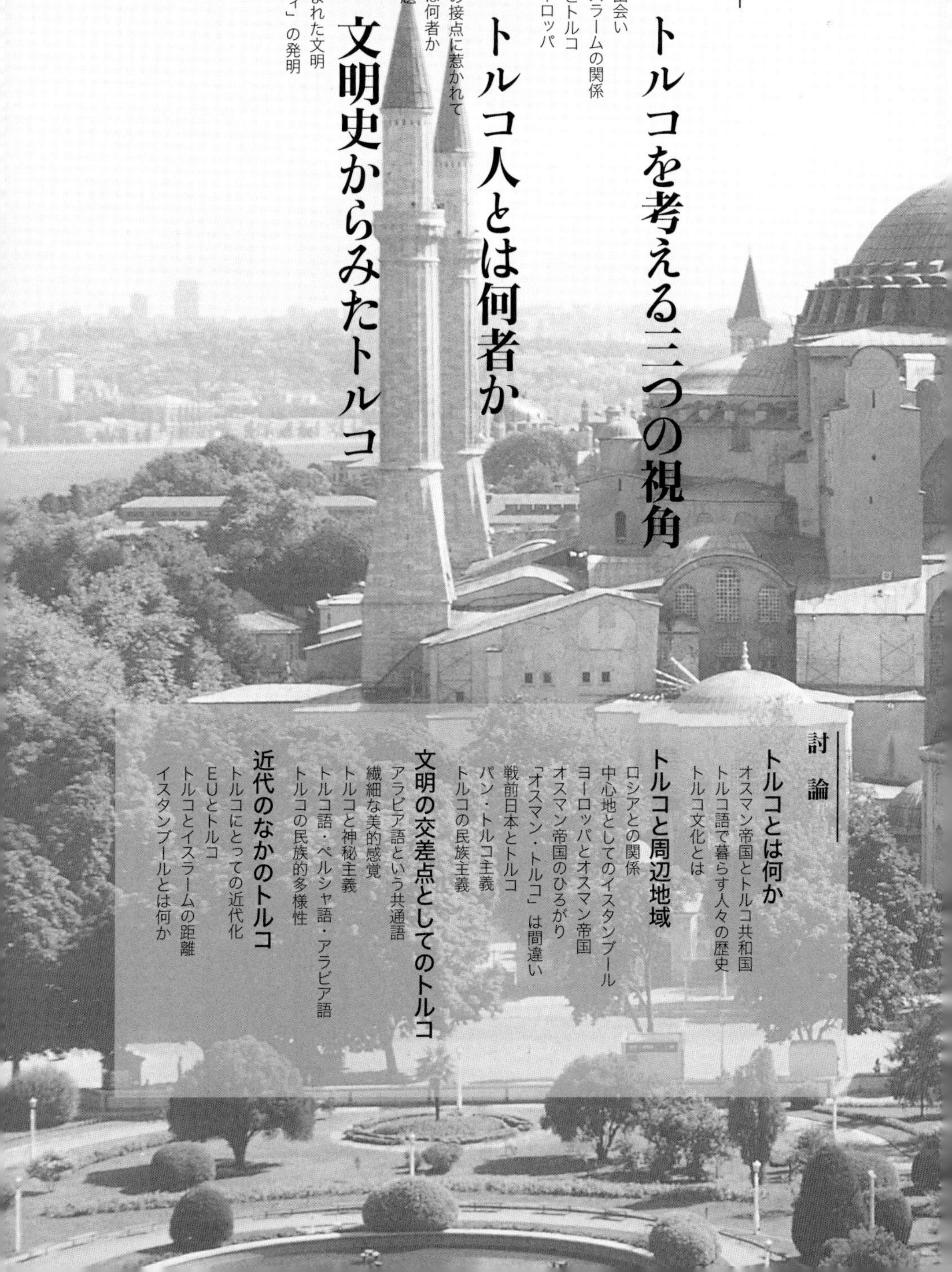

問題提起

永田雄三　トルコを考える三つの視角

トルコとの出会い
トルコとイスラームの関係
中央アジアとトルコ
トルコとヨーロッパ

澁澤幸子　トルコ人とは何者か

東洋と西洋の接点に惹かれて
トルコ人とは何者か
クルド人問題

三木　亘　文明史からみたトルコ

旧大陸で育まれた文明
「マイノリティ」の発明

討　論

トルコとは何か

オスマン帝国とトルコ共和国
トルコ語で暮らす人々の歴史
トルコ文化とは

トルコと周辺地域

ロシアとの関係
中心地としてのイスタンブール
ヨーロッパとオスマン帝国
オスマン帝国のひろがり
「オスマン・トルコ」は間違い
戦前日本とトルコ
パン・トルコ主義
トルコの民族主義

文明の交差点としてのトルコ

アラビア語という共通語
繊細な美的感覚
トルコと神秘主義
トルコ語・ペルシャ語・アラビア語
トルコの民族的多様性

近代のなかのトルコ

トルコにとっての近代化
EUとトルコ
トルコとイスラームの距離
イスタンブールとは何か

司会の岡田です。私自身はイラン学をやっておりまして、トルコ学は素人ですので、諸先生からいろいろ御教示を得たいと思っております。イランもトルコも同じ西アジアといういきさつから司会を仰せつかったわけですが、アラブとかイラン、トルコとか、専門家の方は別といたしまして一般の方にはなかなかそれぞれの独特の性格に関して交通整理ができていない感じがします。ですのでそこら辺も含めて、諸先生からやはりトルコの特質をお話し願えたら今後パムクさんの本を読む読者にとっても非常に親切な導きになるのではないかと思っております。
まず永田先生からお話をお願いできますでしょうか。

I 問題提起

トルコを考える三つの視角

永田雄三

トルコとの出会い

私はいわゆる史学科の東洋史の出身です。千葉大学に入って、戦後日本で恐らくただお一人でずっとトルコ史、オスマン帝国史、セルジューク朝史をやっておられた三橋冨治男先生に出会い、トルコ史を始めました。大学院で慶應大学の前嶋信次先生のところへ行きまして、二年目の一九六五年に、第一回目のトルコ政府の奨学金による留学生ということで、オルハン・パムクの本を訳された和久井路子さんと一緒に留学しました。私の記憶では戦後、学生で留学したのは初めてですね。多分、戦前でも学生の留学はないと思うんですね。一九六九年まで滞在しまして、最終的には一七六八年に始まります露土戦争（第一次露土戦争）のときのオスマン朝の総司令官兼大宰相であるメフメト・パシャの伝記とともに、かれが地方名士に対して行った政策を扱いました。

一九六九年にドクター論文をトルコ語で書きまして日本に帰ってまいりました。東京外語大のアジア・アフリカ言語文化研究所に入って二四年九カ月ぐらいおりました。

そこでは三木さんと同僚になりますが、三木さんを中心とした海外調査にも、三回か二回に一度参加させていただきました。それ以前の私の研究は第一次史料に基づいていましたが、日本に帰ってきてからは論文、著書のたぐい、二次資料で仕事をしていたんですが、海外調査で、また文書を使った仕事ができるようになりました。そういうことで、十八―十九世紀のトルコの地方名士研究が、その後もう三〇年以上たっておりますがメインのテーマです。

●永田雄三　ながた・ゆうぞう
1939年東京都生。明治大学文学部教授。オスマン帝国史。著書に『歴史のなかの地方名士』(トルコ語、トルコ歴史学協会)、共著に『成熟のイスラーム社会』(中央公論社) ほか。

トルコとイスラームの関係

それで、トルコとは何かという問題提起に入らせていただきますが、トルコについて三点だけ指摘しておきたいと思います。

第一点は、イスラームの問題です。海外調査のときに三木隊長から必ず言われましたのは「君はトルコをやっているけれども、必ずアラブやイランの地域もよく見るように」ということで、必ずトルコに行った帰りに、エジプトに行ってみたりシリアに行ってみたり、イランに行ったり、そういう形で動いておりました。その中でトルコにとってイスラームとは何かと考えたときに、これはもう単なる印象ですが、カイロなんかに行っていますとアラブの人たちにとってイスラームというのは空気か水のように自然にあるものという印象が強い。それに対してトルコの場合は、イスラームというと相手がちょっと身構える。つまりトルコの人がイスラームを意識しようとしたときは、少し身構えて向き合うという姿勢があるのではないかと。

中東をトルコ語文化圏、ペルシャ語文化圏、アラビア語文化圏の三つで考えますと、トルコ人がイスラームに接触したのが一番遅いんですね。イスラームはアラブが始めましたし、一番最初にイラン世界に入っていきましたね。その後中央アジアということで、やはりトルコあるいはトルコ人の場合は、イスラームの受容

一番完成されたイスラーム国家から、逆に中東のイスラーム諸国の中では一番西欧近代的な国家に変わった。（永田）

が遅いだけではなくて、まだイスラームがちょっと自分の横にあるというような印象を持っております。

それと関連しまして、歴史的に考え直しますと、預言者ムハンマドからイスラームの国家形成が起こってきて国家体制が整ってきますが、私が勉強を始めたころは島田襄平先生、護雅夫先生などが、オスマン帝国というのはイスラーム国家の中で一番完成された段階だと盛んに言っておられました。ではどういう意味で完成されていたのかというと、非常に形式的な意味で、一つはイスラームにウラマーがおりますね。イスラームというのは知識人と訳されておりますが。オスマン帝国のイスラームというのは、シャイフル・イスラーム（イスラームの長官）であるとかイスラームの法官カーディであるとか、非常に組織化されているんですね。そして同時にウラマーという人たちがそれの担い手として、いわば体制化されていると考えました。

そういう形で非常に発展したイスラーム国家ですから、十八世紀になってヨーロッパ化を志向した近代化の改革が起こってきたときに、意外にあっけなくオスマン帝国、あるいはその直接の後継国家であるトルコでイスラーム的な制度がなくなって、ヨーロッパ的な制度に変えられてしまう。それを最終的に完成させたのはトルコ共和国、ムスタファ・ケマル・アタテュルクの改革ですね。イスラーム法を廃止する、アラビア文字をローマ字に変える、そういう形で。一番完成されたイスラーム国家から、逆に中東のイスラーム諸国の中では一番西欧近代的な国家に変わった。

例えばイランなんかですといまだにウラマーの力が強いですね。それからアラブもそうだと思いますけれども。これはやはりウラマーという人たちが、国家と民衆の間に何となく漠然と存在するような形で力を残してきた。そうするとその制度的な変更にかかわらず、ある意味で現在まで生き残っているということですね。トルコでは、ウラマーがいま見られませんね。もちろん宗務局というのもありますけれども、普通の背広を着て西欧的な格好をしています。

それからもう一つ。これは「イスラーム文化のトルコ的な継承」と私は名前をつけているんですけれども、文明史家の伊東俊太郎先生と、何かの折りに廊下で立ち話しておりましたときに「永田君、アラブとトルコの関係は古代ギリシャとローマの関係に似てるね」と言うんです。つまりアラブはイスラームを創始して、そしてイスラームの哲学・神学というソフトの部分を発展させました。けれどもトルコは、モスク、橋、道路といった建築であるとか、法律、それから文化ではミニアチュール（細密画）であるとか影絵芝居であるとか、目に見えるハードな側面を発展させるという形で、アラブの創始したイスラーム文化を継承しているというのがもう一つの特徴だと思っております。

中央アジアとトルコ

第二の問題点は、トルコというのは現在のトルコ共和国だけではなくて内陸の中央アジアのトルコ世界の一部分であるということが大きな問題ですね。つまり、現在のトルコには、イスラームだけではある意味語れない、中央アジアの古代の遊牧騎馬民国家や文化の影響が連綿として残っているということが言えると思います。

これを国家的な側面で言いますと、中央アジアをやっている森安孝夫さんとか、あるいはモンゴル史の杉山正明さんなんかも言っていて、私も実はそう考えていますが、オスマン帝国は、匈奴、突厥と来て、最終的に中央アジアで大きく伸びたモンゴル帝国の、後継国家という側面があるのではないか。法律の面でいうと、ここからここまでがモンゴルで、ここからここまでがトルコとはなかなか区別が難しいんですね。ですからトルコ＝モンゴル的と一つで言ってしまうんですけれども。法律の面でいうと、チンギスハンの禁令を「ヤサ」と言いますが、これは現在でもトルコ語で「ヤサ」とか「ヤサック」と言われています。

イスラーム諸王朝の中で、トルコ系の王朝には非常に法律が発達している。イスラーム王朝の場合、シャリーア（イスラーム法）が唯一の法律ですから、その傘のもとですけれども、同時にもう一つカーヌーンという成文法の分野がありまして、スルタンの命令とかウラマーのいろいろな意見とかが法令集として残っております。御存じのようにシャリーア（イスラーム法）は成文法ではなく、全部ウラマーの頭の中にあるわけですけれども。トルコ系のイスラーム王朝は、シャリーアともう一つ、そのような成文化された（モンゴルの場合成文化されていませんが）、実際に国家を動かすための法律、すなわちカーヌーン（我々は「行政法」とか「世俗法」とかと訳すことがあるんですけれども）が非常に発達しているということが言えます。

もう一つ大きいのは、そういった遊牧民的な伝統が近代になりましてトルコのナショナリズムの中に現れてくる。トルコの民族主義は、抜きがたくパン・トルコ主義的な傾向を持たざるを得な

オスマン帝国は、匈奴、突厥と来て、最終的に中央アジアで大きく伸びたモンゴル帝国の、後継国家という側面があるのではないか。（永田）

アタテュルクがトルコ共和国をつくってから、トルコ国民というアイデンティティをつくらなければいけないということで、「トルコ史テーゼ」を打ち出します。（永田）

いんですね。ムスタファ・ケマル・アタテュルクがトルコ共和国をつくってから、トルコ国民というアイデンティティをつくらなければいけないということで、「トルコ史テーゼ」という考え方を打ち出します。トルコは第一次世界大戦に負けて、連合国の占領下に置かれるわけですね。その中から祖国解放運動を行って、その最終局面で、イズミールから入ってきたギリシャ軍を、もう一回エーゲ海に追い返すことによって独立を達成したという厳しい歴史を背負っているわけです。

こうして武力で勝ち取った祖国をイデオロギー的に支えていかなければいけないということで、アナトリアでの生存権の主張が必要になる。つまりアナトリアというのは、トルコ人が移住してくる前はビザンチン帝国でギリシャ人の世界ですから、いわば歴史的な事実としてはアナトリアではトルコ人は新参者であるわけですけれども、新しい国家をつくったわけですから、そこで生存権を主張するためにヒッタイトはトルコ人であったとするんですね。そうするとギリシャより先ですから、トルコ人がここにいておかしくないんだということになる。「トルコ史テーゼ」というのは、中央アジアの「原住民」であるトルコ人が、世界にさきがけて高度な文明を作りあげ、のちに世界各地に移住して古代諸文明の成立に貢献したという、かなり荒唐無稽で笑を誘うような話なんですけれども。

実は全く同じことを十九世紀のヨーロッパがやっているんです。要するに、中央アジアの「原住民」はだれかといったときに、ヨーロッパ人はそれはアーリア人であるというわけですね。そのアーリア人がずっと中央アジアから世界に広がって、とりわけ古代ギリシャ文明をつくった。それだけが世界で普遍的な文明であって、それを受け継いだのが近代ヨーロッパである、と。それに対して、当時のヨーロッパにもトルコ学とか民族学とか新しい学問が起こっていますから、いや、そうではない、中央アジアの「原住民」はトルコ系、モンゴル系である、と。これを総称してトゥラン系といいます。日本に入ってきますと、それが「ツラン」となる。これはもっと日本で知られてもいい言葉ですが、まさに戦前の「大東亜共栄圏」思想につながるものです。

つまりヨーロッパのアーリア人、はっきり言えば白人至上主義を逆手にとった考え方を、トゥラン主義といいます。これは中央アジアが絡みますので、ロシア帝国、そしてソビエト・ロシアとの関係、特にソビエト・ロシアに対抗する反共思想になる。これが現在トルコでかなり有力な、民族主義者行動党のイデオロギーですね。このイデオロギーを鼓吹した理論家の本なんかを読むとしびれるんです。非常に強烈なイデオロギーです。

いまトルコ共和国が盛んに中央アジアのトルコ系諸国と関係を深めております。これは、やはりトルコ族世界の盟主であるという意識があるんですね。オスマン帝国の場合は、中東あるいはイスラーム世界の盟主であるという意識もありましたが。

もう一つ、一番大事なことですが、そういう議論ですからアナトリアにいるトルコ国民は全員「トルコ人」なんです。ということはどういうことかというと、現在問題になっているクルド人の問題ですね。では、クルド人なんていうのはいないんだという話になるわけですね。あれはトルコ国民だと。あれは山岳にいる「山岳トルコ人」という言葉ができるんですね。山岳トルコ人であってクルド人なんていうのはいないんだからクルド語も使ってはいけないという話になって、それが国際的に大いにたたかれて、最近はEU加盟をにらんでクルド語の本が出たり、クルド人がいるということを最近は言っていますけれども、この問題にやはりつながると思いますね。

ただ、クルド人問題に関して私は三つぐらいに分けて考える必要があると思います。私はトルコから四年間奨学金もらった人間ですので少し親トルコ的な発言になってしまうんですけれども。

一つは、トルコ政府がしきりにたたこうとしているのはクルド労働者党（PKK）ですね。トルコは反共国家、要するに東西冷戦でギリシャとトルコは反共基地として位置づけられたわけですから、トルコでは共産主義が禁止なんです。ですからトルコ政府に言わせれば、クルド人とかトルコ人とか、そういう問題ではないんですね。一九八〇年のクーデターで労働者党が禁止されました。そうすると、政府から言えばクルド労働者党も禁止なんですね。あまり最近そういうことを言いませんけれども、基本的にはそれがあると思います。もちろん分離主義をたたくというのはありますが。

二つ目は、クルド人はもうトルコの体制の中にかなりしっかりと入っていますから。東部の方でクルド人のすごい地主が自分の娘の結婚式に何百ドルという金をばらまいたとか、そういう新聞記事を見たりします。

三つ目は、クルド人はごく普通にトルコにいる人々だということです。私がいつも訪れるイズミールとかマニサとかにも幾らでも、クルド人がいますし、私がやっている地方のカラオスマンオウルという地主なんかはクルド人を使って運送業をやったりして

いまトルコ共和国が盛んに中央アジアのトルコ系諸国と関係を深めております。これは、やはりトルコ族世界の盟主であるという意識があるんですね。（永田）

ヨーロッパとトルコとの関係は対立する部分と連続する部分があって、非常にアンビバレントなのではないか。（永田）

いますから。そういう普通の人々ですね。そういうことが忘れ去られているというふうに。

トルコとヨーロッパ

最後の三つ目になりますが、どうしても私は歴史の観点からお話しになりますが、オスマン朝あるいはトルコの特徴を何かというと、やはりヨーロッパと一番連続性があるんですね。一つは、事実として首都のイスタンブールは、もうヨーロッパですね。それから、オスマン朝はバルカン半島を全部支配しましたから、半分もうヨーロッパであると考えてもいい。おそらくヨーロッパの方にも、トルコ人に対してそういう考え方がある。ヨーロッパとトルコとの関係は対立する部分と連続する部分があって、非常にアンビバレントなのではないか。

最近知ったんですが、ルネサンス期のヨーロッパでは、トルコ人はトロイア人の子孫とされていたそうです。トロイア戦争に負けたトロイア人の一部がトゥルコスという将軍に率いられてコーカサスの山中に逃げた。その連中が後にトルコ人になって帰ってきてギリシャ人のビザンチン帝国を滅ぼす、つまりギリシャ人に対して第二の復讐を遂げたというんですね。第一の復讐はローマ帝国ですけれども。そのころのヨーロッパでは、フランスとかイギリスとかのヨーロッパの諸王朝が神聖ローマ帝国と張り合うために、自分たちの民族的起源をトロイア人に結びつけているんです。ですからトルコ人がトロイア人の子孫だとするならば、イギリス人やドイツ人やフランス人とトルコ人は同族であるという話になってしまうんですね。これは、西洋の中世史の方でも最近かなり注目されております。

もう一つはルネサンスです。僕は「拡大するルネサンス」という名前をつけているんですが。ルネサンスはフィレンツェだとかヴェネツィアから始まるわけですが、あのころのオスマン朝の宮廷はメディチ家などと同じルネサンスのパトロンであったと考えていいのではないか。実はレオナルド・ダ・ヴィンチもミケランジェロも、金角湾に橋を架けるプロジェクトを売り込んでいるんですね。あるいは、例えばナポリ王国はオスマン朝と交渉するためにコンスタンツォ・ダ・フェッラーラを派遣しております。また逆に、オスマン朝がフェッラーラにコンスタンチノープルを征服したメフメト二世の立派なメダルをつくらせるのですが、それは当時のヨーロッパの王侯が自分たちの大きなメダルをつくるのと全く同じです。つまりオスマン朝の政治文化はヨーロッパの政治文化をかなり共有している。その延長として、ルネサンスをヨーロッパだけに限定せずに、考え直さなければいけないのではないか。実際、イスタンブールは、西からも東からもいろいろな影響を受けていますし。そうした研究が最近盛んになっております。

そういうことを考えてみますと、ヨーロッパからみると、一方では、非常に強大な恐るべきトルコという面がある。おそらく最初はメフメト二世がコンスタンティノポリスを征服した勢いでイタリアに軍隊を上陸させた、あれがかなり大きかったと思います。あの軍隊が上がってきて、ローマを征服したら大変ですから。他方で、トルコ人とヨーロッパ人というのはなじみの深い部分があるんですね。

決定的にトルコ人が悪者になるのは十九世紀です。一つはバルカン半島の民族運動の弾圧、特にギリシャ独立運動に対するヨーロッパ知識人の熱狂ですね。有名なバイロンとか、ドラクロワの「キオス島の虐殺」とか。十九世紀はヨーロッパが世界を制覇したと同時にアジアを押しのけて蔑視していく時代ですから、その中でトルコ人は最終的にそこに位置づけられたんですね。もう一つ考えなければいけないのは、アルメニア人問題ですね。ギリシャの独立運動は一八二〇年代、三〇年代でしたが、その延長で、一八七〇年代にブルガリアなどの反乱がおこり、それに対する弾圧が非常に悪評を招く。そして一九一五年に東部アナトリアのアルメニア人は全員退去せよと、当時のオスマン政府が布告を出します。それで大きな悲劇が起こった、と。僕は真相はまだわかっていないと思いますが。そういう中で、野蛮な遊牧民であるトルコ人は、自分たちの祖国である中央アジアの草原に帰れという大合唱が、ヨーロッパ「国際世論」の中で起こるわけです。それがいまだに尾を引いていて、フランス政府も、最近アメリカの外交委員会でもあれは虐殺であるとされた。

そういう形で、トルコを考えるときにいま僕が申し上げました三つの点——イスラームの問題、中央ユーラシアにつながる問題、そしてヨーロッパとの関係——があります。結論的に申しますと、やはり西ヨーロッパ中心主義を克服していかないといけないだろうと思います。しかし、それに対してもう一つの対立項としてアジアを持ち出すのではなくて、やはりアジアとヨーロッパを一つなぎのものとし、アジアだヨーロッパだという区別はないんだという考え方を出していくことが必要だろうと思います。そのときに、オスマン帝国、およびトルコの経験は非常に有意義なのではないかと思いますね。

トルコ人とは何者か

澁澤幸子

東洋と西洋の接点に惹かれて

私は全く在野で、トルコの歴史や文化を勉強しながらトルコに関する本を書いている者です。論文は書かない主義で、論文になるだけの材料を、エッセイとか歴史物語の形で書いていきたいと思っております。なぜトルコかといえば、思い返せば子供のころからですが、東洋と西洋という存在を知ってから、その接点には何があるんだろうと思っているうちに、だんだんトルコに目が向いてきたようです。初めてトルコの土を踏んだのは一九八一年ですから、ずいぶん遅いですね。それから現在に至るまで毎年二回ぐらい、一カ月ぐらい滞在するようになりました。以前からもちろん勉強はしておりましたけれども、トルコを訪れてから、トルコと正面から向かい合って勉強を始めました。

デビュー作として『イスタンブール、時はゆるやかに』を書きまして、初めてトルコに行った時のことを含めて書いたのですが、発売一週間後に再版がかかるという売れ方をしてしまって、それ以来トルコについて書くことに専念するようになりました。私のトルコ研究は、何世紀のオスマンとかいうふうに限定したくありません。人生、一度だけですから。ターコロジスト（Turkologist）と思ってくだされればよろしいですけれども、歴史と文化、特にオスマンですね。今はイスタンブールそのものの歴史を極めようと、ひたすらイスタンブールにかじりついております。

次に『イスタンブールから船に乗って』を書きました。黒海岸からグルジア国境まで行ってエルズルムから列車でシワスへ出てという旅行記ですが、その中で歴史や文化にも、たっぷり触れているつもりです。その次に『イスタンブールからバスに乗って』というのを書き終えたら、今度はオスマン帝国史を舞台にした歴史物語を書きたくなりました。最初は十六世紀で、『寵妃ロクセラーナ』です。世界では知られていますが、日本では全然知られていないし書かれていないヒュッレム＝スルタン・シュレイマン大帝の妃です。この十六世紀から始まって三部作にしたくなりまして、十七世紀は『ハーレムの女たち』という作品。これはキヨセム・スルタンを多く扱っています。キヨセムもとても興味深い女性です。次が十九世紀で『落日のボスフォラス』。マフムード二世の即位のちょっと前から、最後にスルタン・アブデュルハミトがベイレルベイ宮殿で死ぬまでの物語です。『落日のボスフォラス』というのはもちろんオスマンの没落と重ねた象徴的な意味です。三作ともフィクションですが、かなり史実に沿って書いています。

そのうち、現在のトルコ共和国の外に残っているオスマン帝国の足跡を見たくなり、エーゲ海の島々を一カ月かけて十いくつも訪ねて歩きました。これも『エーゲ海ゆらゆら』という一冊にいたしました。ここ八年ぐらいはキプロスに関心があって。世界史を圧縮してぎゅっと詰めこんだみたいな非常におもしろい島ですね。『キプロス島歴史散歩』です。最初は歴史だけを物語風に書きたかったんですけれども、キプロスの場合、現在の問題を書かないわけにはいかないだろうということで、それも含めて選書に書きました。七転八倒して七—八年かかってしまいましたけれども。今はひたすらイスタンブール史にはまっております。

●渋澤幸子　しぶさわ・さちこ
東京生。作家、トルコ研究家。著書に『イスタンブール、時はゆるやかに』『キプロス島歴史散歩』(新潮社)『落日のボスフォラス』(集英社)ほか。

トルコ人とは何者か

最初に編集の方から「トルコとは何か」というものすごく大きなテーマを聞いたのですが、私は「トルコ人とは何者か」ということだったらおもしろいかなと思いました。中央アジアにいたトルコ人が東へ行って日本人になって、西へ行ってトルコ人になったとよく言われるということが、ひところ、いろいろな本に書いてありましたが、今どきそんなこと言っているトルコ人はおりませんね。普通のトルコ人、例えば私の非常に親しい、とくにインテリでも何でもない普通のトルコ人が言うには「自分の両親ともアナトリアの生まれだから、僕はせいぜいテュルクとクルドとアラブと、スラブとか何かもまじっているかもしれない、ギリシャもまじっているかもしれないけれど、大体その三つのまざりだ。大体その辺にいるトルコ人は、みんなそんなもんだよ」と。事実そんなことだろうと思いますし、トルコ人自身、そう認識していると思います。鏡を見ればわかることで、中央アジアから来たままだったら、もっと私たちに似ていなければいけないわけで……。

ふつうのクルド人は、ふつうのトルコ人として平穏に暮らしている。それをちゃんと認識するだけでも、トルコという国がもっとわかってくるように私は思います。（澁澤）

つい最近もイスタンブール工科大学の人類学のビンデル教授が「遺伝学的調査によって、トルコ人は四万年前からアナトリアにいた。アナトリアが十一世紀初頭からトルコ化したのは誤りだ」と言い出して、ちょっとした新聞ダネになったりしています。それでは中央アジアから来たというのは何なんだと、トルコ人も笑ったりして。

いずれにしても、トルコ人というのはまざりにまざった人間だということですね。現にそのとおりだと思いますね。ギリシャ人とトルコ人は同じだと言う人も出てきています。メフメト二世だって、ビザンチン王朝の生き残りの王族たちを自分たちの将官にして使ったという話もあるぐらいです。

よく言われることですが、イスタンブールの人口の半分は、オスマン帝国の終わりまで異教徒、異民族が半分いたわけですから、いくら住民交換をやっても、残っている者も混ざってしまっている者もいるはずです。

クルド人問題

トルコ人とは何者かと考えると、たとえば、クルド人。日本人

はクルド人というと、トルコ東南部のクルディスタンと呼ばれる地方に住んでいて、虐げられてる、かわいそうな人たちと思う。トルコに住んでいるふつうのクルド人は、ふつうのトルコ人と同じ顔をして、アンカラにもイスタンブールにも、そこらじゅうにいる。私の友人知人にも大勢いる。アラブ人も、ラズ人も、チェルケス人もいるように。べつにだれもいじめてないし、堂々と、私はクルド人と言っている……と言うと、みんな驚くんですね。分離独立と言ってるのは、ＰＫＫ（クルド労働者党）で、ふつうのクルド人は、ふつうのトルコ人として平穏に暮らしている。仮りにクルド国家ができたって、トルコ国民でいたいと言っているクルド人が多数派なんです。それをちゃんと認識するだけでも、トルコという国がもっとわかってくるように私は思います。

文明史からみたトルコ

三木亘

旧大陸で育まれた文明

永田さんが前半で言われたことですが、トルコ人というのはいつでも優等生であろうとする。内陸アジアから中東に入ってくるとイスラームが盛りで、そうするとイスラームの優等生国家をつくる。十九世紀になって、旧大陸のそれまでの世界史では一番後進的であった西北ヨーロッパの人間が武力をもって世界征服に乗り出した。そういう条件が出てくると、今度は西北ヨーロッパ流の優等生の近代国家になろうとする。これでトルコ人の歴史は語り尽くされているみたいなものです。それで、優等生というもののアンビバレンス、すてきな面と大変うっとうしい面と当然両方あります。

それから澁澤さんがお話しになったクルドの問題。一般化して言いますと、マイノリティというのは近代ヨーロッパ人がつくり出したものだと思います。板垣雄三さんはもっと大きく、「ユダヤ人」というのはヨーロッパのキリスト教徒がつくり出したものだと言っていますが。いま申したことでは、西北ヨーロッパの人間たちが出てきた世界史的条件から来ていると思います。旧大陸世界の西北ヨーロッパとサハラ以南のアフリカを除いたところでは、東アジアの漢・唐・宋・元・明・清とか西アジアのウマイヤ朝・アッバース朝・ムガル帝国とか、地中海のローマ帝国とか、みんな非常に広大な地域が大帝国のもとに、二―三世紀とか、オスマン帝国に至っては五―六世紀の天下泰平を経験した。その中で歴史が緩やかに大地に根を生やしたところから成長していく、自然な人間の歴史の展開があったわけです。そこには当然いろいろな種類の人間がいて、それぞれが地域コミュニティをつくって、その中から有力なのが出てきて、少しずつ地域の統合（インテグレーション）が大きくなっていく。

そういう大帝国群は、旧大陸世界東南の米つくり地帯と北西方の大乾燥地帯との接点に育ちました。前者は熱帯、亜熱帯モンスーン地帯で生態学的条件が世界一よいところです。非常に豊かだから、中国、インドの十数億の人口が養える。イギリスなんてエリザベス朝にせいぜい三、四百万人ぐらいの人口しかなかったけれども、中国やインドはもっと古くから一億人ぐらいの人口がいた。それはやはり旧大陸世界の東南部の一番豊かな土地の生産力によるわけです。ところが、西北にはモンゴル高原から中東を経て北

●三木亘　みき・わたる

1925年生。慶應義塾大学特選塾員。中東歴史生態学、民族生薬学。著書に『世界史の第二グラウンドは可能か』（平凡社）、共編著に『イスラム世界の人びと』（全5巻、東洋経済新報社）ほか。

アフリカに至る大乾燥地帯があって、そこでは遊牧民が歴史的に形づくられてくる。その遊牧民と、一番豊かな米づくり地帯との接点に東アジアでは中華大帝国、中東の完成した形ではアラブの大帝国、副次的にはムガル帝国、オスマン帝国などもできる。機動力を持つ遊牧民は一般的に定住民に対して軍事的優位に立ち、また、定住民より自分たちは上等の人間だと思っているので、定住民を征服しても、税さえ払えば近代国家のようなうるさい干渉はしない。だからアラブ、トルコ、モンゴルいずれの征服帝国も長続きしたんですね。米つくりがカスピ海南岸、イラク南部、エジプトのデルタ、ポー川流域、カタルーニアと西方でも水利のよいところにひろがっていったのは象徴的なことです。

　どちらにしても、十八世紀以前では非常に広い地域が、高度な文明のもとに、辺境での騒乱だとか中央での権力争いだとか、王朝の興亡のときに戦乱の巷となるということはあったにしても、大まかには長い時間の天下泰平を経験することができて、そこでゆっくりと文明を展開し、育み、それを味わっていくことができた。人間どももその中でまじり合っていくし、いろいろな宗教だとか生活慣習なども局地的な摩擦はいろいろありはしましたが、大局的には折りあいがついて、そこで観念でつくり出したのではない身についた共存文化が育まれた。

　お二人がお話しになったように、トルコの人々あるいは周りの人々は、いろいろな種類がまじり合って、それが当たり前の、ごく普通の我々と似たような庶民の世界ではあるということをおっしゃったんですが、それはやはりそういう旧大陸世界の二千年ぐらいの間の、ゆったりと歴史が展開した中で育まれてきたものだと思います。

「マイノリティ」の発明

　ところが十八―十九世紀、決定的には十九世紀に、近代ヨーロッパなる非常に暴力的なものが西北ヨーロッパから登場して、インド・ヨーロッパ語族だとか黒と白と黄色の人種論だとかいう観念的なイデオロギーを発明して、自分たちは白で一番上等なインド・ヨーロッパ語族の大将なんだという奇妙な理論を展開した。十九世紀以後のマイノリティなるものは、そのインド・ヨーロッパ語族なる言語理論がつくり出したんだと思います。

吉田茂さんの息子の健一さん、大変すてきな文芸評論家だったんですが、彼が晩年に書いた『昔話』という本がありまして、そこで彼は一種の文明論を語っている。彼は小、中学校はイギリスで、それから帰って暁星に入って、その後またケンブリッジに入ったという。三井と自由民権と高級官僚の子孫という、明治国家の最高の貴族なんですね。その彼が、育ち盛りはブリテン諸島で育った。したがって彼は、多くの日本列島人が持っているような近代ヨーロッパ・コンプレックスがない。向こうで貴族なんていばっているのでも、たまにはすごく天才的なやつも出てくるけれども大半はいいかげんという、そういう事実を体で彼は知っていますから。だからその近代ヨーロッパなるところは、八世紀間の戦国時代のあげく、十八世紀にようやく文明化したという理論を発明しました。

私は昔二一年間、高校の教師として世界史を教えてきていて、その中で自然に体の中にたまった疑問の一つが、なんでヨーロッパというところは戦争ばかりしているんだという。宗教戦争、それから異端狩り、もう次から次へと戦争の連続で。グロチウス以降の国際法なるものもその中核は戦争のルール化ですね。それで吉田健一さんは十八世紀になって、やっとヨーロッパは文明化したとしましたが、これはそのとおりだと思います。旧大陸世界では、一番遅れたところだったので。大体緯度が高過ぎて。ロンドン、パリ、ベルリンというのは樺太の緯度ですから日当たりが悪い。人間という生き物は植物、動物を媒介として太陽エネルギーのほんのちょっぴりを固定することができて、それで生きている動物ですから、日当たりの悪いところではあまり人間がちゃんと育たない。小松左京さんだとか、割と最近だれか、村上春樹さんかな、読んで、フィンランドだとかスウェーデンでよくもまあこんなひどいところで人間が生きていけるなという感想を書いていましたが、日本列島みたいに生態学的に恵まれたところの人間からすると、そう感じるのが実感だと思います。そういうところから出てきて、そして大地の恵みの上に歴史をつくるのではなくて、鉄と石炭、石油などという、十九世紀が石炭で、二十世紀が石油ですね。そういう何千万年か何億年昔の地球の遺産をとり出して、

十九世紀以後のマイノリティなるものは、そのインド・ヨーロッパ語族なる言語理論がつくり出したんだと思います。（三木）

西北欧はオスマン帝国の脅威におびえていたのですが、十七、八世紀に力関係が逆転して近代ヨーロッパが自己破産するときにオスマン帝国を分割するという。（三木）

それで軍事文明をつくり上げた。そういうことを可能にした学問や技術の土台となるものは十二世紀以降アラブ文明から学んだもので、それで世界征服をやったのが近代だと思うんですが。

ところが、豊かな自然体の共存文化が育まれた条件がなかったもので、せいぜい地域的な政治的経済的インテグレーションは小さな国家なんですね。イギリス、フランス、ドイツなんて一八〇〇年ごろではせいぜい一千万足らずの人口、それからもっと小さな国もたくさんある。それぞれがスペイン語とフランス語とイタリア語なんて一つの言葉の方言みたいなものですが、それを一つ一つ国語なんていう。それで入り切らないものだからフランス語で、例えばガリシスムなんていう元の原住民の言葉の部分を指したりする。それが観念的に国語、国民、近代国家なんていうものをつくり上げて。それで軍事的に世界を征服したものだから、それが世界の基準であるという。十六世紀まで西北欧はオスマン帝国の脅威におびえていたのですが、十七、八世紀に力関係が逆転して近代ヨーロッパが実は自己破産するときに——第一次大戦というのは自己破産だと思いますが——オスマン帝国を分割するという。その分割の仕方は、結局彼らの利害によって分割していくわけですが。そうすると必ずはしたが出る。そうすると、そこにマイノリティなるものが発生していく。

西北欧は旧大陸世界の西北の小さな半島部で、海から旧大陸世界を征服していくわけで、行った先々ではほんのわずかな勢力でしかない。従ってその過程では、その土地の人間の中に手先をつくって、それを手がかりに征服していく。その手先にされた人びとを核に、マイノリティなどとかれらが呼ぶものがうまれる。

西欧からトルコがいじめられたりする種に、必ずあのアルメニア人大虐殺などというのが出てくる。それからクルドにしても、ロシア帝国主義とイギリス帝国主義と、西からのフランス帝国主義、あの辺で相克してお互いにそういう、何かちょっとでも手がかりがあるとそれを手先にしてやっていく。それによってつくり出されたものだと思います。実態としては大部分のクルド人も、バグダードに行ってもクルド人だってざらにいますから、ごく普通に。そういう、今ホットイシューになっていることについてちょっと申し上げました。

討論

トルコとは何か

オスマン帝国とトルコ共和国

まず基本的な問題として、そもそも、現在のトルコ共和国とそれ以前のオスマン帝国とはどういう関係にあるのでしょうか。ケマル・アタテュルクのつくったトルコ共和国は、完全にオスマン帝国と峻別されるのですか。

三木　トルコ国家、トルコ国民、トルコ語というアイデンティティが、新しくケマルによって生まれたわけです。それまでは、そういうものがなかったんです。バルカン全部とチュニジア、イラクまで全部含めたオスマンデヴレット（オスマン帝国、オスマン朝）というものはあったわけですが。

実体としてはそれ以前を引き継いでいるわけですから。人々の言葉で、オスマン帝国時代にはトゥルクチェ、トルコ語というのは「いなかの人間」、「いなかの言葉」という意味だったわけなので。ところがケマル以後、トゥルキア、トゥルクチェというのが国家、国語という厳かな意味を持ってつくり出されたわけです。

永田　アラビア文字からラテン文字に変えたことは大きかったですね。

トルコというのはケマル以降に生まれた国だということですね。

永田　そこは専門的に考えていくと難しいところです。そんなに急に生まれちゃっては困るので。年表上では、オスマン帝国からトルコになるのははっきりしてますが、一九二二年以前のオスマン帝国の末期には、ナショナリズムの思想も出てくるし、いろいろな形でトルコ共和国につながる動きが出てきます。それから共和国にしても、ケマルだって元々はオスマン帝国軍の大将ですから、人脈とかいろいろな形でつながっていますからね。その辺がむずかしい。「トルコ」という名前をどこまで使おうかと。十六世紀までさかのぼれば、もうはっきり使わなくていいんですが。

澁澤　たとえば、「トルコの歴史」を二時間で講義してください、と言われると、本当に困るわけですよ。トルコ人の歴史なのか、アナトリアの歴史なのか、オスマン帝国史なのか……。

永田　……それから中央アジアなのか、ね。「トルコ民族の歴史」というときには、どちらかというと、中央アジアに比重があるんですよね。「トルコ人の歴史」と言っ

今のトルコ共和国の国土の歴史なら、アナトリア史になってしまう。そうすると、ヒッタイトよりもっと昔から始めなきゃいけない。（永田）

たときには、西アジアでトルコ系の王朝ができた、最初はセルジューク朝あたりからずっとですね。その中にはオスマン帝国が入りますから、アラブもバルカンも、みんな入る。トルコ社会経済史学会という国際学会では、今言ったような枠組みです。そうすると、アラブの近代史や何かはみんな入ってしまいます。そうじゃないと、語れませんからね。ムハンマド・アリーの王朝だって、あれはまだオスマン帝国の宗主権にありますからね。本人は独立したつもりでいるけれども、バルカン民族だって「トルコ人の歴史」に入ってしまう。

澁澤　今のトルコ共和国の国土の歴史なら、アナトリア史になってしまう。そうすると、ヒッタイトよりもっと昔から始めなきゃいけない。チャタル・ホユクの遺跡からプロト・ヒッタイト、トロイ、ヒッタイトと、やっていかなきゃいけない。いまのトルコと関係ない、ウラルト、フリギア、それからサルディスの遺跡のリディア。ペルシャが来て、アレクサンドロスが来て……でも、それがトルコの歴史かと言われても、ちょっと違うんじゃないか……。

アナトリア史にイスタンブールは入るんですか。

永田　イスタンブールを入れるかどうかはまた難しい。たぶん入れることになるでしょうけれどね。イスタンブールは、地域的にはアナトリアじゃないですが。

澁澤　ダレイオス大王が王の道をつくったり、アレクサンドロスが駆けぬけていったのもアナトリア、いまのトルコでしょう。東西の架け橋だったアナトリアは、世界史の大舞台だったんですよね。ボスフォラスの上流に、第一次十字軍が休憩した場処というのがあるんです。陸路をとった十字軍は、ボスフォラスを渡って、アナトリアを進んでいったんだと実感しますね。それをみんなトルコの歴史にしたらすごいことになってしまう。

ローマ史だってみんな入ってしまう。

永田　この時期は学生が旅行するでしょう？「先生、トルコに行ってきます」と。「どこ行くの」と言ったら「エフェソスとカッパドキアと」と。それだけ見てきたんじゃトルコにならないぞ、と。それはもうトルコの古代遺跡であって現在のトルコを見てきたことにならない。

澁澤　ギリシャ神話の舞台もトルコが多いですものね。古代イオニアはアナトリア西部、ミレトスとか、エーゲ海岸ですから。

トルコの歴史を短時間で話すときに、私がテクニックとして考えたのは、まずトルコ族の歴史、中央アジアの遊牧騎馬民族の話を最初にしてしまうんです。匈奴、突厥と来て、セルジューク朝ができて、十世紀末から十一世紀にアナトリアに入って来たと。でも、アナトリアにだれもいなかったわけじゃない。トルコ族の話はそこで止めておいて、アナトリア史を始めるんです。ギリシャから植民が始まって、ペルシャが来て、アレクサンドロスが来て、ローマが来て、コンスタンチノープルが都になって、ビザンチン帝国の繁栄があって……そこで止めて、またトルコ族の話に戻る。西進してきたトルコ族がブルサ周辺を拠点として、オスマン・ガジのオスマン帝国が生まれる。この帝国が拡大していって、コンスタンチノープルを征服する……という順序で話していくと、短時間で概略を掴んでもらえると思うんです。

●**岡田明憲**　おかだ・あきのり
プロフィールは236頁参照。

トルコ語で暮らす人々の歴史

三木　トルコ語及びそのもとになることばで暮らしてきた人々というのは、非常に古い昔から、モンゴルの隣ぐらいから出てきたわけです。それがその後の歴史の中でセルチュク部族がセルジューク（アラビア語読み）という国をつくったこともあります。さらにアナトリアに入って、そこでオスマン・ベイが国をつくって、それが成功してあたりを征服してオスマン部族ないし部族連合の長がスルタンを名乗り、大帝国になってしまった。そのトルコ語で暮らしてきてアナトリアに入った連中の人口比率は恐らくせいぜい一〇%か二〇%です。アナトリアには、それ以前からの何千年の歴史の蓄積を持った人々がいるわけで、そこへトルコ語で暮らしてきた遊牧民の一部が帝国をつくってオスマン・デヴレットと名乗ったわけです。ただ、それはトルコというアイデンティティは使っていない。オスマン帝国はイスラームとオスマン王家ですよね。

永田　オスマン帝国の公用語はトルコ語なんです。これはかなりの意味がある。セルジューク朝は同じトルコ系だけれども、イランの地だから、公用語はペルシャ語なんですね。だけど恐らく、王家の連中はトルコ語をしゃべっていたと思います。だからオスマン帝国の公用語はトルコ語というのは何か意味がありますね。

三木　オスマン帝国の言語というのは、トルコ語というよりもむしろオスマン語ではありませんか?

永田　基本はやはりトルコ語ですよ。シンタックスがトルコ語ですから。ボキャブラリーはアラビア語を使っている人が多いですけれども、やはりトルコ語と言っていいでしょうね。

オスマン帝国の時代の、現在のギリシャやア

中世後期からいわゆるギリシャが成立するまでの歴史は、文献が基本的にトルコ語なんです。国民国家的な枠組みで語るのは、基本的にはできないんですよね。（永田）

ルバニアにあたる地域の公用語は、全部トルコ語だったわけですか。

永田 そうです。例えば中世後期からいわゆるギリシャが成立するまでの歴史は、文献が基本的にトルコ語なんです。トルコとかイランとか、国民国家的な枠組みで語るのは、基本的にはできないんですよね。

三木 やはり言葉によって何か国家を区別するという観念はないでしょう。ただ、公用語という観念ではないんじゃないの？

永田 公用語というのは今の言い方ですが、いわゆる勅令、御触書がトルコ語です。逆に、年代記などの文人の書いたものには、アラビア語もあるし、ペルシャ語もある。

三木 オスマン帝国では、トルコ語を使う人々はたかがしれたもので、役人だとか国家のいろいろな制度には、もういろいろな連中を使ったわけで、たとえば高級官僚はバルカン半島でキリスト教徒の子供を徴発して文武の教育をさずけたスルタンの奴隷です。今の時点でもアナトリアの全人口のうち、内陸アジアからやってきた連中の子孫なんて恐らく一〇％か二〇％というのが実態なんです。それから、さきほどからぼくが問題にしてきているのは、当時の人びとの集団的な帰属意識、アイデンティティの問題なんです。フランス革命でフランス国民ともフランス国家とも訳しうるnation française なるアイデンティティ意識が登場して以来、いまに至るまで世界は一面ナショナリズムの時代で、たとえば日本国のために日本人としてどうするかなどと考えたはじまりは坂本竜馬や勝海舟あるいは福沢諭吉などですね。もちろん国家・国民・国語とされたものの素材はそれ以前から存在してきているものですが、そういう主体意識、集団的帰属意識が一般化するのはそれ以後でしょう。網野善彦さんが「日本とは何か」などを晩年執拗に追究したのはこの問題だと思います。いわゆる靖国問題などもこの問題が根にあり、他方、素材の素性から考えると、たとえばいまのフランス国民の四分の一くらいの先祖はどこかからの移民だといいますし、何とかスキーや何とかイッチなどの東欧系の名を持つ英国人、仏国人はざらにいますし、英文学の最高峰にはスウィフト、ショウ、ジェイムズ・ジョイスなどのケルト人がならんでいます。トルコだけの問題ではないんですね。

トルコ文化とは

たとえばトルコの文化と言ったときには、トルコ共和国における文化を言うのか、オスマン時代の領域に残されているものまでも含めるのでしょうか。

永田 たとえばカルチャーセンターで「現代のトルコ文化」ということで楽しく

聞いてもらうときは、デーメーテール神話なんかの話をしていますね。要するに、小麦の女神が娘を地下の神にさらわれて、それをとり返すというやつね。アメリカの漫画『ポパイ』は、きっとあれからヒントを得ているんですよ。冬の間は娘は地下の神と一緒に暮らし、春になると地上に出てきてお母さんと一緒に暮らす。これはアナトリアやギリシャなど地中海世界の農事暦に対応している。そしてトルコの村の農民がそういうテーマの村芝居を今でもやっているんですね。ですから、そうするとこれはもう古代ギリシャでしょう。

　それから、農村の村芝居で、動物のまねをするとか農耕のまねをするとかになるとおそらくもっと古い。ああいうのはもう一番初期ですから。そういうときのトルコ文化とトルコ共和国は、もうつながっているとも言える。

　あるいは横のヨーロッパとの関係でいえば、トプカプ宮殿の中にメフメト二世の画帳があります。あれなんか恐らくティムール朝かイルハン朝か、あの辺の中央アジア絡みのシャーマニスティックな絵があるんですね。そういうものも入っているわけです。だからこういうふうに絞って話題にしても、そこには幾らでも入ってくるし、出ていくものもある。コーヒー文化なんかヨーロッパに出ていくわけですからね。

トルコの場合、民族としても中央アジアからずっと続いていますし、またアナトリアという場所を見てもヒッタイトの時代からすごくいろいろ入っている。でも、そういう重層性があるからパムクさんみたいな文学が生まれるのでしょうね。

澁澤　パムクさんの『イスタンブール』で、イスタンブールで生まれ育ったトルコ人であるオルハン・パムクが、小さい子供のときには、お母さんと一緒にカーテン買いに行ったりしたベイオウルのお店のギリシャ人が、なぜここにいるかというのを教えられていなかったと。学校で歴史を習って、あるとき、ああそうか、ここは元ビザンチン帝国だから、その子孫がここでお店をやっている人たちなんだとわかった、と。パムクさん自身が書いていますから、それぐらいトルコ人自身でもわかっていないんですよね。

トルコと周辺地域

トルコという「国」をどう考えていけばいいのかという問題になりますね。アナトリアの国家なのか、それとも中央アジアからきたトルコ民族の国なのか。

ロシアとの関係

永田　それは先ほどの「トルコ史テーゼ」に関係します。ケマル・パシャというのは軍人ですから非常に現実感覚がありますよね。だから彼が意図したのは、パン・トルコ主義的なものではなく、アナトリアという国土を守るという意味でのトルコ主義ですね。ケマルが内面でどう考えていたかわかりませんが。意外に彼のいろいろな演説や何かを読んでいると、イスラームのタームもたくさん出てきますしね。だけれども、やはりそういうケマルを中心とするトルコ共和国をつくってきた、それは軍部ですよ。その人たちのいわゆるトルコ国家建設。

それからもう一つは、十九世紀末から、ロシアからトルコ系の人たちがものすごく亡命してきていますよね。それで割とトルコ共和国ができた最初の歴史教育とか、いろいろなところでそういう人たちが非常に活躍しています。今も、オスマン朝研究の世界の第一人者でハリル・イナルジクがいますよね。あの人のお父さんはクリミアタタールで、一九〇五年か一九〇六年ごろにトルコに亡命してきて、その息子なんですね。だから土地や何かがないから、一生懸命子供に教育を授けたから彼はものすごく言葉もできる。

澁澤　十九世紀末頃から外から来た人というのは多いですね。オルハン・パムクもチュルケスですよ。

ヨーロッパとトルコという問題とは別に、トルコとロシアはまた違った角度から考えていかないといけないわけですか。

永田　違うでしょうね。ヨーロッパとするという場合には基本的に西ヨーロッパから直接支配を受けていませんから。昔はロシアにタタールのくびきがあったわけだけれども、十七世紀以後は今度はロシアのくびきが、彼らの上にあるわけですからね。

澁澤　ソ連邦が崩壊したときには、トルコ・ロシア関係は複雑でしたね。崩壊直後にロシアが一時ものすごく経済的に困窮しましたよね。食うものも食えない状態になったから、一番近場で、ちょっとバスや船に乗って来られるトルコという隣国に、旧ソ連邦の人々が押し寄せた。でも、トルコ人は、いじめ抜かれたロシアがそうなったときに寛大でしたね。トルコ各地にルシアン・バザールを開く場所を提供してあげましたから。ロシア人は、ウォッカでも軍の憲章でも、食器でも大工道具でも、家にある売れそうなものをなんでも背負ってきて、それをトルコの道端で売ったんです。帰りにはスパゲティとかパンとかチキンとかの食料品、あとジーンズとかセーターとかの実用衣類を担いで帰る。そういう担ぎ屋をするロシア人が大勢いました。「ナターシャさん」というのをご存じでしょうか。ロシアから来る出稼ぎ娼婦です。正確にいえば、ふつうの女性がトルコに来て娼婦として働くわけです。夫や子供を故郷に置いて働きにくる女性も多かったようです。一時はそういうロシア人女性が街に溢れていましたからね。それをトルコ人は、同情と揶揄を込めて「ナターシャさん」と呼んだ。私は、グルジア国境のホパとか、黒海の港町トラブゾンで「ナターシャさん」をたくさん見てきましたけれども、大変なものでした。

近頃は、上質で安いトルコ製品をロシアで売る貿易でもうけた成金ロシア人が、イスタンブールで豪遊してるのを見かけるようになりましたね。

中心地としてのイスタンブール

永田　バルカンとか東欧にとってイスタンブールというのはハイカラな場所で、うそか本当かわかりませんが、セルビア人などは花嫁衣裳をイスタンブールに買いに来るとか。

澁澤　ほんとですよ。ラーレリとかアクサライには安い衣料問屋があって、買い出しに来た東欧人が荷物持って歩いています。

永田　イスタンブールは、バルカンでそういう地位があるんですね。僕も一九九六年かな、まだ日本と国交ができたばかりのアルバニアに行ったんですよ。そのときに、アルバニア人がイスタンブールに大勢出稼ぎや買い物に来ているんですね。そういう地位というのは、いまだにあるみたいですね。

澁澤　結構安くていいものがありますからね。ルーマニア、ブルガリア、ギリシャなど、みんなEUに入って、日本人はヨーロッパの国はトルコよりオシャレと思っている人もいるけど、イスタンブールのお金持ちの家なんか行ったら、ボスニアとかセルビアとかからお手伝いさんが来ていますよ。ブルガリア、ルーマニアなんてトルコより全然貧しいですから。

トルコの人たちにとっても、イスタンブールというのは独特の何か魅力がある場所なんですか。

澁澤　オルハン・パムクさんはイスタンブールで生まれ育って、ボスフォラスへの思いも深い人だから特別でしょうけれども。あそこに行ったら何か仕事があって、何とか食って暮らせるんじゃないかと考えてアナトリアから出てくる人も結構いますよね。

バルカンとか東欧にとってイスタンブールというのはハイカラな場所で、セルビア人などは花嫁衣裳をイスタンブールに買いに来るとか。（永田）

トルコというのは帝国主義世界のど真ん中ですから。その圧力たるやものすごいものだったと思いますね。（三木）

ヨーロッパとオスマン帝国

三木　昔、永田さんが「ケマルの革命が成功したのは奇跡だった」と発言されたことがありました。トルコというのはいつも優等生だとか、ケマルの革命は奇跡だったとか、永田さんが何気なしに言う発言にはいつも感心してます。ついでながら、僕はロシア革命も奇跡だったと思います。あのときヨーロッパ帝国主義はオスマン帝国を完全になくそうとしていたんですね。そういう、旧大陸世界の一番ど真ん中。ある面で明治国家も、僕は明治維新よりむしろ日清、日露の方が本当の意味で民族的な危機だったと思うんですが。その日清、日露戦争からわずか十数年後、時代的にはほぼ同じです。ところが日本列島の方は旧大陸世界の端っこの方だから、あの時期の電信と蒸気船というメディア条件では、ヨーロッパ帝国主義もそうは手が届かない。中国分割という獲物をめぐって英露帝国主義の角逐に英国が日本に代理戦争の役割を負わせることもありました。ところが、トルコというのは帝国主義世界のど真ん中ですから。その圧力たるやものすごいものだったと思いますね。

永田　だから、ロシアとかソ連はイスタンブールとかコンスタンティノポリスと言わないで、ツァリグラードと言うんです。要するに、ロシア皇帝の都と。

澁澤　ギリシャでは今でも、旅行社の広告ポスターでもコンスタンティノポリスですね。

やはりギリシャ、トルコというのは昔から宿命の何かがありますね。

永田　そんなことはない。それこそ近代の産物で、キプロスの問題が起きている今でも、ギリシャ人とトルコ人は同じなんですね。そんなに対立していないんです。ではだれが対立しているかというと、まず国家でしょう。それは国際関係の中で。

澁澤　キプロスを植民地にしたイギリスが悪い。

永田　それからやはり、警察官とか公務員とかそういう人たちが対立しているので、普通の人は対立していない。

澁澤　みんな言っていますよ。政治レベルではあれだけど、僕たちは別にお隣だと。それで一九九九年に両方で大地震があって助け合いをして、それ以来大分緩和されてきましたよね。

それにも関係すると思いますが、例えばコソボ問題とか。コソボ会戦なんていうのはもう十四世紀にあって、ビザンツとかオスマンの問題とかありますけれども、コソボと、それからセルビアの問題、そしてロシア、トルコ、あそこら辺の問題ですよね。それからヨーロッパ。そうした問題をやはり原点に返って、歴史的な視点で見ていく必要があるんでしょうね。

永田　それはあるでしょうね。今言われた一三八九年のコソボの戦い、これでオスマン朝のバルカン支配が確立するわけですが、あのボスニア紛争のときにセルビアの大統領がよくそれを言っていましたね。要するにコソボは我々セルビア人のふるさとだったのが、あのコソボの戦いで負けて北へ動いたために、そこへアルバニア人が入ってきてしまった。だから今はアルバニア人がマジョリティだけれども、本当はあそこはおれたちの祖国だと言っている。でも、あそこにセルビア人だけが住んでいたなんてあるわけがないんですよ。アルバニア人も、恐らくだんだんあそこにきた。アルバニアは山ですから低地に出稼ぎに来るんですよね。ですからアルバニア人はだんだんバルカンに広がっていく。恐らく波があると思いますけれども、最初はギリシャですよ。それから恐らくコソボ平原ですね。そういう、一種のデモグラフィックな人間移動の長い歴史があると思うんですね。だけど近代になるまで、けんかとか何か騒動があっても、民族問題なんて存在しなかった。

澁澤　そう、民族問題は近代ですよね。オスマンの歴代スルタンの大宰相にしたって、イブラヒム・パシャはギリシャ人でしょう。ソコルル・メフメト・パシャはボスニア人。第一、ハーレムの美女が外国人ばかりで、スルタンもみんなハーフですもの。だからオスマンのスルタンの顔はどんどんヨーロッパ人みたいになっていきますよね。出世した大宰相だけじゃなくて、海賊から提督になった連中だって、アルバニア人もいますし、アルジェリア人もいます。有能なら民族など関係なく、どんどん出世できた。

オスマン帝国のひろがり

オスマン帝国が版図を拡大していったのは、いつなんですか。

永田　一番領域を広げたのは十五世紀ですね。十五世紀に大体百―百五十年かけて、現在のトルコの小アジアとバルカン半島の二つをおさえた。でも十六世紀も、アラブ地域に行きだしましたからね。

三木　アラブ地域は一五一〇年代ぐらいにチュニジアまで来ていますね。

永田　ですから十五世紀から十六世紀の前半ぐらいですね。細かい話で言えば、最大領域は十七世紀初頭と言いますが。

領土が縮小していくのは、一つは一六九九年にハンガリーをとられたのが大きいですね。あれでヨーロッパはトルコの圧力からかなり救われるんですね。逆に、ヨーロッパの国際関係の中で、トルコの圧力という

一種のデモグラフィックな人間移動の長い歴史がある。近代になるまで、けんかとか何か騒動があっても、民族問題なんて存在しなかった。（永田）

いまトルコ人の間にオスマンをまた見直そうというトレンドが出てきていますね。オスマンの歴史や美術に一般の関心が向けられてきています。（澁澤）

切り札を出せなくなるわけですが。その次が一八三〇年のギリシャの独立。十九世紀に入ると、少しずつバルカン諸民族が独立して、バルカン諸国というのが形成されていく。そして第一次世界大戦が起こる。

十八世紀初期のヨーロッパ地図を見ると、今のギリシャもアルバニアも全部オスマン帝国の中ですね。

永田　そうです、僕はよく授業でコンスタンチノープルの征服王メフメト二世が王子のときに、お父さんが帝王学をやるんですよ。それが「忠告集」という文献として残っていて、その中に「北風と太陽」という話があります。あれはイソップ物語でしょう。それを言うと、学生が「えっ？」と遠くを見るのね。何かヨーロッパのかなたと。イソップというのはいろいろもちろんわからないことはたくさんあるけど、あの物語の基本はやはりエーゲ海周辺でしょう。もうそのころ、その辺はトルコですからね。だから「北風と太陽」の話をメフメト二世のお父さんが知っていて、それを帝王学として、力じゃなくて慈悲の力で治めると話をしても一つもおかしくない。

三木　古代ギリシャ文明も、すてきなのが出てきたのはイオニアでしょう。アナトリアの方ですよ。それを理屈にしたのがプラトンやソクラテス、アリストテレスで。

澁澤　いまおっしゃったオスマンの広大な版図ですけれども、いまトルコ人の間にオスマンをまた見直そうというトレンドが出てきていますね。共和国誕生から八十五年たって、経済的にも発展して、そういう余裕ができてきた。オスマン関係の本がどんどん出版されて。十六世紀のオスマンの一番拡大したときの、色を塗り分けた地図なんか街の本屋で売っています。アタチュルクを崇拝している人でも、歴代スルタンの肖像画を描いた絵図をお家に飾ったり。トルコが三つの大陸にまたがる大国だったという郷愁だけでなく、オスマンの歴史や美術に一般の関心が向けられてきていますね。ファティフの公園にメフメト二世の銅像ができたのだって最近ですしね。

永田　一種の、日本の江戸ブームみたいなね。初期は前の王朝を批判しますからね。ケマルの時代はやはりオスマン朝に否定的ですけれども、時代が変わってもう一回オスマンを見直そうという。

一般には現在のトルコしか頭にないですが、ギリシャもその周辺も全部トルコだと、すなわちオスマン帝国だったというところが頭にないといけませんね。

澁澤　今の若い子でも、ブルガリアはトルコだったんだよというような発言はよくしてますね。

そういう点で考えると、例えばヨーロッパにおけるトルコ移民の問題も、別の見方が当然出てくる。アジアの移民がヨーロッパに入ったという、そういうことではないわけですよね。

「オスマン・トルコ」は間違い

三木 日本ではよく「オスマン・トルコ帝国」と書かれていますが、これはやめた方がいいと思います。オスマン・デヴレットなのでオスマン朝かオスマン帝国か。トルコは入らないんです。先ほどもあったように、トルコという国は十八世紀以前にはないので。

澁澤 日本のマス・メディアの伝統的な間違いですね。オスマン・トルコって。

永田 トルコ帝国ね。これもヨーロッパのそのままですね。ところが、この問題は実はおもしろくてね。要するにヨーロッパ人はあまりオスマン帝国と言わないんですよ。トルコと言います。これは恐らく十字軍とかマルコ・ポーロとかがあの辺を通ったときに、要するにローマからトルコに変わったという印象ですね。それで、ずっとトルコなんですよ。さっき僕ヨーロッパとアンビバレントな関係とかと言ったところがあるでしょう。それで補足しますと、ヨーロッパも十九世紀以前は、アジアの文化も受け入れていた。それも単なるトルコ趣味とか中国趣味だけじゃなくてもっと自然に、そういう懐の深さがあったのに。

三木 十八世紀までね。

永田 十九世紀になって、今度はそういうのを排除する。だから十九世紀にヨーロッパは、政治経済的には世界を制覇したかもしれないけど、文化的には貧しくなったのではないか、と。

三木 それは言えるかもしれないね。

永田 数年前に、上野の西洋美術館でやった「ドレスデン国立美術館展」を見に行ったんです。そうしたら一つのセクションが「オスマン帝国の恐怖と」――これまでは当たり前なんです――、その下に「魅惑」とついています。魅惑とは初めて見ましたね。だから随分変わってきたなという気がしたんですが。中身を見ましたら、一六八三年にオスマン朝が無理矢理もう一回ウイーンを攻めるじゃないですか。それで負けて、いろいろなものをほうり出して逃げてきたんですね。その中の一つにコーヒーの豆があって、それの話もあるんですね。

澁澤 最初のコーヒー店があったところというのが、ちゃんとウイーンの町にあるんですよ。私は二年前にウイーンに行って、見てきました。オスマン軍の包囲が解かれて、城内から出てきた人々は、食物がないかとオスマン軍の宿営地をあさったんです

十九世紀にヨーロッパは、政治経済的には世界を制覇したかもしれないけど、文化的には貧しくなったのではないか。(永田)

オスマン朝あるいはイスラームの美術工芸というのは、ヨーロッパに大きなインパクトを与えるだけのものであった。（永田）

ね。そうしたら豆の袋があった。煮て食べてみたら、まずくて食べられない。そこにコーヒーを知ってるポーランド兵のコルシツキイという人が出てきて、その人がそのコーヒー豆を譲り受け、ウイーンで最初のコーヒー屋を始めたという。

　それで、コルシツキイ・ガッセ（小路）という通りの名前になっているんですよ。

永田　コーヒーのほかに、テントとか武具、武器、衣装のたぐいがいっぱいあったんですよ。それを、ハプスブルグに応援に来たザクセンの選挙侯が分捕り品として持ってかえって、自分のお城にトルコ室という部屋をつくって飾ったんですって。それで何か王家で祝祭とかいろいろな記念、行進があるときに自分がスルタンの衣装をして。

澁澤　それもミュージアムにあるんですか。

永田　さすがにそこまではないですけど。それは何かというと、要するにわしはこんなすごいものを持っているという一つの示威行為なんですね。そして現実に、オスマンの武具や衣装はすばらしいものなんです。それでヨーロッパじゅうからそういう武具商、職人が集まって、ウイーンはそういう一つのセンターになったと。それは博物館の学芸員がドイツ語で書いたものの日本語訳で読んだんですけども。

　それはもう十七世紀の末でしょう。その段階でも、やはりオスマン朝あるいはイスラームの美術工芸というのは、ヨーロッパに大きなインパクトを与えるだけのものであったということですね。そういうのが、だんだんこれから掘り起こされていくといいと思うんですね。いいものは何でもヨーロッパからというのは、日本人の感覚でしょう。

澁澤　十八世紀、十九世紀のオスマン時代の上流階級の、本当に洗練された生活用品とか宝飾品など見るのは大好きです。イスタンブールのサドベルク・ハヌム博物館なんかにも、すばらしいものがありますね。

戦前日本とトルコ

中央アジアは、古いときがイラン系の人で、それからずっとトルコ系ですね。さっき騎馬民族の問題が出ましたね。日本の国家も騎馬民族が作ったなんていう説も昔ありました。たしか清もそうですね。この騎馬民族の問題が現在のトルコを見るときにもやはり考慮しなければいけない問題じゃないでしょうか。

永田　それはそうでしょうね。

澁澤　その広がりは、東はバグダット、西はアルジェリア、北は東欧からロシア、南はカイロというふうに言われています。だから三つの大陸。

永田　案外戦前のイスラーム研究は、トルコが中心というとちょっと言い過ぎだけど、かなりそうですよね。回教圏研究所ですから。そこで出された雑誌『回教圏』の第1号を見るとトルコ研究を中心にしていることがわかります。それは日本が満蒙に進出して、最初に会ったのは今のいわばウイグルとか、それからやはりタタールですね。

三木 ロシア革命の後、日本に白系ロシア人がたくさん来たみたいなのが、かなりあれはタタール人でしょう。

澁澤 タタールは、ロシア革命の後、インドやパキスタンにも移住したけど、トルコにも来たんですね。

三木 エスキシェヒルでタクシーに乗って運転手と話してたら「この辺全部タタールだよ」と。

澁澤 そうですよ。いなかなんか行って、日本人の顔で、片言のトルコ語しゃべったら、タタールだと思われる。

永田 それは帝政ロシア時代に、それからソビエト時代に移住してきた人たちですよ。

三木 日本に来た白系ロシア人は、毛布だとか生地の行商をやっていたんですよ。圧倒的に、あれはタタールですね。かと思うとトラブゾン大学の人に聞いたはなしではサムスンの辺りには、ブルガリア人の大きなコミュニティがありますね。

今の日本ではイスラームというとアラブを考えますけれども、戦前のイスラーム学を考えるときはトルコからという。

永田 日本のイスラーム学は、常にその時代の国策に沿っている。戦前はトルコ中心ということは、満蒙侵略でしょう。戦後、今度はアラブ中心というのは石油欲しさですからね。ですから、戦前のトルコ学を中心としたイスラーム研究は破産したんですよ。蒙古善隣協会から資金援助を受けていましたからね。

三木 戦前のは、ケマル革命のインパクトだったんですよね。

永田 大きいですね。

パン・トルコ主義

先ほどパン・トルコ主義とおっしゃいました。それと日本で言うところの大アジア主義との関係はどうなんですか。

永田 先ほどちょっと言いましたけれども、ツラン主義。これは話すと長くなるんですが、元々はハンガリーが僕は重要だと思いますね。ハンガリーは一八四八年の「諸国民の春」で、白人に裏切られるんですよ。コッシュートが独立宣言するでしょう。そうしたらロシア軍と、オーストリアの軍隊につぶされる。あれからハンガリーは屈折するんですね。そして、西の連中は当てに

日本のイスラーム学は、常にその時代の国策に沿っている。戦前はトルコ中心ということは、満蒙侵略でしょう。（永田）

ならないから我々は東を見ようということになります。マジャール人というのはウラル山脈の南の方から今のハンガリーのところに移住した人たちですから、中央アジアのいろいろな民族調査に出かけるんですね。それのチャンピオンがヴァーンベーリという人ですよ。大学で東洋史に入りますと「史学概論」とかといって、こういうのを読まなくちゃいけないと古典を教えられるでしょう。あれの一つがヴァーンベーリなんですね。彼がイスタンブールに行ってトルコ語を勉強して、そして神秘主義のスーフィーに変装して中央アジアに行くんですね。そしていろいろ調査をして帰ってきて、我々は民族的にトルコ・モンゴル系であるという。そこからスタートして、次第にハンガリーは東との連携、特にトルコ・モンゴル系との連携を強めてくるんですね。

　そして日露戦争のときに、あの憎きロシアを破ったというので、一挙に日本の方に目が向いて。それでベネデクという人を日本に派遣してくるんですね。そしてツラン同盟というものをつくろうと。そのとき通訳をやった今岡十一郎がすっかり心酔するんですよ、このベネデク教授のツラン主義に。彼は一九一四年に来たんですね。それで一九二〇年ごろに日本でツラン同盟を立ち上げたんだけど、今岡さんのお話では、そのころはちょうど大正デモクラシーで、マルクス主義に傾倒している輩が多くて、我々の運動はだめだったというのでがっかりしてハンガリーに行ってしまうんですね。それで、一〇年間留学してツラン主義を持ち帰ったんですね。それで日本でいろいろな運動をやるんですけれども。

　これが大アジア主義の北進論と結びついて、要するに松岡洋右が満蒙は日本の生命だと言っているけど満蒙だけ考えていたのではだめだ、もっと西を考えなきゃいけない。そして中央アジアに出ていかなくてはいけない。その中央アジアの先にはトルコ共和国、それからハンガリー、そしてフィンランドがあるんですね。それは何かというとソビエトの南下を防ぐ反共思想ですね。ですからそれがツラン主義ということで一九三二―一九三三年に今岡が帰ってきて運動を始めて、それを受け入れた経済学者が野副重次という人ですね。ちょうどそのころ世界大恐慌の後でブロック経済になるでしょう。日本も自分の自給自足的な経済圏をつくらなければいけない。それには日本の国土は狭過ぎる。だから日本人は全員シベリアに移住する。そして括弧して「(もちろん朝鮮人も)」と書いている。ひどいですよ。そういう思想なんですね。だから「大東亜共栄圏」の思想ですよ。ところが、途中から南進論になるでしょう。東南アジアが重要になりますよね。すると北進論はちょっと影響が少なくなりますから。それであまり注目されてないんですけれども。

だからソビエトによるアジアの赤化を防ぐ、あるいは白人の世界制覇を防ぐ有色人種の大同盟です。大東亜共栄圏思想は、有色人種の反撃ですから。我々戦後はアジア・アフリカの民族運動なんて習ってきたけれども、戦前は白色人種に対する有色人種の運動です。

澁澤 トルコ人も「もうEUなんか入れてくれなくたっていいよ。こっちは東と結ぶよ」とか言っている人も。

永田 出てきますよ、当然。そういう意味では、トルコは割と選択肢が多いんですよね。EUがだめなら中央アジアのトルコ系と提携することもあるし、またイスラームを持ち出してきて、アラブ諸国というつながりもありますからね。

トルコの民族主義

トルコにおける国粋主義の伝統みたいなのはあるんですか。日本だったら、国粋主義というのは戦前からいろいろ。

永田 国粋主義というより、先ほどのツラン主義の流れがあって、それが民族主義者行動党ですね。最近亡くなりましたが有名な指導者がいましたね。アルパルスラン・テュルケシ。名前からしてすごいでしょう。アルスラン、ライオンですからね。

澁澤 勇敢なるライオンですよ。アルパッサンて発音してますね。私の親友もアルパッサン。

永田 アルパルスランね。これが民族主義者行動党というの。僕は一九六九年三月ごろ、ちょうど留学から帰る直前ですが、イスタンブールはNATOの兵隊さんたちが休む寄港地になっているんですね。それで、アメリカ人が上がってくるんですね。それに対して左翼のデモがあった。あのころからトルコはきな臭くなっていくんですけれどね。それに対して「灰色の狼」という民族主義者行動党の青年部会が黒ずくめの衣装でナナハンに乗っているんですよ。格好いいの、ダダダ……と。その連中と同じではないのですが、イスラーム主義の人たちが、あそこのタクスィムの広場で殴り込みをかけた。僕はすぐ近くの下宿に住んでいまして、今日何かあるぞと思って、起こったので急いで見に行った。あまりすごい勢いでかけていったのでいきなり真ん中に入っちゃって、危なく殴られるところだった。あれを見ていて、イデオロギーの対立もあるけれども、基本はやはり経済的な対立だなと。見ればわかるんですよ。天安門事件のときも感じましたけど、デモ隊の男女が履いているジーパンはカットがよくて格好いいんですよ。ジーパンでわかるんです。

文明の交差点としてのトルコ

アラビア語という共通語

三木　アラブ、トルコ、イランという、イスラームが広がった一番中心的なところで、言葉のレベルではアラブ文化圏と呼んでもいいかもしれないですね。日本語の漢語に当たるものが全部アラビア語ですから。口語の世界はそれぞれだけれども、少し抽象度の高いことをしゃべるには、日本語でも半分は漢語でしょう。日本製の漢語もありますが、それは漢字の持つ可能性が広がっただけの話で。同じことがペルシャ語、トルコ語におけるアラビア語のボキャブラリー、あれはちょうど日本語の漢語と同じ役割ですね。だから僕はトルコ語、ペルシャ語はほんの片言でしかないんですが、向こうに行くと必ずその土地の新聞を買うので。そうするとトルコ、イランの新聞を見ても、日本で言うと国際面に当たるところ、政治面に当たるところはかなり見当がつくんですよ。いわば漢語をぱっと拾っていけば。社会面に当たるところは、これはそれぞれ口語の世界だから。だけど国際面、政治面は漢語の世界。その点、もっと強調すべきだと思います。

永田　昔三木さんの部屋へラウフ・アッバースさんが来てね、アラビア語でしゃべっていたでしょう。そばで座って聞いていると、半分ぐらいわかるんですよ。それで「おまえ、スパイか」とか言って笑い話になったことがありますけれども。チュニジアに行っても、ホテルでテレビを見るでしょう。政治的なことはかなりわかるんですね。でもね、最近のトルコ語はだめですよ。すごい純粋化運動というやつね。それで、僕は今のトルコ語は読みにくくてわからない。この純粋トルコ語の単語を知らないと、もう一回アラビア語に変えてみないとわからない。

三木　それからもう一つ。永田さんがケマルの国家はアナトリア国家だと言われた。僕は一九七四年に行ったときにイスタンブールからブルサへ降りて、あとコンヤ、トロス山脈を越えてメルシン、アンタキヤ、イスケンデルン、それからマラティア、エラズウ、ディヤルバクルと歩いた。そのときの経験で言えることの一つは、ここは中東のイスラームが広がった世界の中では、いつでも緑がある世界だということ。冬だったから真ん中辺は冬枯れですけれども、広漠たる砂漠はないですよね。

澁澤　よくトルコに砂漠があると思ってる人がいるけど、砂漠なんかないよと。

三木　その点で、中東イスラーム世界の中ではたいへん恵まれた条件で。それで、農産物含めて自給自足がちゃんとできるんですね。

澁澤　だから人々がぞろぞろ入ってきた。

三木　それをケマルが自分の根にし、ここだけは守ろうと思ったというのは、非常に納得がいく。

繊細な美的感覚

三木　もう一つはケマルの最後の決定的な戦い、サカリヤ川の戦いで有名な、サカリヤの民俗博物館に行ってつくづく感じたんですけれども、遊牧民というのは世界史の教科書などだと戦争ばかりやっているみたいに見えるけれども、あれは何百年に一回やっていることで、日常ふだんは大自然の真っただ中に生きている人たちなんだということ。唐草模様とか、ああいう非常に繊細な美的感覚、じゅうたんだとか彼女たちが織る織物にもありますね。遊牧民を考える場合にそういう自然の真っただ中で暮らしている、ある面ではすごく美的な感性をも持った人々だということは忘れられているんじゃないかという気がするんですね。

澁澤　この頃、遊牧民のキリムとか、オヤとかに興味を持つ日本の女の人がふえているのは嬉しいですね。トルコの庶民は、何があっても穏やかにおっとり、豊かな心で暮らしてますね。この間のラマザン中もイスタンブールにいたんですけど、みんな盛大に遊んでいますからね。北イラクが緊張しようが何だろうが、みんなのんびりやってますよ。いまだって一万の軍が北イラクに入っているけど。

永田　それは建国のときに英仏を跳ね返したという自信でしょうね。

澁澤　アタチュルクはよくやりましたね、すごいですね。ガリポリの戦いでアタチュルクが胸のポケットに入れていた時計が敵弾が跳ね返したという話がありますでしょう。時計がなかったら、トルコの歴史は変わっていたんじゃないかと。

永田　やはり彼一人の力に帰するのは問題ですけど、でもやはり、相当な力のある人ですね。

三木　そう思いますね。

永田　やはりトルコの唯一の男なんですね。その後の歴史にとって幸運なのは、彼は奥さんと離婚してしまって子供がいないじゃないですか。ああいう建国の英雄の息子とか何とかは、大体ろくなものにならないでしょう。彼は子供がいないから、その後、世襲がない。あれは大きいですね、やはり。いつまでも清潔なんですよ。汚職がないから。

三木　日本国は世襲だらけで。

トルコと神秘主義

パムクさんの本を読んでみると、ヨーロッパ的な教養もある人ですが、一方でイスラームというか、イラン的な影響もパムクさんの中に結構あるんですね。『わたしの名は紅』を読んでみると、パムクさんの中にある、ヨーロッパの人たちから見れば異国的なものとい

トルコの庶民は、何があっても穏やかにおっとり、豊かな心で暮らしてますね。北イラクが緊張しようが何だろうが、みんなのんびりやってますよ。（澁澤）

中央アジアからトルコ系の人たちが西アジアに入ってくるでしょう。そうすると神秘主義の、スーフィーの教団が非常に発達しますよ。（永田）

うか、イスラーム的とまでは言わないにしても、その中にある神秘主義的なものが感じられるんですね。トルコにおいてイスラームの神秘主義的な伝統というのはかなり……。トルコの人たちが中央アジアでイスラーム化するときにも神秘主義者たちが結構影響を及ぼしたということも聞いておりますけれども、そこら辺はどうなんでしょうか。

永田　そうですね、やはり中央アジアからトルコ系の人たちが西アジアに入ってくるでしょう。そうすると神秘主義の、スーフィーの教団が非常に発達しますよね。あれは、よく常識的に言われていますよね。それからアフリカのほうでは、ベルベルのアニミズムとかね。そういう意味では、入ってきたトルコ系の人たちは、逆に言うとオアシスの定住民ではなくてその北の草原の遊牧民ですから、彼らの信仰はシャーマニズムです。それでコニヤにメヴレヴィ教団がありますね。あれが、儀礼でくるくる回りますよね。あれは、僕はシャーマニズムの儀礼だと思って。だけど、僕は教養がないから、古代トルコ民族史の専門家の護雅夫先生に聞いたんですよ。これはシャーマニズムと考えていいでしょうかと。やはり、高いものの周りでくるくる回ると、そこに精霊が降りてくる。

三木　依代になる。

永田　だから相撲のやぐら太鼓と同じですよ。あれはまさにそう見ると、民と精霊を仲介すると。だから、シャーマンですよ。護先生は「そういうふうに考えていいだろう」と言っていましたから。

三木　メヴレヴィは、そういう意味では東の。それに対してベクタシーの方は、キリスト教とのあいのこみたい。

永田　まじめな友だちがいて、おまえベクタシーに入れと言ったら、おれは酒飲めないからだめだと。

澁澤　アレヴィもおもしろいんですよね。アレヴィはものすごくおもしろい。

三木　ついでですが、シリアのアサド大統領はアラウィ（アレヴィの元のアラビア語）ですね。アラウィはいちおうシーア派に分類されてますが、イスラームともキリスト教とも民俗信仰ともつかない実体のようですね。ナセルがアラブ民族解放運動の盟主として活躍していたころ、かれはユダヤ・キリスト・イスラームの三教を中東の一神教と一括していて、その後ぼくも使っているんですが、これは三宗教ではなく、時代をへだてであらわれた中東一神教の三宗派とでも考えた方がいいですね。

永田　トルコの民衆レベルではベクタシー教団。イェニチェリってあったでしょう。あの軍団の成立とベクタシー教団が非常に関係深いと。多分伝説だと思いますが、そういうことになっているんですよ。それから町のイスタンブールなんかでイェニチェリの人たちが集まるコーヒーハウス。コーヒーハウスの文化は、イスタンブールからヨーロッパに行ったんですからね。そうすると、やはりイェニチェリなんかがたむろしているコーヒーハウスなんて恐ろしいじゃないですか、権力からすれば。

澁澤　タイムマシーンがあれば、のぞいてみたいですね。

永田　ですから一八二六年にイェニチェリ軍団が廃止されたでしょう。あれは廃止じゃなくて、僕は常に「撃滅」と書くんですよ。

澁澤　イエニチェリは大半が殺されて、生き残ったのが最後はベルグラードの森に逃げこんだそうです。実際にベルグラードの森へ行ってみると、ありうると思いますよ。あと、ハマムの釜焚き場に隠れ住んでいたという話もありますね。

永田　ハマムの釜焚きというのはヤクザだから。

澁澤　そこまで行くと同情されて、女が食物を運んだりしたとか。そういう話が、吟遊詩人の歌にあったり。

トルコ語・ペルシャ語・アラビア語

三木　先ほど言われたイランの影響があるんじゃないかということでは、トルコ語の中にアラビア語のボキャブラリーが一番入ったのは、やはりイランを通ってトルコ系の連中が来たので、だからペルシャ語経由なんですよ。ちょうど英語における漢語とでもいうべき語彙のなかばを占めるラテン語彙はフランス語経由ではいったのだろうと同様に。

永田　メヴレヴィの始祖の『ルーミー語録』もペルシャ語ですからね。ペルシャは文学の国だから。

三木　アラビア語の文法はかなりイラン人がつくったもので。アラビア語・トルコ語・ペルシャ語の、共通の漢語みたいなものと言ったアラビア語彙は、アラビア語とペルシャ語とでは同時的にできたんじゃないかと思いますね。

でも逆に言いますと、例えばイランのメシェッドなんていうのはトルコ人の都市ですよね。イランはトルコ人がものすごく多いですよ。

永田　そうですね。

イランは多民族国家なんですね。イランの名の由来になったアーリア人なんていうのは、むしろ少ない。

三木　もういろんなのが来ていますね。

澁澤　でも、アラブ語とイラン語は文法的にはぜんぜん違うでしょう。

違いますね。トルコ語ともまた違いますしね。

永田　三つとも違いますね。二十世紀の初めに『トルコ語集成』という辞書ができ

アラビア語・トルコ語・ペルシャ語の、共通の漢語みたいなものと言ったアラビア語彙は、アラビア語とペルシャ語とでは同時的にできたんじゃないか。（三木）

るでしょう。比率はたしかトルコ語起源の単語は一〇%ぐらいです。あとのそれこそ五〇%か六〇%がアラビア語で、三〇%がペルシャ語。みんな語源が書いてあるんです。そのぐらい少なかったですね。

大学院の演習でオスマン朝の年代記を読みますと、一番難しいのがトルコ語です。というのは、ペルシャ語やアラビア語の難しいボキャブラリーは、辞書があるんですよ。トルコ語は『トルコ語集成』があるんですけれども、ところが年代記なのに結構十六世紀や十七世紀の口語的な表現が出てくるんですね。そうすると参照するものがなくて、学生が「先生、わかりません」、「僕もわからない」となっちゃう。

澁澤 トルコ語もずいぶん変わってきていますね。いま、アラスマラドゥック（さようなら）なんて、あまり言わないですね。ギュレ・ギュレ（送る側のさようなら）はわりと言うけれども。

トルコの民族的多様性

三木 先ほどのイスタンブールからディヤルバクルまで町々を歩いていったその感覚から言いますと、イスタンブールから南に下っていくと、イスタンブールの辺は相対的に色白で見るからに皮膚が弱そうな、多分スラブ系の顔立ちが多くて、それがだんだん浅黒くなってきて。

澁澤 いなかに行くほど色が黒くて、ほっぺが赤いような。

三木 それでトロス山脈を越えると浅黒くて、皮膚がきれいな、ああ、アラブに来たと。何か人間のビヘイビアも、あけっぴろげでちょっと攻撃的になっていて。イズミルだとか西の方を歩いていると、これはギリシャだと。それからディヤルバクルの方に行くと、だんだん目が細くて我々みたいに平べったい顔をしているのがふえてくるという。だから、どこかできちんと線が引けるものじゃないんですよ。

トルコの人類学者のギュヴンチさんが九州に行くというときに「僕みたいなトルコ語片言でトルコじゅう歩き回ったんだから、あんたたちも片言の日本語で行きなさい」と。それをやって、後ですごく感謝されたけど。そのとき奥さんと娘のチャーさんと家族連れ、行く先々で何人《なにじん》と言われたと訊いたらアメリカ人と言われたのが一番多かったけど結構あったのはフランス人かスペイン人。またチャーさん曰く、多分私たちの先祖はギリシャ人だと。

澁澤　トルコ人自身にもトルコ人かどうかわからないですもの。私が、アラブ系トルコ人の友達と一緒に英語をしゃべりながらイスタンブールの町を歩いていると、みんなその友達をトルコ人だと思わないんですよ。イタリア人かとか、イラン人かとか聞くんですよ。おもしろいですね。外見じゃ本当にわからないんですよ。だからクルドだ、クルド差別だといっても、クルドだと本人が言えばクルドだし、クルドじゃないと言えば、否定できない。DNA調べてわかる話じゃないから。

要するに山岳民族でクルド語を使うということなんですかね。

澁澤　クルド語は、若い人はしゃべれないですもん。

三木　アナトリアの場合、考えてみるとオスマン帝国の領域になる前の人口というのはずいぶんあったと思うんですよね。何千年の歴史を重ねてきた。先ほど言った、いつも緑のある世界だという、あの辺では生態学的に一番豊かなところで。内陸アジアから入って来た連中はせいぜい二〇%ぐらいかと誰かトルコの知識人に聞いたら「いや、一〇%切るんじゃないか」と。

永田　それは割と正確で、『Pre-Ottoman Turkey』という本があるでしょう。あれで、やはり一〇―二〇%と言ってますよ。それがいつの間にかみんなトルコ人になるわけでしょう。それでトルコ人が入ってきたのと同時にギリシャ人を虐殺したとか、追い出したとかという話はどこにもないわけだから。だからそこに住んでいたギリシャ人だろうがクルド人だろうが、みんないつの間にか……。

澁澤　……トルコ人になっちゃった。

永田　でしょうね、やはりね。そうとしか考えようがない。そんなもの、証拠がないから。それで論文を書くわけにもいかない。

トルコ人自身にもトルコ人かどうかわからない。外見じゃ本当にわからないんですよ。（澁澤）

近代のなかのトルコ

トルコにとっての近代化

今までのお話で、トルコを見ることによってヨーロッパ中心の歴史観が問題になってくるということが見えてきました。もう一つ、トルコにとって近代化とはそもそも何だったと言えるのでしょうか。

永田　それで僕が考えたのは二つありましてね。一つは、トルコに関してもう近代化という言葉は使わない方がいいかなという気がします。つまり先ほどの連続性ではないですけれども、もう十五世紀だって十六、十七、十八世紀だって、ヨーロッパと連続している世界であって。だから先ほど三木さんがおっしゃったように、政府は一生懸命近代化とやるけれども、現実がもう連続しているわけですから。その辺がなかなか難しいところですけれども。

澁澤　でも、政府はＥＵに入りたいというのをまだ捨ててないから。それで近代化が、庶民にとってはジョークみたいになっちゃった。イスタンブールでも冗談みたいに、「ラマダンだからといって道端でヒツジのクビをぶったぎっているとＥＵに入れないぞ」とか、そういう冗談がはやったり。「大都市の真ん中でサバなんか焼いていたらＥＵに入れないぞ」とか。今はもう、「ＥＵに入れてくれないなら入らなくていいよ、別にトルコは困らないよ」みたいな雰囲気になってきてしまっていますけれどね。ＥＵと近代化というのが、庶民にとってちょっと今ごっちゃになっている。

三木　ＥＵの記事が出るたびに思うのは、あれはやはりアンビバレントだなという気がするんですね。一つはある意味では帝国主義の名残で、アメリカ帝国主義が中心になってしまった。その中で何とかヨーロッパ帝国主義を守ろうという面。それから先ほど申し上げた大きな帝国の中でのどかにゆっくりと共存文化を含めた文明をつくった経験がなく、戦争ばかりやってきた、それを安定した西北ヨーロッパ全域の平和な世界をつくり出そうという、大変まともな面。ＥＵというのは両方あると思うんですよね。国際政治の面では、そういう帝国主義の残りかすみたいなそちらの政治的駆け引きが問題になるけれども。そういう点になると、やっと西北ヨーロッパみたいな貧しいところでも人並みになろうというふうになったのかという。

僕は正直言って十九世紀、二十世紀の歴史というのは、観念に動かされた歴史だと思うんです。それまでの歴史というのは、いい意味で自然に積もり積もっていった歴史だったのが、あそこで何か一番遅れたところが武力で——経済も武力にくっついたものなので——世界制覇をやるという。人間というのは、成り行きでおのずから出てきた行動というのはものすごく強いんですね。ところが何とか主義だとか観念でつくり出した行動というのは、むしろ弱いものですね。近代ヨーロッパというのは、そういう弱い面が出てきたんだと思いますね。

EUとトルコ

トルコを受け入れるか受け入れないかということによって、EU自身が試されているという面もありますよね。

永田 それは今ちょっと三木さんが言った、EUがゆったりとした共同体をつくれるかどうかでしょうね。いわゆるアメリカのグローバリズムに対抗するんだみたいなことではなくて。

澁澤 トルコはやはりEUに入りたいというのは、第二次エルドアンになっても、もちろん、おりてはいない。でも、庶民はだれちゃってますよ。どうでもいいんじゃないのという感じになっています。

三木 どこか大きなところに属したいという面はあるでしょうが、その条件はもう消えつつあるでしょう。アメリカ引っ込めというのは、世界じゅうそうなんだから。そうなってくれれば、EUに入るか入らないかはトルコにとってどうでもいいことだろうと思いますね。

それと歴史の問題で、近代になっても十九世紀の終わりから二十世紀初頭にかけてウイーン、ブダペストの知的文化の発酵というのはすごい。あれはやはりオスマン帝国とヨーロッパとの接点、境目というのは、分断する面と逆にすごく緊密にかかわっていく面と両方あると思うので。それでウイーンやブダペストというのは、そういう面であああいう非常に優れた知的発酵がちょうど第一次大戦前後あたりに出てきたのではないかというね。

永田 あるいはもっと前から、それこそ、やはり十八世紀ですね。

三木 そうですね。ハミルトン・ギブのオスマン帝国を書いた昔の本でおもしろかったのは、イスラームではないユダヤ教徒、キリスト教徒はズィンミー（庇護民）として扱う。そのかわり人頭税をとる。しかしギブの研究では、人頭税をとったのはズィンミーの三分の一ぐらいじゃないかと。つまり、とれるほど豊かなやつからとっただけの話ですね。

それからもう一つおもしろいのは、バルカンで中部ヨーロッパと接している、十七世紀ぐらいまではオスマン帝国の領域へ中欧のキリスト教徒が移住してきたと。オスマン帝国の方が生活的、知的文化程度は高いものだから暮らしやすい。

ヨーロッパでのトルコ人の移民はどういう……。

澁澤 今また、ドイツでネオナチが放火しているんです。この二月に四回放火して、第二のゾーリンゲン事件かと言われている

アメリカ引っ込めというのは、世界じゅうそうなんだから。そうなってくれれば、EUに入るか入らないかはトルコにとってどうでもいいことだろうと思いますね。（三木）

んですよ。トルコ人の住宅ばかりねらってやられて。一番最初の放火で九人死にましたよ、子供ばかり。ゾーリンゲン近辺の都市ばかり「外人は出ていけ」という声を聞いてから放火されたトルコ人もいる。

三木 ガストアルバイターはすごく多いですよね。ただ、あれはトルコだけ孤立してとり上げるべきじゃないと思うんですよ。やはりバルカン半島の人たちみんな一緒に行っているわけですから。

澁澤 二年ぐらい前にちょっとイスタンブールからウイーンに行きまして、オーストリア人の家に居候しまして。ウイーンにも、ベルリンよりは小規模ですけどトルコ人街があってその真ん中に泊まっていたんですが、これがやはり偏見を持たれるのも、ある程度、しょうがないなと思っちゃったのは、何か、すごく「いなかっぽい」世界なんですよ。トルコの田舎町をそのままウイーンに運んできたような世界。それをウイーンっ子たちは見ているから、トルコ人はこういうものだと思ってしまって、これはちょっとEUじゃないだろうとなってしまうんだと思いましたね。

私の友人は五十代の男性、ウイーン生まれ、ウイーン育ちですけれども、最近初めてイスタンブールに遊びに来て、空港に降りてびっくり仰天していましたよ。なんてきれいなんだ、すごいと。私はいろいろなところを案内して、もう認識を改めて帰ったけれど。おもしろいですね。ウイーン子はいまでもウイーン包囲の話、よく知ってますね。友人は「オーストリア人でカラ・ムスタファ・パシャを知らないやつなんていないよ」とか言ってましたよ。「かわいそうに、スルタンに殺されてしまったんだね」とか。トルコ人街で話してみると、みんなトルコのいろいろなところから来ているんですよ。でも、何年いても、休暇とって帰って、トルコからお嫁さん連れてくる。ウイーン子とぜんぜんまざらないですね。でも、ドネル・ケバブが世界のファーストフードになったのは、トルコ人移民のおかげですね。この間、新聞で見ましたけど、ドイツじゅうにドネル・ケバブ屋が一万五〇〇〇軒あるんですって。

トルコとイスラームの距離

三木 最後に一つ、私個人のトルコとのかかわりを申しますと、最初はズィヤ・ギョカルプ（Ziya Gökalp）というケマルの革命のイデオローグというべき人物の研究。私がトルコに行ったのは一九七四年。人生五〇年という約束の時代に育ちましたから、人生終わりにあと一年という年です。そのときにディヤルバクルで町を歩いていて、夕方になって大きなカフェに入ったんです。そうしたらものすごく広い部屋にたばこの煙で向こうが見えないみたいなところで、私がひょっと何か片言のトルコ語でしゃべって「ジャポン」と言ったら、みんなわらわらと寄ってきて「おまえはキャピタリストか、コミュニストか、マオイストか、ゾーツィアルデモクラートか」と。

ディヤルバクルは、いわゆるクルド地帯の南の方の中心ですから。そういうのはわらわらと来まして、ひとしきりそういう議論があって。それが一段落したころそばによって来たのが「あんた、ああいう連中とあまりつき合わない方がいいよ」と。多分秘密警察です。帰りにイスタンブールへ飛行機で帰ろうとしたら空港で止められまして「おまえは何しに来た」と。彼の持っているペーパーを見ると、ミキという名前がブラックリストに並んでいて。

　他方、これはアンタキヤかイスケンデルンで、大きな生薬問屋で主人が出てくるのを待っている間店の店員さんと片言のトルコ語でしゃべったら映画の話になって「ギュネイ（クルド農民の名画をとって欧米で有名）はどうだ」なんて言ったら「あんないなか者のうっとうしい話はまっぴらだ」と。映画は空手。そういう庶民。

　エスキシェヒルのアナドル大学で薬用植物研究所長をやっているバシェルさんがいつか言っていましたが、学生どもの男の子はヒゲを生やす、女の子はスカーフをかぶる、それを反抗の表現として使うのもうっとうしくてしょうがないと。あれはトルコ、パキスタンなんかでそういうイスラームという観点からすれば辺境イスラームなんですね。永田さんがおっしゃったようにアラブ地域でイスラームは水か空気みたいなものであるのは当たり前ですが、トルコやパキスタンだと構える。何か、本当に身についたものにはなっていない面がまだあるんじゃないかと。そういう場合にむしろヨーロッパ人がイスラームだと考えるものに逆に引っ張られてしまって、スカーフを巻くとか非常に末梢的な。

澁澤　アタチュルクは女性のスカーフは禁じていないんですよね。男性のトルコ帽は禁じたけれど。大学のスカーフが問題になり出したのは、一九八〇年代の中ごろに地方の保守的な家庭の子女が大学に入るようになって、スカーフをかぶったのがぞろぞろ教室に入ってきたので問題になって、憲法裁判所で規制して以後なんです。だから、新しいことではあるんですよね。

三木　一九七四年かもうちょっと後か、カイロでは女の子たちが白いターバンを巻いて。これはハーッガ、巡礼帰りの印なんです。よく見ると、ファッションなんです。パキスタンだとかトルコあたりで、あるいはモロッコあたりで非常に政治的な意味を持つような服装なんかが、シリアだとかエジプトあたりだとむしろ何か一種のファッションだったりして。

澁澤　トルコでも、特に若い女性の場合は、色とりどりのきれいなお花の模様のスカーフ被って、まげでスカーフ膨らませたり、それなりのファッションはありますよね。でも、しっかりスカーフ被ってる若い

アラブ地域でイスラームは水か空気みたいなものであるのは当たり前ですが、トルコやパキスタンだと、何か、本当に身についたものにはなっていない。（三木）

一九八〇年代初期から見ても、今はものすごく逆行している。イスタンブールの町を見てもスカーフをかぶっている女性はほとんどいなかった。（澁澤）

女の子を見ると、彼女自身の意志とか撰択より、家庭とか地域が決めているんだろうと思いますね。

日本人が単純に考えれば、スカーフをかぶって教室に入りたければ入ればいいじゃないかと思いますよね。服装なんて自分の勝手なんだから。何であれだけ国会が大騒ぎして毎日毎日新聞のトップで、何だろうと。女子大生のスカーフ論争も、日本人にはわかりにくいと思いました。

ケマル・アタテュルクの革命ではイスラームを切り離したわけですが、このごろまたイスラーム復帰みたいなことが起こっていますね。トルコとイスラームの関係をどう見るかということが、あらためて問題になってくる。

澁澤　一九八〇年代初期から見ても、今はものすごく逆行しているわけですよ。簡単に言えば、イスタンブールの町を見てもスカーフをかぶっている女性はほとんどいなかったですよ。

永田　あれはヨーロッパ流に近代化されたイスラームだと思います。

澁澤　女子大生のスカーフ問題について、政党間で、トルコはセキュラリズムの国家じゃないかとか、論じ合っているのは、日本人にはすごく奇妙ですね。いずれにせよ私は、政府トップのご夫人方がみんなスカーフ被っているのは、見ているだけで鬱陶しくて嫌です。

三木　それからちょっとあと一つ、永田さんがおっしゃったようにトルコ人というのはあらゆる場合に優等生たろうとすると。それでいわゆる西欧流の近代国家なるものも優等生。それを担ったのは軍部ですね。これは、いわゆる第三世界とかつて言われたアジア・アフリカの広大な地域、日本を含めて、明治国家も、結局軍部が近代国家を担う。なぜか、帝国主義侵略や支配をやった近代ヨーロッパが根本的には軍事文明だから。したがって、それに反発していく動きもやはり軍が中心になると。文明開化より富国強兵が先に立つ。

澁澤　トルコの軍部はセキュラリストの味方なんですよね。そこがおもしろい。

三木　そうなんですよ。したがって日本を含めたアジア、アフリカの近代国家、西欧帝国主義に反発して出てきた近代国家の指導的な部分というのは軍部で、軍部は知的なエリートでも同時にある、今に至るまであってきている。今のトルコだとかパキスタンでは、まさにその軍部がもう怪しくなっていますね。その意味でも近代は終わろうとしているんじゃないかという気がします。

確かにトルコの近代化というのもこれからいろいろ考えていかなければいけない問題です。そして軍部の問題、さらに外国人を雇うという、お雇い外国人ですね、日本と似ている現象をどう見るかというようなことなども考えていく必要があるでしょう。

イスタンブールとは何か

永田　割とさっきからずっとトルコ、トルコと話してきたときに、どちらかというと話がイスタンブールに偏っているでしょう。やはりイスタンブールは別格なんですよ。それは僕も注意しなければいけないんだけど、ついなんですけど。

澁澤　そうです、私もなっちゃうんですよ。

永田　スカーフ問題なんかでも二つ考えられるんですけれども、一つはやはりケマルの世俗主義路線というのは、ある意味共和人民党（ＣＨＰ）のあの路線ですよね。これは、かなり都会の路線ですね。それで第二次世界大戦が終わって戦後デモクラシーになっていわゆる複数政党制になって、だんだん共和国としての歴史が積み重なってくるとだんだんアナトリアの人たちの、いわばケマルたちと少し違う人たちの意見が出てきた。あるいはそういう文化が表面に出てきた。あるいは、場合によってはアナトリアが出てきた。それで本当かどうか、澁澤さんは聞いたことありますか、今でもイスタンブールの人が、最近どうもイスタンブールがちゃがちゃと汚くなったのはアナトリアからトルコ人が来るからだと聞いたことがあるんですよ。

澁澤　アナトリアからいなかっぺがいっぱい入ってくるからというのは聞きますね。あれはいなかから出てきた連中だからとか。

永田　それは、元々オスマン朝時代にトルコ人というのは「いなかっぺ」という意味なんですから。アナトリアのいなかっぺ。イスタンブールの文化を知らない。粗野なトルコ語を話すと。ああいうのが案外残っているのかな。

イスタンブールというのはやはりトルコ人にとっても独特な世界だということですね。彼らにとってもコンスタンチノープルという、ずっと東ローマ帝国の都であったというところが、非常に魅力になっているんじゃないかということですね。

永田　イスタンブールが出てきましたけれど、今度はまたオルハン・パムクさんのいる新市街ですよ。あそこはまた違うんですよね。本当はイスタンブールというのはいま我々が旧市街と言っているあの城壁の中だけなんですね。僕は一番最初に留学したときに、空港の近くのトルコ人の家にいました。そうしたら、イスタンブールに行くというとき、イがつかないですね。スタンブール。だから、やはりこちら新市街はビザンツ時代からのイタリア人の居住区ですから。僕はその次の一九七四年に一年いたときは、オルハン・パムクのいたところにいました。テシュビキエというところです。ここはもうやはりイスタンブールの中の特殊な地域ですから、かなりそういうことを細かく考えておかないといけません。

澁澤　イスタンブールは広い、深い。私はもう死ぬまでイスタンブールをきわめようと決めていますから。

今日はありがとうございました。

（二〇〇八年二月二十七日　於・藤原書店「催合庵」）

黒海に近い町アマシヤ。イエシル川の畔に並ぶオスマン時代の白壁の家が美しい。
Photo by Shibusawa Sachiko

I トルコの歴史と文化

近代西欧の挑戦への応答にあたり、オスマン帝国の伝統はいかなる役割を果したのか？

伝統と近代の間で

【トルコ史六百年を往還する】

鈴木 董
Suzuki Tadashi

すずき・ただし　東京大学棟養分か研究所教授。一九四七年生。東京大学大学院博士課程退学。中東研究、オスマン帝国史研究。著書『オスマン帝国とイスラム世界』（東京大学出版会）『食はイスタンブルにあり』（ＮＴＴ出版）他。

一　世界で最も「親日的」な国

1　世界で最も「親日的」な国

トルコは、日本の長い歴史の中で、近代に至るまで、殆ど全く未知の国であった。近世に入り、今日のトルコ共和国の前身であるオスマン帝国について、書物の中で若干の言及があるとはいえ、それもあくまで中国経由か、西欧経由の伝聞に基く風聞にすぎなかった。そして、近代に入った後も、トルコは、邦人の多くにとって、長らく殆ど未知の国たり続けた。この趨勢に、近々、漸く多少の変化の兆しが見え始めたにすぎない。

しかし、このような限界の中ではあるが、トルコを多少なりとも知る邦人の間では、トルコが「世界で最も親日的な国」であるとの共通認識がある。実際、我が国においては、残念ながら、トルコは、なお余り知られざる国であるのに対し、トルコでは、詳細な事情は殆ど知られていないに等しいものの、日本におけるトルコに比し、日本は遥かに知名度の高い国であり、詳しい事情については未知であるものの、否、恐らくはそれ故にこそ、日本は、強い親しみをもって語られる国なのである。

トルコ側に、このような素地があるため、近頃、漸く盛んになりつつあるトルコへの旅行に赴いた邦人もまた、おおむね、親土的となって帰国し、再度来訪してみたいと思うようになるのである。

2 親近性の源泉

トルコを訪れた邦人の多くが親土派となるのは、美しい自然と多彩で豊かな史蹟を擁する国土と、素朴な親切心に満ちた人々に惹かれるからに相違ない。トルコの国土と人々の遥か昔に遡る歴史的背景と文化的伝統へのイメージの果たす役割は、限られたものであろう。訪土した人々が親土派となるのは、より即物的な理由によるのである。

トルコの人々も、我が国を訪れると、日本人は礼儀正しく親切だと、以後、日本と日本人に深い親近感を抱くようになるようである。しかし、トルコ本国にあって日本を訪れる機会など生涯もつこともない人々の間にも、根強い親日感があるのは、このような旅行者の即物的体験に発するものではなく、日本の歴史と文化についての独自のイメージによるところが圧倒的に大なのである。

その際、日本に親しみをもつ第一の理由は、一九〇五年における日露戦争での日本の勝利であろう。一八世紀初頭のピョートル大帝時代以来、ユーラシアの縁辺の沿海地域への出口を求めるロシアの北方からの圧力を受け続け、たび重なる露土戦争で敗北を重ね痛手を被り続けたトルコにとり、宿敵ロシアをアジアの新興国日本が打ち破ったことは、決定的印象を与えた。その余韻は、二一世紀に入った今日まで残されているのである。

第二には、日本が、トルコと同じくアジアの国でありながら、地球上を席捲するに至った近代西欧の挑戦によく応え、アジア諸国の中で、最初に「近代化」に成功し、欧米先進諸国に追いつき、殆ど追い越すに至ったことがあげられよう。かつて一九八〇年代のバブル時代の日本についての米国発の「ジャパン・アズ・ナンバーワン」といった日本モデル称賛が、その後、少なくとも近年まで姿を消したのに対し、トルコでは、今日でも、政治、社会、経済、とりわけ経済を論ずるとき、日本は驚異的成長をとげたアジアの国として、しばしば引照されるのである。

第三の理由は、欧米先進国に伍する程に「近代化」に成功しながら、近代西欧のそれとは非常に異なる伝統的文化をよく保った国、いわば「和魂洋才」の国というイメージによる。ここには、日本についての詳細な情報に不足することからくる誤解によるところもなきにしもあらずではあるが、しかし、トルコの現状にてらせば、あながち過褒とのみいい切れぬところもあるのであり、遥かに遠いトルコの人々の対日イメージは、我々日本人が自覚しにくい、日本における「近代化」の一面を、期せずして我々にも自覚せしめるきっかけたり得る面をもっているといえる。

以下、アジアの東端の国、日本との対比において、アジアの極西の国にして、少なくとも地理的にはヨーロッパ大陸の東端にも位置するトルコという国における、伝統と近代の問題について、少しく考えてみることとしたい。

二 異文化性と同時代性と

1 アジアの東の極みと西の涯と

今日のトルコ共和国の国土は、その大半をなすアジア部のアナトリア半島と、そしてボスポラス・ダーダネルスの両海峡とマルマラ海で隔てられたヨーロッパ部の小片からなる。但し、このヨーロッパ部も、面積的には国土の一割にも満たないかにみえるものの、巨大都市イスタンブルを擁することで、広大なアジア部によく拮抗している。

さて、このような領土構成をもつ今日のトルコ共和国は、古代のギリシア・ローマ世界に遡る近代西欧による地球の表面の空間的区分に従えば、アジアの西の涯、ヨーロッパの東端に位置する。これに対し、日本は、アジア大陸の東端をなす東アジアの、そのまた太平洋と交わる東の極みに位置している。こうして、トルコと日本の間には、空間的には、長大な隔たりが存在している。この隔たりこそ、トルコと日本が、いわゆる「大航海時代」以来の近代西欧の世界大の進出により地球上の諸社会がより緊密に結びつけられ一体化していく過程としてのグローバリゼーションが新段階に達した後も、長らく直接の接触をもたず、実見による知見をもちえなかった最大の理由であろう、少なくともトルコと日本が、国家間関係において直接接触をもったのは、一八八七年の小松宮のトルコ訪問であり、トルコ共和国の歴史的・法的前身たるオスマン帝国の人士が国家間関係を体して日本に到達したのは、一八九〇年のオスマン朝第三四代、アブデュル・ハミト二世により派遣された、提督オスマン・パシャ揮下の軍艦エルトゥグルル号の訪日によってであった。

2 西欧との空間的距離と心理的距離

空間的距離からいえば、地理的意味でのアジア大陸の西端、ヨーロッパ大陸の東端に位置するトルコは、ヨーロッパ大陸の西半をなす西欧には、比較的近い位置にある。否、現在のトルコ共和国の前身であったオスマン帝国についていえば、一六世紀前半、当時、一つの大文化圏、文化世界としての西欧キリスト教世界の東南端をなしていたハンガリーを手中にすることによって、西欧世界の一部をも版図に擁していたのであった。

これに対して、日本についていえば、西欧は、実は、空間的にはトルコより遥かに遠いのである。しかし、この一世紀半近く、従来の中国にかえて、近代西欧をモデルとし、近代西欧に追いつき、追い越すことに専心してきた近代の日本人にとって、手本としてきた西欧よりも、同じく非西欧に属しながら、非常に異なる文化的伝統と歴史的背景をもつトルコの方がイメージ上は遥かに遠く感ぜられるのである。

他方、トルコの場合、今日ならバスや列車でも、一、二日で到達しうる西欧は、EU加盟願望に見られるように近くも感ぜられ、しかし、文化的伝統にまで考慮を及ぼせば、遥かに遠くも感ぜられるのである。かえって、同じく非西欧諸社会に属し、自らと同じく、近代西欧をモデルとするようになり、近代西欧に対抗しうる力を手中にすべく努力してきた、いわば同級生として、空間的には、遥か彼方の日本の方がちかしく感ぜられることもあるのである。そして、これがトルコを「世界で最も親日的な国」としさえするのである。

3 文明と文化と

ここで、西欧以外の諸社会は、この数世紀にわたって、世界大に進出し、地球上のすべての空間を、自らを中心とする新たなシステムの中に組み込んでいこうとする近代西欧の挑戦を受け続けてきた。その意味では、地球上の非西欧の諸社会は、近代西欧の挑戦への応答の努力の中にあるという点で、共通の状況の中にある。比較文明史の大著『歴史の研究』の著者アーノルド・トインビーの表現を借りれば、「哲学的同時代性」を有するともいえるであろう。しかし、この共通性、「同時代性」の様態は多種多様である。このことは、日本とトルコのケースについても明白である。この同時代性、類似性は、近代西欧の挑戦への応答の中に、明確にとらえることができる。と同時に、差異性もまた明確に存在する。そして、この差異性の最大の源泉は、文化的差異性にある。

ここで、日本とトルコについて、その文化的差異性においてとらえようとするとき、とりあえず、最大限、アジア・アフリカ・ヨーロッパという、「旧世界」の三大陸について考慮すれば足りるであろう。

人々の大集団の差異性につき論ぜられるとき、比較の単位として、ときに文明、ときに文化につき言及される。そして、文明と文化については、殆ど同一視する見方から、全く対極に位置するものとの見方まで、様々の見方が存在する。文明にせよ、文化にせよ、いずれも、近代西欧で一八世紀に生れた Kultur と civilization の語に由来するが、フランス人は、文明に重きをおき、文明と文化を殆ど区別しないのに対し、ドイツ人は文明と文化を明確な対立概念としてとらえてきた。そして、また、ドイツ人は、文明を普遍的だが物質的なもの、文化を特殊的だが精神的なものととらえ、文化を文明より高く評価する傾向があった。

筆者もまた、文明と文化は、分かって考える方が便利と思うが、その優劣・高低は問わず、ただ、文明を、「人間が獲得した、外的世界と内的世界に対する制御と開発の能力とその諸結果に対するフィード・バックの能力の総体」、文化も、「人間が集団の成員として後天的に習得し、広く共有する行動・思考・感性のくせ」

と定義すれば足りるように思われる。こうしてみると、文明は普遍的かつ累積的、文化は特殊的となる。

4 漢字世界とアラビア文字世界と

ここで、トルコと日本の文化的差異性を考えるにあたり、さしあたり、空間的には、最大限、アジア・アフリカ・ヨーロッパの、いわゆる「旧世界」の三大陸につき考えておけば、「旧世界」の三大陸において、地球の一体化過程としてのグローバリゼーションの新段階に入るきっかけとなった、西欧人のいわゆる「大航海時代」が開幕する一五世紀末において、「旧世界」の三大陸における、広汎な空間に拡がり強固な伝統を有する大文化圏、ないしは筆者の用語法でいえば文化世界の代表的なものは、ほぼ、五つであったといえる。そして、その拡がりは、何よりも文字的共通性において、とらええた。

すなわち、三大陸の西端から東端にむかえば、ラテン文字世界、ギリシア・キリル文字世界、梵字世界、漢字世界と並立し、その四つの文字世界のすべてに近接して、アラビア文字世界が存在していた。そして、それらの各々が、独自の文明語・文化語と独自の文字的伝統をもち、独自の価値体系と行動規範を少なくともある程度共有し、独自の世界秩序観をもち、相対的に自己完結的な世界・システムとして、並列していた。そして、グローバリゼーションの一層の進展をへた一九世紀末においては、それらは、もはや相対的に自己完結的な文化世界ではなく、唯一のグローバル・システムにからめとられていたが、なお文化的には、いくばくかの独自性を保ったサブ・システム、大文化圏として存在し、その配置状況もほぼ継続していた。

このような文化的伝統と歴史的背景にてらせば、トルコは、今日では、ケマル・アタテュルクのトルコ革命中における「文字改革」によりアラビア文字ではなく、ラテン文字を用いているとはいえ、文化的には、なおアラビア文字圏につらなり、日本は漢字圏の一角を占めているといえよう。そして、トルコと日本の文化的差異の極めて重要な部分は、まさにアラビア文字世界と漢字世界との差異性に根ざしているのである。

と同時に、近代西欧の台頭と世界大の進出と、そして近代西欧を原動力とする唯一のグローバル・システムの形成の過程の中で、近代西欧の挑戦にいかに応答するかという問題に直面し、応答を試み続けてきたという点で、課題と経験を共有してきたともいえるのである。

三 共通問題としての、近代西欧の挑戦

1 共通問題としての近代西欧

アジアの西端と東端、アラビア文字世界すなわちイスラム世界と、漢字世界、すなわち東アジア世界ないしは中華世界に属し、

各々、甚だかけはなれているトルコと日本も、実はこの数世紀間、共通の問題にとりくんできた。その共通の問題とは、まさに近代西欧の挑戦にいかに応答するかという問題であった。ラテン文字世界、すなわち西欧キリスト教世界は、一五世紀末に至るまで、直接の接触の著しく乏しい、漢字世界や梵字世界にも、そして常に隣り合い対立し続けてきたアラビア文字世界、すなわち、イスラム世界も、長らく西欧キリスト教世界に対し、文化的にも、社会経済的にも、政治軍事的にさえ優位を保ってきていたのであった。

しかし、西暦一五世紀末、いわゆる西欧人の「大航海時代」が開始されるとともに、まず帆船と航海術と大砲の力をもって、インド洋岸において、西欧人が台頭し始め、一七世紀に入ると、対イスラム世界関係全体で力関係が変化し始めた。そして、一八世紀に入ると、力関係は、完全に西欧世界の優位に傾くこととなった。このような情勢の中で、イスラム世界と西欧世界との中心部におけるせめぎ合いの中心となっていたオスマン帝国においても、大多数はなお伝統墨守に傾いていたが、近代西欧のもつ全く新しい力に着目し、部分的なりとはいえ、軍事技術を中心に、近代西欧に学びこれと対抗する必要を感ずる人々が現われ始めた。この試みは、一八世紀を通じて、開明派と守旧派のせめぎ合いの中で断続的に続けられ、一進一退をくり返しながら、ある程度、定着していった。そして、一七八九年四月、七月のフランス大革命に数ヶ月先んじて即位した、オスマン朝第二八代セリム三世の時代に入り、少なくとも、軍事面において、近代西欧モデルをかなり体系的に受容しようとする改革が開始された。この改革は、「ニザーム・ジェディード（新秩序）」を標榜したが、結局、同じ名を持つ新軍隊の創設にとどまり、しかも一八〇七年、守旧派の蜂起によって改革自体挫折し、セリム三世も廃位され、後に殺害された。

その後、漸く一八二六年になり、第三〇代マフムート二世が、一八〇八年以来、一八年間にわたる雌伏ののちに、かつてオスマン帝国興隆期には最新鋭の軍事力としてなお幼弱であった西欧世界を脅かしたが、この頃には既得権にしがみつく守旧派の巣窟となっていた常備歩兵集団、イェニチェリ軍団を廃止に追い込んだ後に、近代西欧モデルの受容による改革の試みが再開された。それ以降、一八三九年に至るマフムート二世改革によって、近代西欧モデルの受容による改革は、軍事のみならず、政治・行政・外交等にも及び、著しく体系的なものとなっていった。そして、一八三九年におけるマフムート二世の逝去後も、彼が主導権を担った君主専制下の改革のなかで育てられた、オスマン朝の歴史で殆ど初めて近代西欧語の知識をもち、近代西欧の事情に通じた、改革派官僚、改革派軍人によって受け継がれ、彼らの集団指導下の、タンズィマート改革として続行されていった。このタンズィマート改革の中で、政治・行政・軍事・外交等々の多分野の中で、近代トルコの原型が成立していった。そして、一八七六年、ついに、ベルギー憲法を最大のモデルとするオスマン帝国の「基本法」すなわちオスマン帝国憲法が発布され、クライマックスに到達することとなった。

このように、今日のトルコの前身たるオスマン帝国の場合、西欧世界と近接していたため、近代西欧の衝撃は、力関係の徐々の変化として現れたが、そこから生じた近代西欧の挑戦への応答も、「旧世界」のなかで西欧世界から最もはなれ、しかも「鎖国」のなかにあった日本に比し、遥かに早い時期から試みられていたのであった。しかし、時期的差異はおくとして、近代西欧の挑戦に対し、伝統的土着モデルにかえて、近代西欧モデルの受容を通じて自己変革をとげ、自己を防衛し、近代西欧と伍することをめざす試みにとり組んだという点では、近代日本と共通課題に直面していたといえる。

2　西欧世界と非西欧諸世界と

近代西欧の挑戦を受けて、近代西欧に学び、近代西欧モデルを受容して変革をとげることによって、近代西欧の衝撃に対し自らを守り、自らの自立を保とうとする試みは、オスマン帝国に独自の体験では決してなく、全世界の非西欧諸社会の共通体験であったが、そのタイミングと様態は様々であった。

近代西欧モデルの受容による自己変革の試みは、やはり、西欧世界と最も近接するギリシア・キリル文字世界、言いかえれば東欧正教世界の北方の雄ロシアでのピョートル大帝の改革こそ、その後今日に至るまで進展し続けている近代西欧モデル受容による改革の嚆矢であった。その結果、新たな力をもって台頭し、地中海をめざして南下を進めた、ピョートル以後のロシアの脅威が、今度は、当時のイスラム世界の中核国家であったオスマン帝国における近代西欧モデルの受容による改革の試みを誘発する重要な要因の一つとなった。

このように、ロシアは、非西欧諸社会の中で、体系的な近代西欧モデルの受容による改革に着手し、南隣のイスラム世界の雄、オスマン帝国の最大の脅威となり、非西欧諸社会のなかで西欧列強に伍する強国の一つとなった。しかし、その後、改革の進展は停滞した。

近代西欧の挑戦に対し、近代西欧モデルの受容による自己改革の試みにロシアについで早く着手した非西欧社会は、アラビア文字世界、即ちイスラム世界の西半の雄、オスマン帝国であり、その試みは前述の如く、一八世紀初頭に始まり、一九世紀前半には本格的に体系化した。オスマン帝国が、このように早期に近代西欧の挑戦への応答として、近代西欧モデルの受容による改革にとりくむことになったのは、西欧世界に近接していたことによるところが大きかった。

これに対し、「旧世界」の三大陸上に一列する五大文化圏、五大文字世界の中で、ラテン文字世界、すなわち西欧世界から最も遠くに位置したのは、漢字世界即ち東アジア世界であった。そして、近代西欧の直接的な挑戦も最も遅く、漸く一八三九年のアヘン戦争により、その中核国家であった清朝に衝撃が到り、先触はあったものの我が日本に至っては、一八五四年の黒船来港により、真の近代西欧の挑戦に直面することとなった。

このように、タイミングは大きく異にしながら、近代西欧の挑戦に、近代西欧モデルを受容して自己変革を遂げつつ、存立を保とうとする努力にいそしんだ点で非西欧諸社会は、共通体験を生きたのであり、「哲学的同時代性」を共有していたことに疑いはない。

しかしまた、近代西欧の挑戦への応答のあり方は、文化世界によって異なり、さらに、同一の文化世界の中でも、社会によって大きな差異を示すのであった。

四　イスラム的世界帝国の遺産と極東の島国の伝統と

1　イスラム的世界帝国としてのオスマン帝国

トルコ共和国は、今日でも人口の圧倒的多数がムスリムすなわちイスラム教徒であり、トルコ共和国の創始者、ムスタファ・ケマル・アタテュルクによる文字改革によってアラビア文字はラテン文字にかえられたものの、今なおイスラム圏の一画を占めている。

そして、今日のトルコ共和国の歴史的にも法的にも前身であったオスマン帝国は、かつてのローマ帝国の最大版図のおよそ四分の三に達する広大な版図を擁するとともに、メッカとメディナのイスラムの二大聖都に加えて、今日ではイスラム世界の歴史的中核地域をさすに至った「中東」のうち、西端のモロッコと東端のイラン以東の地を除き、トルコ圏のすべてと、モロッコとアラビア半島の一部を除くアラブ圏の殆どすべてを支配下におき、イスラムの多数派の宗派スンナ派のイスラムを奉ずる、イスラム的世界帝国と呼ぶべき存在であった。

この帝国は、イスラムを国是とし、イスラムの聖なる戒律であるシャリーアが、国法の中核的部分をも占めていた。イスラムは聖俗一元、政教一元の宗教であり、支配者の権力の正統性の根拠も、シャリーアに依っていた。これに加えて、少なくとも一八世紀の末までには、オスマン帝国の君主たるスルタンは、同時に、全世界の全ムスリムの唯一の指導者であるカリフでもあると、信ぜられるに至っていた。

そしてまた、オスマン帝国の多様な民族・言語・宗教・宗派からなる社会もまた、イスラムの聖なる戒律、シャリーアにのっとり、宗教・宗派別に編成され、統合されていた。

帝国の人口のなかで、ムスリムは、およそ三分の二程度を占めていたと言われるが、そのムスリムについていえば、民族・言語をとわず、支配層は勿論のこと、一般民衆も、イスラムの聖なる戒律シャリーアを、少なくともかなりの程度には受け入れ、イスラムの暦も奉じ、年中儀礼も、そして割礼、結婚、葬儀といった人生儀礼も、シャリーアによって行われていた。実際は、ムスリム社会内でも、周辺にむかうにつれ、民族的・民俗的・地域的な様々な要素がより濃く残り、制度化された良きムスリムの従うべき神の命じた行動規範としてのシャリーアの網の目は緩やかとなる傾向はあった。

しかし、心の信心ではなく、現世の生活において、唯一神アッラーの最後にして最大の御使《みつか》い即ち神の言葉を伝える者としての預言者ムハンマドを通じて伝えられた神の言葉、神の命令に従って生き、社会をも神の御心にふさわしく変えていこうとする強い志向をもち、聖俗一元、政教一元の宗教であるイスラムが、市内の人口の三分の二程度とはいえ、その過半をはるかにこえる人口の中で、支配層ののみならず庶民の間にも、かなりの程度に浸透していたこと、しかも、単なる信心や徳目としてではなく、日常生活・社会生活の規則・しきたりとして、かなりの程度に浸透していたことは、近代西欧の挑戦への応答に際しても、決定的な意味を有していた。

2　東アジアの極東の島国としての「前近代」日本

トルコ共和国の前身たるオスマン帝国がイスラムの多数派たるスンナ派のイスラム帝国、おそらくは最後の世界帝国というべき存在であり、イスラムとその信仰の実質的根幹をなす、良きムスリムの従うべき、唯一神アッラーがその御使いムハンマドを通じて伝えた行動規範としてのシャリーアが、支配層のみならず民衆にまでかなりの程度に浸透していたのに対し、東アジアのまた極東の島国である日本の社会、前近代において、伝統的な支配的価値体系のあり方は、大きく異なり、そのことが近代西欧の挑戦への応答の過程においても、少なからぬ意味をもち、トルコのケースと大きなちがいとなったと思われる。

一六世紀末から近代西欧の挑戦への本格的応答を迫られるに至る一九世紀中葉までの時期の日本は、徳川幕府の支配下にあった。そして、徳川幕府体制の支配イデオロギーは、儒教、それも朱子学であったといわれてきた。しかし、そこでの支配的イデオロギーのあり方は、オスマン帝国におけるイスラムとは甚だ異っていたといわれる。

そもそもオスマン帝国においては、その最高権力者としての君主であるスルタン自身が、唯一神アッラーの聖なる戒律、シャリーアの守護者たることに正統性の最大の根拠が求められていた。それ故、理論上はシャリーアののりを越えたことを理由に、王朝自体は廃されないにせよ、個々の君主は廃されうる存在であり、実際、一七世紀以降、しばしば少なくともその口実の下に廃位されたスルタンが生じた。

これに対し、徳川日本の場合、事実上の最高権力者たる将軍の地位と権力の正統性の最大の根拠は、普遍的規範にも、独自的実力にもなく、天皇による征夷大将軍への叙任に基き、辞令まで交付されていた。そして、天皇は、シャリーアの秩序の守護者たるオスマン帝国のスルタンとも、天命をうけて秩序を司る中国の天子とも異なり、高天原の主神、天照大神の直系の子孫、日嗣の御子たることに求められていた。ここで、一見支配的にみえる支配イデオロギーとされる朱子学との齟齬がすでにみられる。

これに加えて、徳川日本における儒学の浸透度は、オスマン帝国におけるイスラムの浸透度とは全く程度を異にし、またその様態も非常に異なっていたようにみえる。すなわち、日本の儒学は、武士層においてすら、極めて限られた形で浸透し、まして民衆への浸透はさらに表層に限られていたようにみえる。そして、儒学の直接の担い手たる儒者の地位も、中国や朝鮮王朝の儒者とも、オスマン帝国におけるイスラム教学とシャリーアの担い手たるウレマー（アラビア語ではウラマー）とも、かなりかけ離れ、遥かに低い地位に甘んじていた。

そしてまた、儒学の受容においても、儒学は本来、天下国家論から日常生活まで含む行動規範としての礼の体系までが一セットとなるはずのものであるにもかかわらず、徳川日本では、礼が体系的に受容されることは若干の例外を除けば大量現象としてはなく、前近代の「知識層」においてさえ、おおむね天下国家論か倫理規範の形で受容されるにとどまり、まして民衆には、せいぜいで道徳論、修養論ないしはいくつかの徳目が一部で受容されたにとどまったかにみえる。これは、オスマン帝国において行動規範としてのシャリーアが、法律的部分以外にも広汎に浸透していたのとは対照的であった。

むしろ、前近代日本において、支配層から民衆にまで広く浸透していたのは、様々な形の仏教であり、このことが、トルコにおけるイスラム意識と対比すべきものとして、近代日本において仏教系に属する社会運動・政治運動が強力な形で現われる遠因となったと思われる。さらに興味深いのは、前近代日本の場合、かなり広汎かつ深く浸透した仏教的なもののさらに基底に、古代以来の原初的な神と汚れの意識が根強く残されていたことであろう。しかも、この原初的な神と汚れの意識と直接つながる面をもつ天皇が、実際上の最高権力者たる将軍の権力に正統性を与える至高の存在でもあったのである。

前近代日本における価値体系、価値意識、行動規範の重層性は、日本が古代以来、中国が生み出した中華文明・中華文化の最周辺に位置し、つねに外より最新モデルを受容してはそれを独自に咀嚼吸収する過程をくり返し、ついに中心となることがなかったことによるのであろう。ただ、このような次々とモデルを受容し咀嚼する伝統の存在は、伝統的モデルから近代的モデルへのモデル・チェンジにおいて、伝統的価値体系の重層性とあいまって、変わり身の速さを保証した。

　トルコの場合、オスマン帝国時代に包括的な価値体系と行動規範が一元的に広く深く浸透したうえに、イスラム世界内では元来は周辺に属しその点では前近代日本に似た位置にあったものの、一六世紀初頭以降、メッカとメディナの二大聖都に加え、当時のイスラム世界の中核地域を手中におさめ、スンナ派のイスラム的世界帝国化し、自らが中心に位置するようになったことが、近代西欧の挑戦に対し、近代西欧モデルの受容による改革が、日本に比し遥かに早く開始されたにもかかわらず、その後は著しく停滞した一因であったであろう。

　その点では、とりわけ現代のトルコ共和国の前身たるオスマン帝国における伝統と近代西欧への応答の過程は、満洲人出身ながら著しく中華化した征服王朝、清朝のケースに遥かに近いところがあったであろう。

五　多様性の社会と同質性の社会

1　オスマン的多元社会と統合・共存システム

　イスラムは、「コーランか剣かの宗教」というイメージにもかかわらず、異宗教にもある程度の柔軟性をもち、イスラム世界は、イスラム一色の世界ではなく、宗教・宗派的にむしろ多様な世界であった。日本でも明治以来古くから根づいてしまっていた「イスラムはコーランか剣かの宗教」というイメージは、勿論、近代西欧から伝来したものであり、しかも、このイスラム・イメージは、それこそカトリック一色で、若干のユダヤ教徒のみが許容されていた中世の西欧キリスト教世界の自己イメージの他者への投影であり、「コーランか剣かの宗教」とのイスラム・イメージは、実は、「聖書か剣か」の宗教と化してしまっていた中世後期から近世にかけての西欧のキリスト教の反映であったのであろう。

　イスラム世界の場合、シャリーアの中で成立した異教徒処遇のシステムが、現実にもかなりの程度に励行され、宗教・宗派的多様性が、イスラム世界形成期以来、ある程度確保されてきたのであった。

　そもそもイスラムにおいては、人間については、基本的には民族・言語・社会階層などを問うことなく、ムスリムと非ムスリム、さらにいえば信心者と不信心者に分かたれる。不信心者は、さらに唯一神とその教えの書を奉ずるキリスト教徒・ユダヤ教徒のごとき一神教徒と偶像崇拝者に大別される。偶像崇拝者については、まさに「コーランか剣か」が迫られる定めであった。しかし、一神教徒は、啓示の書をもつ民、すなわち「啓典の民（アフル・アル・キターブ）」と呼ばれた。

　ここで、人の住む世界も、もっぱら宗教によって、既にムスリムの支配下にあり神の教えの十全におこなわれているところである「イスラムの家（ダール・アル・イスラーム）」と、いまだ不信心者が支配し神の教えが行われていないところである「戦争の家（ダール・アル・ハルブ）」に二分される。

　イスラムにおいては、預言者ムハンマドが神の最後の啓示を伝える前の人の住む世界は「無明（ジャーヒリーヤ）」時代にあった。しかし、預言者ムハンマドが故郷のメッカからメディナに逃れ、メディナで主導権を握り、いわば最初のイスラム国家というべきものを樹立したとき、同時に「イスラムの家」も出現する。

　そしてムスリムには、「戦争の家」を「イスラムの家」へと包摂していく不断の努力が求められる。この和戦両様による不断の努力がジハードである。ただ歴史的にみてジハードというとき、武力によるジハードがまず念頭にあり、武力によるジハードこそ、歴史的世界としてのイスラム世界の形成と拡大の原動力となった。

　イスラムにおいては、ジハードによって「戦争の家」を「イスラムの家」に包摂していくとき、新たに「イスラムの家」へと包摂された地については、とりあえずイスラム的秩序の下におかれることがめざされ、イスラム一色とすることはめざされていない。すなわち、「戦争の家」の非ムスリムのうち、偶像崇拝者についてのみ、「コーランか剣か」の原則が適用されることとなっていたが、これも後代著しく緩和されていった。

　一神教徒であるキリスト教徒やユダヤ教徒などの「啓典の民」については、ムスリム共同体との誓約が成立すれば、ムスリム側からその個人ないし集団の「啓典の民」に「保護（ズィンマ）」が与えられ、「被保護民（ズィンミー）」となった「啓典の民」は、人頭税をはじめとする特別の貢物の義務と一定の行動制限に服することを条件に、シャリーアの秩序の範囲内で、固有の信仰、固有の法、固有の生活慣習を保ちつつ自治生活が許されることとなっていた。そしてシャリーアの中で確立していったこの制度は、歴史的現実の中で、かなりの程度に励行され、それが、速やかな征服の進展とムスリムの支配の比較的スムーズな定着に資した。それと同時に、「啓典の民」の範疇に入る限り、多様な宗教・宗派がムスリムと共有する世界が創り出された。イスラムは、民族や言語には殆ど関心を示さなかったため、ジハードが進むにつれイスラム世界は多種多様な宗教・宗派・民族・言語のモザイクのような構造を呈するに至った。

　そこで実現されたのは、宗教を基軸とし、ムスリムの優位と非ムスリムの劣位の原則にたつ、不平等の下の統合・共存のシステムであった。

　トルコ共和国の前身たるオスマン帝国も、征服を進めるにあたり、このシャリーア上の「保護」、「被保護民」のシステムを援用して、帝国の統合を進めていった。このシステムは、不平等が殆ど不変の前提をなす前近代の文脈では、かなり有効に機能した。しかし、平等が求められ、しかも社会の統合の基軸が、近代西欧の影響の下に、民族へと変っていくなかで、このシステムにより統合と共存を維持していくことは、極めて困難となっていった。

長い苦闘の時期をへて、結局、第一次世界大戦における敗北によるオスマン帝国の解体をへた後、新トルコ民族主義に立脚する国民国家としてのトルコ共和国として、領土は極減したものの、政治的自立を確保しうることとなった。しかし、現代に至るまで、新たな文化的・政治的アイデンティティーの確立のための苦闘が続いているのである。

2 日本的同質性の社会

文化的に宗教・宗派・民族・言語を異にする多元的な人間集団を統合し共存を可能とするシステムの形成・維持がいかに多大のコストとリスクを要するか、とりわけ統合と共有の基軸が変化し、それを支えるアイデンティティーも変化したとき、統合と共存のシステムを組み直すことがいかに困難かは、我々日本人にとって、最も理解し難い問題であろう。

日本、ひいては、中国や韓国も含めた東アジアの漢字世界の諸社会は、ユーラシア西半のより移動的な諸社会に比すれば、定着の社会であり、同質性の社会であったといえよう。中国の社会は、三千年以上、朝鮮半島で二千年以上、日本の場合でも少なくとも一五〇〇年以上にわたり、同じ言語を母語とし、同じ文化に属すると信じる人間集団が、一つの同質的枠組の下に定着してきた。

このような状況の下では、統合と共存のコスト、アイデンティティー形成のコストは、いわば長期にわたるのべ払いの形で処理され、近代西欧の挑戦が及ぶ頃には、近代西欧さえ、中世末から絶対王政をへて市民革命期に至って急ごしらえで創り出した世俗的で新たな政治的な統合の枠組としてのネイション・ステイトとそれを支えるイデオロギーとしてのナショナリズム、そして、ナショナリズムに支えられたナショナル・アイデンティティーを創り出し、そこで生み出された新しい政治単位とそれを支えるイデオロギーとしてのネイション・ステイトとナショナリズムを析出し始めたころ、近代西欧の諸国家においてさえまだ達成しえていなかったほどの文化に同質的な社会、いわばプロト・ネイション・ステイトが、既に十分に成熟していたとさえいえるであろう。それ故、近代西欧においても近々に創り出された、あるいは、創り出されつつあるネイション・ステイト・モデルを、近代西欧の挑戦の下で受容することとなったとき驚くほどスムーズに、これを受容しえたのである。とりわけ、日本の場合、政治社会の統合のコストが、オスマン帝国からトルコ共和国への移行の際の巨大なコストとは比較にならないロー・コストであったことが、急速な「近代化」の進行のきわめて重要な前提となったと思われる。

近年における日本社会の多元化についての論議をみても、統合と共存のコストとリスクの問題は、今日においてすら、日本では、十分に理解されているとは思われないのである。

そしてまた、日本の儒学の受容においてみられるような「礼」の体系的受容と浸透の不在、また仏教の受容においてみられるような戒律の体系的受容と浸透の不在は、黙示的文化コードの体系的定着した社会においては、明示的な文化的コードをさほど必要としないことに由来しているように思われる。

六 「開国」の世界と「鎖国」の国と

1 開放社会としてのイスラム世界とオスマン的伝統

近代西欧の挑戦にさらされる直前のオスマン社会と徳川日本とのいま一つの大きい差異は、イスラム世界はその成立以来、殆ど常に外にむかって開かれた世界であり、オスマン帝国もまた常に「開国」状態にあったということができる。それは、イスラム世界が「旧世界」の三大陸のつなぎ目に位置し、三大陸をつなぐ陸と海との交通と交易の大動脈をその勢力下におき、異文化世界をつなぐ遠隔異文化世界間交易で莫大な利益をえていたことからして当然のことといえよう。そして、その際、遠隔地間で交易を行う人々にとって、シャリーアの法律的部分が同時にイスラム世界の世界法的役割を果たしていたことは、遠隔交易を発展させる極めて重要なソフトのインフラとなっていたといえよう。また、先に、人の住む世界は「イスラムの家」と「戦争の家」に二分され、ムスリムにとり「戦争の家」は、不断のジハードの対象であったと述べたが、それにもかかわらず、他方で、両者が直接の交戦状況にないときには、ムスリムの共同体ないしそれを代表する支配者、ないし個人としての一ムスリムが、期間と目的と条件を定めたうえで、「戦争の家」に属する非ムスリム、これを「ハルビー」と呼ぶが、これに対し「安全保障（アマーン）」を与えることができ、安全保障を与えられた「ハルビー」は、「被安全保障者（ムスタミン）」として、大きなシャリーアの秩序下で、条件内である限り、「戦争の家」から「イスラムの家」に財物をたずさえて赴き活動し、財物をたずさえて帰還しえたのであり、これも宗教ではなく実際に異文化世界間交易を支えるソフトのインフラとなっていた。このアマーン、ムスタミン制度はムスリム側の一方的行動の規範であったが、ムスリム側にも双務的に「戦争の家」への往還にも適用されるべきものと考えられ、実際これにのっとって行動していた。このアマーン、ムスタミン制度の下で「イスラムの家」に滞在する非ムスリムは、各々、出身地、出身国により居留民団を形成し、自集団内の事柄については原則として居留民団の長により、裁判が行なわれることとなっていた。この中世西欧の領事裁判制度に似る制度の存在も大きな便宜となった。しかし、近代に入り力関係が逆転すると、治外法権による領事裁判権と化した。またアマーン、ムスタミン制度には何かと制限があったが、この制限を緩和し、交易を振興するために、ムスリム側の君主の自発的な恩恵附与として与えられた特権が、キュピチュレーションであった。しかし、これも後には西欧人のみが享受する特権となるとともに、非西欧の諸社会での不平等条約の原型ともなった。

しかし、イスラム世界の最後の世界帝国たるオスマン帝国もまた開放性の帝国であり、西欧世界とも不断の接触を有していた。そして、そのために、近代西欧の挑戦も長い時間の経過の中における力関係の徐々の変化として現われた。このため「夷狄」の突然の来訪をうけた日本に比し、事態への危機感は当然ながら、ゆるやかなものとなった。

これに加えて、オスマン帝国はその位置からして、「三大陸」時代の旧世界の世界経済の中心に位置し、その経済と社会も、この「旧世界」の旧世界経済に適応しえていたために、新たな三大洋五大陸の世界経済が成立、発展すると、新たな事態への適応は極めて困難となった。

2 イスラム世界とネットワーク形成

開放の世界たるイスラム世界では、とりわけ自世界内においては地域や王国をこえた様々のネットワークが縦横にはりめぐらされ、そのネットワークづたいに、驚くほどに遠隔の地もまで旅行する者もあり、交渉が保たれていた。オスマン帝国の場合も、その例にもれない。このネットワークもまた、大枠は宗教・宗派別に成立し、異なる宗教・宗派に属する者のネットワークが重層的に成立していた。一四五三年、オスマン朝第七代メフメット二世がビザンツ千年の帝都コンスタンティノポリスを征服してこれを新帝都としたとき、新帝都の再建にあたりトルコ系ムスリム一色の街ではなく、様々の宗教・宗派の人々を集め多宗教・多宗派都市として再建したのも、これらの諸ネットワークを新帝都にとり込むことも意図されていたのであろう。イスタンブルの多文化性についていえば、一九世紀後半においてさえ人口の三分の一以上が非ムスリムであるような街であった。この人口構成が激変するのはオスマン帝国崩壊後のことに属する。

とはいえ、今日のトルコ共和国でも、多様性は減じつつも、重層的なネットワークのはりめぐらされた世界としての性格はいくばくかは残っている。その一面として、ソ連邦崩壊期に旧ソ連邦のムスリムの新興諸共和国、そしてロシア連邦内の自治共和国との間に驚くほど緊密なネットワークを組み上げえたのであった。

3 「鎖国」の伝統とネットワーク

常に開国状態であり、遠隔異文化世界間交易に重点をおいていたオスマン帝国に対し、徳川日本はいわゆる「鎖国」という形で極端な管理貿易を行い、体制の安定をはかった。元来、そして日本の場合は、流通より生産に重点をおき、しかもその生産は、主として国内市場にむけたものであった。そして、徳川体制下では、諸藩間の軍事拡張は禁圧されたが、分権システムはある程度維持され、ある程度の競争が存続しつつ、緊密に結びつけられた国内市場とプロト国民経済というべきものが形成され成熟していた。

徳川日本の経済は、「旧世界」の三大陸時代の世界経済の周辺にあり、国内市場だけへのもの作りに傾斜したプロト国民経済を既につくり出していたために、開国後に、かえって三大洋五大陸をつなぐ近代西欧を中心とする新世界経済システムにより容易に適応しえた。これに対し、オスマン帝国経済は、生産より流通、それも遠隔異文化世界間交易に重点をおき、旧世界の三大陸時代の世界経済システムの中枢にあったため、かえって三大洋五大陸をむすぶ新世界経済体制に対し容易に適応しえず、トルコ共和国時代に入った後も、新たな国民経済形成に多大の困難を伴うことになった。

七　「伝統」と「近代化」と「西洋化」と

1　「近代化」と「西洋化」と

これまで、現代のトルコ共和国の前身としてのオスマン帝国の伝統のいくつかの側面を、近代日本の前身としての徳川日本の場合と対比しつつ論じてきたが、ここで、オスマン的伝統が、近代トルコの「近代化」にとってもった意味について少し考えてみたい。ただ、それに先立ち、冒頭の現代のトルコ人の、やや過褒かと思われる「和魂洋才の国としての日本」というイメージにもふれたこと故、「文明」における「近代化」と、「文化」における「西洋化」について少しふれておくこととしよう。

筆者としては、実際には両者を完全に分離することは甚だ困難ではあるが、近代西欧が人類史上初めてもたらした文明の新段階の特徴としての「近代性」というべきものを獲得発展させていこうとする努力の継続を「近代化」とよびうるのではないかと思われる。例えば、軍事における新式の火砲とそれを最も効果的に戦場で利用しうる戦術・戦略と、そしてそれを最も有効に利用しうる組織と、それにふさわしい成員の養成は、文明的事象としての軍事的「近代化」の一側面であるといえる。

これに対し、新式火砲を最も効果的に利用すべき軍隊の最も機能的軍装としては、何も洋装である必要はないはずであるが、多くの場合洋装が採用される。オスマン帝国の近代西欧モデル受容による体系的改革の真の創始者というべきマフムート二世による軍人の洋装の採用は、近代化というより西洋化というべきであろう。

幕末日本における、朝廷側の新式軍隊の軍装としてのだんぶくろの採用は限定的西洋化といえるかもしれないが、士官のかぶり物として採用された「しゃぐま」は、近代化でも西洋化でもない、第三の道といえるであろう。

「近代化」は、近代西欧の生み出した近代性の挑戦への応答である以上、「近代化」には殆ど不可避的に「西洋化」が随伴することとなろうが、「西洋化」は「近代化」の本質的条件ではけしてなかろう。

2 「近代化」におけるオスマン帝国の伝統と徳川日本の遺産

現代のトルコ共和国の前身たるオスマン帝国の場合、近代西欧の挑戦に応答せんとしたとき、その土台をなす政治体の伝統的な統合とそれを支えるアイデンティティー自体が、近代西欧のそれとは対照的な宗教を基軸とするものであったために、政治的統合とそれを支えるアイデンティティーを再編すること自体が決定的に困難なものとなった。宗教としてのイスラムに基軸をおく多宗教・多宗派国家でありイスラム的世界帝国としてのオスマン帝国にとって、世俗的な民族をアイデンティティと統合の基軸とする民族国家としての国民国家に変身するのは、殆ど不可能であった。実際、帝国が解体した残骸の中から、トルコ民族主義に基づく国民国家としてのムスタファ・ケマル・パシャのトルコ共和国として、領土と人民のドラスティックな減少に伴い漸く実現されえたのであった。

聖俗一元、政教一元を前提とするイスラムが、支配層から民衆に至るまで行為規範としてのシャリーアが著しく浸透しているオスマン帝国にとって、「近代化」のために少なくとも部分的には不可避である宗教からの規制緩和としての世俗化もまた至難の技であり、トルコ共和国の創始者ムフタファ・ケマル・アタテュルクの強行策をもってやっと緩やかながら、宗教からの規制緩和が実現し始めた。日本の場合、イスラムの戒律シャリーアほど包括的な行動規範が受容されておらず、宗教からの規制緩和は、遥かに容易になった。

そして、経済の近代化においても、三大陸時代の旧世界経済に適応しすぎていたオスマン経済は、旧世界経済の片隅で独自の生産主義的プロト国民経済を育んでいた日本のそれに比し、遥かに大きな困難を伴った。

トルコは、その「近代化」の出発点において、日本とは非常に異なる諸条件の故に、多くの労苦をついやすこととなった。ただ、トルコも、イスラム圏、中東において最も早いベースでの「近代化」に成功した国となったのであり、日本とのいくつかの共通性を有していた。その中で最たるものとして、おそらく、伝統の中で既に高度に発達した組織と組織技術と、その担い手たちを育み、これが「近代化」の受け皿たりえたことを挙げえよう。「近代化」にとって伝統はしばしば双刃の剣なのであり、「近代化」はあるタイプの伝統によって困難をこうむる。しかしまた伝統の中に近代西欧の挑戦への応答を担うべきものが存在せぬとき、「近代化」はそもそも開始することを得ないのである。

本稿では、トルコにおける伝統と近代の問題のいくつかの側面を、日本のケースと対比しつつ少しく論じてみた。

附記 なお、世界体系・政治単位・統合と共存・アイデンティティーにおける「伝統」と「近代」の問題について、より詳しくは旧著『イスラムの家からバベルの塔へ』の改題新装版『イスラム的共存とナショナリズム』(千倉書房)も参照されたい。

政治的変動がつづく今、「世俗国家」トルコはどこへ向かっているのか？

トルコ共和国の根幹

【絶対不可侵と世俗主義の現在】

内藤正典

Naito Masanori

ないとう・まさのり　一橋大学大学院社会学研究科地球社会研究専攻教授。一九五六年生。東京大学大学院理学系研究科地理学専攻博士課程中退。社会学博士。現代イスラーム地域研究。著書に『イスラーム戦争の時代』（ＮＨＫ出版）『ヨーロッパとイスラーム』（岩波新書）他。

トルコ共和国には、建国当初、初代大統領となったムスタファ・ケマル（アタテュルク）が定めた基本原則がある。六本の矢に喩えられるこの原則は、共和国主義、人民主権、民族主義、世俗主義、国家主義、革命主義からなる。これらの原則のなかには、時代の変化とともに役割を終えたものもある。だが、これらの原則をもとに、現在のトルコ共和国憲法で、改正はもちろん改正の発議さえ禁じられている原則がある。そのなかで今日激しい論争になっているのが、「共和国は一体不可分の国民国家」、「民主国家」、そして「世俗国家」であるという規定である。昨年来、にわかにこれらの基本原則に影響を与える事態が発生した。一連の政治プロセスと事件をたどりながら、トルコがどこへ向かうのかを考えてみたい。

二つの民族主義

トルコには、二つの民族主義の潮流がある。一つは、トルコだけでなく、中央アジアにかけて同じトルコ民族が存在し、彼らのあいだに精神的な絆があると考える大トルコ主義的な民族主義である。この民族主義を信奉する人は、概して、イスラームと親和性が高い。中央アジアからコーカサス、そしてトルコにわたる広大な地域のトルコ民族は、ほぼすべてムスリムである。トルコ語系のことばを話しているだけでなく、ムスリムとして共通の価値観を共有しているところから、一層の親近感を抱くのは不思議ではない。実際、中国と接するキルギス、カザフスタン、ウズベキスタン、トゥルクメニスタン、アゼルバイジャン、そしてトルコまで、私たちの想像を超えて、トルコ系民族は広く分布している。

他方、トルコには、大トルコ主義的な民族主義とは一線を画し、トルコ共和国という一国家の国民としての絆を強調する民族主義がある。こちらの方は、共和国建国とともに生まれたもので、民族主義（milliyetçilik）という単語を使うものの、トルコ共和国の国民＝トルコ人という、国家に強く結びついた民族主義である。憲法第六六条では、トルコ共和国に帰属する人はトルコ人であると規定されている。この条項は、国内のクルド人には容易に受け入れられるものではなかったが、トルコ人側は、この条項を盾に民族としてのクルド人の存在を長いあいだ認めなかった。クルド人という呼称が、マスコミでも認知されたのは、私の記憶では一九九〇年代になってからのことである。

現在、トルコ大国民議会（一院制の国会）に議席をもつ政党をみてみると、与党はイスラーム色をもつ公正・発展党（ＡＫＰ）である。野党のうち、民族主義者行動党（ＭＨＰ）は前者の大トルコ民族主義に近く、共和人民党（ＣＨＰ）は後者の国家主義的民族主義に近い。二〇〇七年七月に行われた総選挙では、二つの政党とも議席を確保した。野党第一党が共和人民党、第二党が民族主義者行動党である。この選挙では、クルド人が多く居住する東南部地域を中心に、無所属で立候補したクルド議員がおり、彼らは当選後、民主社会党（ＤＴＰ）という政党に結集した。名前はともかく、実態としてはクルド人の権利拡大をめざす政党である。クルド人の視点からみると、共和人民党も民族主義者行動党も、「トルコ」民族主義の政党であり、簡単に言えば敵対関係にある。

だが、二つのトルコ民族主義政党のあいだには、今のトルコが直面するもう一つの問題、すなわち世俗主義をめぐってずれがある。民族主義者行動党の方は、多くの国家に暮らすトルコ系民族は、みなイスラームという共通の絆をもっていると考えるから、イスラームに対して敵対的ではない。むしろ、イスラームが自分たちのアイデンティティの主要な部分であることを強調する。

これに対して、共和人民党は、イスラームを政治に持ち込むことに断固として反対する世俗主義政党であり、アタテュルク以来の世俗主義（laiklik）を強く擁護する。このトルコ独特の世俗主義とは、政教分離はもちろんのこと、国立学校や国の機関で、イスラーム色を出すことを厳格に禁じ、トルコは、あくまで宗教と関係のない世俗国家だとする規定である。大トルコ主義を捨てたアタテュルクは、トルコ一国に限定した国家主義にもとづく民族主義を導入した。共和人民党はこの理念に従い、トルコ共和国が「世俗的」「民主的」「近代的」国家であるべきだと主張し続けてきた。

近代国家の目標として、この政党は、一貫してEU加盟を支持してきた。一言で言えば、「近代化＝西欧化」というかなり図式的理解にしがみついてきたと言うこともできる。この点でも、東方のトルコ系諸民族とのつながりを重視する民族主義者行動党とは隔たりがある。

なぜ総選挙を早めたのか

昨年一一月に予定されていた総選挙が七月二二日に前倒しされたのは、第一一代大統領を選出する選挙がきっかけだった。四月、与党の公正・発展党（AKP）は、アブドゥッラー・ギュル外相兼副首相を大統領候補に選出した。だが、野党の共和人民党は、ギュルがイスラーム主義者だとして強く批判し、議会での大統領選挙の投票をボイコットした。さらに、第一、二回の投票で選出するには総議員数の三分の二（三六七人）が必要だとする憲法の規定を拡大解釈して、三六七人が「議場に」いなければ選挙そのものが無効だと憲法裁判所に提訴した。トルコの憲法では、法案審議に関して定足数を三分の一、すなわち一八四人と規定しているて、大統領選出のための別の定足数の規定はない。共和人民党は、法の不備を指摘して新たな定足数を規定させ、ギュル選出を阻もうとした。かなり無理な訴えだったが、憲法裁判所はこれを認めた。

当時、公正・発展党は三六七議席に足りなかったので、ギュルは何度選挙をしても、共和人民党がボイコットを続ける限り選出できないことになってしまった。エルドアン首相は、憲法裁判所の決定は民主主義への挑戦だとして議会を解散し、早期総選挙に打って出たのである。同時に、今後の大統領選挙は、国民の直接投票にすること、大統領の任期を五年（一回延長可）、総選挙も五年に一度から四年に一度に変更する憲法改正パッケージを一〇月に国民投票（レファランダム）にかけると発表した。

ギュル大統領選出

公正・発展党の前身は、イスラーム色を強く打ち出して憲法裁判所から解党を命じられた福祉党（RP）である。福祉党のネジメッティン・エルバカン党首は一九九〇年代の半ばに一度政権を取ったのだが、一九九七年、軍幹部も同席する国家安全評議会の場で、世俗主義に反しているとして軍部から退陣を迫られた。その後、憲法裁判所も、世俗主義の憲法原則に反するとして、福祉党に解党を命じた。軍部と憲法裁判所による強い抵抗にあって、民意によって選ばれたイスラーム政党は解散に追い込まれた。密室のクーデタとも言われ、軍部が首相を追放するという厳しい介入にでた事件だった。

当時イスタンブル市長だったレジェプ・タイイプ・エルドアン

は、アブドゥッラー・ギュルらと共に新たな政党、公正・発展党を結成し、二〇〇二年の総選挙で大勝して単独与党となった。エルドアンは、選挙当時、演説のなかでイスラームを称揚したとして訴追され、政治活動を禁じられていた。党首を議員として選出できなかったため、盟友のアブドゥッラー・ギュルが、暫定的に首相の座についた。エルドアンが刑期を満了すると、公正・発展党から一人の議員が辞職し、補欠選挙でエルドアンが議席を回復し、首相の座に着いた。ギュルは外相兼副首相の座についた。

その後、五年間、公正・発展党は政権の座にあり、二〇〇七年七月の総選挙でも四七％という驚異的な得票率で、五五〇議席中三四〇議席を獲得した。野党第一党の共和人民党が一一二、民族主義者行動党は七一、民主社会党は二四議席で、残りが無所属議員である。

総選挙後、八月二八日にギュルは第一一代大統領に選出された。四月の選挙では、野党議員のほとんどが投票をボイコットしたため選出できなかったが、今回、新たに議席を獲得した民族主義者行動党は、独自候補を立てて投票に参加した。その結果、一回目と二回目の投票では三分の二に達しなかったが、過半数を得れば選出できる第三回投票でギュルが選出された。世俗主義支持の共和人民党は、あいかわらずボイコットを続けたが、国民の目は冷ややかだった。反対ばかりで、独自候補さえ立てないのでは、国政でのプレゼンスは当然低下する。

世俗主義政党の敗北と民族主義の高揚

総選挙の結果に対する世俗主義者の敗北感は、相当に深刻なものであった。トルコの世俗主義は、本当に後退したのだろうか？有権者の多くは、実のところ「世俗主義」を守るか否かというイデオロギー論争よりも、経済成長と安定した社会を望んで、公正・発展党に投票した。与党側も、候補者のなかから、イスラーム主義的な主張の強い人物を排除し、実務家中心の布陣で臨んだ。八月末の新内閣の顔ぶれをみても、筋金入りのイスラーム主義者は、首相のエルドアンほか数人しかいない。メリルリンチから引き抜いた経済閣僚をはじめ、欧米への留学経験をもつ閣僚も少なくない。つまり、与党側も、「イスラーム政党」との批判をかわし、中道政党となったことをアピールした。有権者も、イスラーム色を弱めたことに安心し、あとは具体的な経済政策や社会政策、そして、他の政党に比べてクリーンだった点を評価して公正・発展党を支持した。

世俗主義の擁護以外、具体的な政策目標に乏しい共和人民党は敗北した。選挙後、与党批判に終始していた党首のデニズ・バイカルへの批判の声が噴出したことを考えると、世俗主義擁護派が、いわば仕方なく、共和人民党に投票したことは明らかだった。もともと、この政党の支持者は、大都市部の中間層からエリート層に多く、農村部や都市部の貧困層に訴える政策がなかった。アタテュルクの擁護者を自認して世俗主義を死守しようとするのは結構だが、現実の格差に有効な対策を打ち出せないのでは、民衆の支持を得られない。

民族主義者行動党が、二〇〇二年の総選挙で失った議席を回復して第三党に躍進したのは、世俗主義の問題とはまったく関係がない。二〇〇七年の年初以来、北イラクから国境を越えて侵入してくるPKK（クルディスタン労働者党）によるテロやトルコ国軍への攻撃が後を絶たず、国民の間に民族主義が高まったからである。PKKは、トルコ東部および東南部のクルド人地域の分離独立を求めて一九八〇年代から九〇年代にかけて、トルコ国軍と激しい戦闘を繰り返したクルド人武装勢力である。五月には首都アンカラの繁華街で、帰宅途中の市民を標的にした大規模なテロが発生したほか、東部地域での衝突で、トルコ軍兵士の犠牲者も一〇〇人以上に達した。トルコ軍は、イラクとの国境地帯で、国内に侵入するテロリストの掃討作戦を開始し、政府に対して、イラク政府に強い姿勢で抗議するよう要求した。

二〇〇七年五月末にイスタンブルで開かれた統合参謀本部主催のシンポジウムで、ヤシャル・ブユクアヌト参謀総長は、PKKの背後には北イラクのクルド人自治政府を率いるバルザーニがいる、バルザーニの背後には「同盟国」がいると発言した。同盟国とは、同じNATOのメンバーであるアメリカを指している。長年にわたるアメリカとの同盟関係を考えると、きわめて異例の強い非難である。

イラク戦争開戦のときから、こうなることは分かっていた。北イラクのクルド人は、イラク戦争によってフセイン政権が倒れることを心から歓迎していた。日本では、イラク国民がアメリカの戦争に反対してきたように思っている人が少なくないが、これまで民族の国家を持てなかったうえに、フセイン政権の苛烈な弾圧にさらされたクルド人にとって、戦争で政権が崩壊することは願ってもないチャンスだった。

スンニー派とシーア派のアラブ人たちは、いまも激しい抗争を続けているが、どちらもアメリカと協調する可能性はない。フセイン政権を支えていたスンニー派は、天国から地獄に突き落としたアメリカを許すはずはない。フセイン政権では辛酸を舐めてきたシーア派も、アメリカが同じシーア派のイランに敵対的であること、ムクタダ・サドルを始めシーア派の指導者に敵対的であることから、アメリカの占領統治に協力しない。

戦後のイラクで唯一アメリカに協力的で、かつ治安が安定しているのは、北イラクのクルド人地域だけである。もちろん、クルド人のあいだにも、さまざまな勢力がある。自治政府の首相をつとめるバルザーニ、イラク全体の大統領をつとめるタラバーニの両者は、もともと対立してきたのだが、民族独立という悲願の前には内部抗争を避けている。バルザーニは、トルコからの分離独立を求める組織や、イランからの分離独立を求める組織が北イラクに拠点を置いていることを黙認してきた。

PKKについては、アメリカ、EUだけでなくイラク政府もテロ組織と認定している。先にあげたブユクアヌト参謀総長の発言は、北イラクのクルド人地域が、隣国でテロ行為を続ける組織を匿っていることへの非難であり、その事態に何の手も打てないアメリカ政府への非難である。同じ懸念は、イランもシリアも抱いている。クルド人は、イラクだけでなく、トルコ、イラン、シリアなどに分かれて暮らしている。北イラクでの独立の悲願が実現にむかって動き始めれば、分離独立の動きは隣国にも波及する。

こうなることを予想していたからこそ、イラク戦争開戦にあたって、NATOの同盟国であるトルコでは国民のほとんどが反対し、軍はイラクに派兵しなかった。そのときも、エルドアンの公正・発展党政権だったが、議会は三日にわたって議論をつづけ、僅差で派兵案を否決した。トルコ国軍も、イラクへの派兵に関して、アメリカ軍の指揮下で参戦することを拒んだ。トルコ軍は、憲法の規定により、自国の安全保障に重大な危機が迫らない限り、他国と戦争をしない。NATO同盟国の要請であってもこの原則は守る。湾岸戦争のときは、国連の武力行使容認決議があったが、それでも多国籍軍に参加しなかった。当時のオザル大統領は派兵に前向きだったが、トゥルムタイ参謀総長は、「今日の共和国のあり方は自分の信じるものと異なる」という、短いが強烈なメッセージを残して辞任してしまった。軍は政治の道具ではないことをトップの辞任で示したのである。

絶対不可分の共和国と軍の役割

トルコ軍というと、欧米ではトルコ民主化の障害であるかのように言われることが多い。確かに、しばしば政治に介入し、クーデタを起こしたり、国家安全評議会の場で首相に退陣を迫ったりしたことは事実である。だが、いずれのケースも、政党政治が混乱し、憲法原則が侵犯されたと国民の多数が認識した場合に限って介入し、政党が秩序を回復すると、すみやかに政治から手を引いてきた。政治家にも、軍人出身者はきわめて少ない。自らを建国の理念と憲法で律する点と、そうであるがゆえに憲法原則が侵される事態に敏感に反応する点できわめて特異な存在と言える。

四月以降、トルコ軍は、北イラクへの越境攻撃を辞さないと繰り返してきた。それでもPKK側の攻撃はやまず、一〇月一七日トルコ議会は、北イラクへの越境攻撃を承認し、全権を政府に委ねた。一一月二八日、政府は攻撃指示を軍に出し、一二月一日から越境攻撃が開始された。従来、テロリストの掃討にともなう追撃は何度か行ったが、二〇〇七年一二月から二〇〇八年二月にかけて行われた攻撃は、追撃ではなく、イラク、アメリカ両国に通告したうえでの大規模な「越境攻撃」となった。アメリカとしては、いまやイラク戦争で唯一の「成功例」となっているクルド人地域に、トルコ軍が大攻勢をかけるという悪夢だけは避けたい。ましてや同盟国であるトルコ軍との全面衝突など、最悪の事態に他ならない。越境攻撃では、アメリカ軍との間に情報の共有がなされ、PKKの拠点に対する限定的な攻撃とすることで両国が合意したことを裏付けている。

PKKによるテロ問題を受けて、トルコ民族主義は高揚した。その結果が、二〇〇七年の総選挙での民族主義者行動党の躍進につながった。民族主義者行動党は、PKKのテロ問題と北イラクのクルド人自治区の独立阻止を掲げて国民の不満を吸収した。トルコが置かれている現状で、民族主義を高揚させた理由は他にもある。EU交渉では、交渉開始後に、フランスを始めいくつかの国が、正式加盟に反対したし、交渉条件ではないキプロス問題をもちだすなどして牽制した。トルコからみると、試合が始まってからルールを変えるようなもので、当然、国民の不満は極度に高まった。これらが背景にあって、ナショナリズムを訴える同党が躍進した面は否定できない。

その一方で、トルコ人対クルド人の衝突が拡大することを懸念する人たちは、トルコ人であろうと、クルド人であろうと公正・発展党に投票した。実際、クルド人の人口比が高いいくつかの地域で、クルド系の候補よりも公正・発展党の候補が多くの票を集めている。公正・発展党は、PKKの掃討を支持しているものの、北イラクのクルド人との対決やトルコ国内のクルド人との衝突には、一貫して反対の姿勢を崩さない。この政党が、民族間の融和を主張し、国際協調路線をとっていることは確かである。隣国の状況を憂慮しつつも、トルコ民族主義を高揚させて敵対関係に持ち込もうとしない。

そこには、公正・発展党が、やはりイスラーム主義的な背景をもっていることが関わっている。トルコ人、クルド人という「民族」による括りは、実は、ヨーロッパ列強が中東を分割し、支配するときに植えつけたものだというのである。これは間違っていない。ムスリムと非ムスリムとのあいだに不平等はあったにせよ、イスラーム国家としてのオスマン帝国が、数百年にわたって広大な地域を統治できたのは、「民族の相違」を眼に見える形で権利の格差に結び付けなかったからである。

そこにつけこんで、中東に存在する多くの民族に「民族主義」を持ち込み、背後から乗り込んで中東分割と支配を謀ったのが、第一次大戦当時のイギリスやフランスであった。シオニズム対アラブ民族主義の衝突、トルコ民族主義対アルメニア民族主義、アラブ民族主義対アラブ民族主義、トルコ民族主義対クルド民族主義——これらの衝突は、いずれもヨーロッパ諸国が民族主義を煽って混乱を引き起こし、分割を画策した時期に生じた。トルコ民族主義者は、多民族を共存させるオスマン帝国の支配にかわって、トルコ民族による国民国家の建設を志向した。帝国政府の打倒をめざした「統一と進歩委員会」も、一時フランスに拠点をおいて国民国家に必要な政治思想のエッセンスを吸収していた。

逆に、イスラーム主義志向をもつ人々は、歴史のなかでムスリムどうしが「民族」をめぐって血を流してきたことを肯定的にとらえない。「トルコ人もクルド人も、同じムスリムの兄弟ではないか、なぜお互いに争う愚を続けるのか」と。八〇年代から九〇年代にかけて、東南部地域では、クルド武装勢力と政府軍とが激しい衝突をつづけ、トルコ人、クルド人双方に多くの犠牲者がでた。公正・発展党は、前身の福祉党と同じように、クルド問題に関して、民族を超越したイスラーム的共同体の構築を暗に民衆に説き続けている。ＰＫＫのテロに対するトルコ人と軍部の憤懣が高まる事態の中で行われた選挙で、「同じムスリムの兄弟が争う理由はない」という公正・発展党の主張は、クルド系住民の心にも強く響いたのである。

破綻の抑止としての緊張関係

八月三〇日は、トルコの戦勝記念日である。九月九日には、外国勢力撤退記念日がくる。一九二二年、第一次大戦で敗れたオスマン帝国が、ヨーロッパ列強によって国土を分割されようとしていたときに、ムスタファ・ケマル（アタテュルク）らと民衆がトルコ民族主義のもとに結集し、外国軍を撤退に追い込んだ一連の記念日である。二〇〇七年八月三〇日の記念日に、参謀総長が発表した声明は、四月以来の危機感を重ねて表明する内容だった。現在、建国の理念である「国家と国民の一体性」と「世俗主義」を危機に落としいれようとしている勢力が内外に存在することを指摘し、とくに世俗主義については、共和国が採ってきたシステムをなし崩しにしようとする動きがあることに強い警告を発している。

国家と国民の一体性を侵しているというのは、ＰＫＫを始めとするクルド分離独立運動を指しているが、世俗主義を侵す動きという発言は言うまでもなく、公正・発展党政権に向けられている。ギュル新大統領、エルドアン首相が、いずれも、独立戦争での軍の功績を讃えるお決まりのメッセージを出したことと比べると、参謀総長の声明は、トルコの現状が建国以来の危機に瀕しているという強い危機感を表わしている。

ギュル大統領は、就任にあたって、大統領としては当然のことながら、トルコ共和国の世俗主義を守ると表明した。だが、軍部と世俗主義派の人々は不信感を抱いている。九〇年代の後半、イスラーム色を鮮明にしていた福祉党が連立政権を樹立したとき、ギュルはイスラーム圏外交を仕切る国務大臣として手腕を発揮していた。後に、この政党が解党させられてから、今の公正・発展党の結党に参加したのだが、軍部は、彼の過去の発言や経歴から、エルドアン政権と一体の大統領が世俗主義を擁護しないだろうと考えている。昨年四月、参謀本部は、世俗主義の擁護は「ことばではなく、信念で示すものだ」という声明を突然ウエブサイト上に出した。政治の場で世俗主義が弱体化しても、軍部だけは、世俗主義の決然たる守護者であることを宣言したのである。

外から見ていると、軍があいかわらず力を持って政治に介入しているように見える。トルコの場合、政治そのものは民主化が進んでいるから、軍の干渉と映るのは当然である。だが、視点を変えてみると、軍がもっている別の側面がみえてくる。湾岸戦争やイラク戦争に対する姿勢を日本と比較してみよう。日本では、文民統制（シビリアン・コントロール）の原則がある。二つの戦争に際して、自衛隊幹部や幕僚が、参戦すべきか否かについて発言しなかったし、憲法上、できるはずもない。だが、政府は、湾岸戦争で「汗を流さなかった」とアメリカに批判されてうろたえ、イラク戦争では、小泉政権がいち早く自衛隊派遣を決めた。これは、民主主義の帰結である。議会の多数が賛成すれば、たとえ憲法上の疑義があっても、民主的な議会決定が派兵への最終判断になる。憲法裁判所をもたない日本では、いきなり憲法判断を最高裁に持ち込むことはできない。派兵によって精神的苦痛を受けたと提訴しても、最高裁の判断が出るまで何年もかかるだろうから、事実上、国民を代表する国会の決定によって、派兵という行動が先行することになる。

しかし、トルコは違う。軍部は、トルコ国軍は共和国憲法にのみ拘束されていることを明言する。もちろん、議会が派兵を決定すれば軍も従わざるをえないのだが、それ以前に、派兵が憲法上、疑義があることを繰り返し主張する。だから文民統制が未成熟だと言われるのだが、結果としてトルコは、二回の戦争とも派兵しなかった。トルコ軍の武力行使を国家と国民の安全と一体性を守ること以外に認めないという憲法上の規定に従ったからである。つまり、トルコの場合、最強の護憲勢力が軍だと言うこともできる。

私たちは、日本の過去に照らして、民主主義と文民統制を絶対の条件と考えているが、イギリスやフランスなどのヨーロッパ列強との戦いで独立を勝ち取ったトルコでは、軍は、名実ともに建国の主役なのである。国民も国防に関しては軍に絶対的な信頼をおいている。もちろん、軍が必要以上に介入すれば民主主義の後退を招く。

公正・発展党は、「さらにリベラルに、さらに民主的に」をスローガンに掲げている。軍の介入を牽制していることは言うまでもない。EU諸国の理不尽な対応にもかかわらず、政府はEU加盟交渉を継続する姿勢を崩さない。EU加盟が実現すれば、軍の政治干渉など論外となるからである。国際的なスタンダードから言えば、民主化の推進は正しい。公正・発展党でのエルドアンとギュルの指導力は抜群に高く、ライバルとよべるような政治家は与野党を問わずほとんどいない。彼ら個人の能力だけでなく、他の政党にも、きわめて優秀なブレーンを周到に集めてきた成果である。

与党ほど優れたリーダーと政策集団は存在しない。そのエルドアン政権が、盟友のギュル大統領とともに、民主化と自由化を推進すると宣言したことは何を意味するのか。既存の憲法が厳格に規定している条項、すなわち、共和国が一体不可分であること、トルコ人による国民（民族）国家であること、世俗国家であることなどの緩和を志向する可能性が高い。これらの条項は、憲法第四条で、改正が禁じられているだけでなく、改正の発議さえ禁止されている。

トルコの新聞各紙は、エルドアン政権がすでに憲法改正に着手していることを大きく報じた。憲法改正委員会のメンバーは、共和国の一体不可分には手を触れないものの、トルコ国民＝トルコ人としている憲法第六六条の規定を見直すことを示唆している。「民族や宗教によって区別（差別）されることなく、『国民という意味で』トルコ人である」という条文に変更しようとしている。与党側は、現実に多数のクルド人がトルコ国民として存在する以上、クルド人がトルコ人ではないがゆえに国民ではないかのように読める現行憲法の条文を変えて、民族や宗教で国民を区別（差別）してはならない点を重視している。国際的にはマイノリティの権利を尊重する方向への進歩と評価される。だが、政権側の発想は、先に述べたとおり、西洋近代が創りだした「民族」と「民族主義」は、イスラーム的価値となじまないことに由来している。民族主義者や軍部は、トルコ人による純然たる国民国家であるべきだと考えているから、緊張が高まることは避けられない。

大学生のスカーフ解禁

ギュル大統領が就任してすぐに問題が表面化したのは、世俗主義との相克であった。しかも、夫人のスカーフという、象徴的だが直接大統領の職権とは関係ないものが争点となった。憲法に大統領夫人の服装規定はない。ギュル夫人は、これまでもスカーフで髪と喉元をきっちり覆ってきた。スカーフをはずさないと大学教育を受けられなかったため、ストラスブールの欧州人権裁判所に提訴した経歴をもつ。もっとも、人権裁判所は、国家が一定の服装規定を課すことは、必ずしも人権侵害に当たらないとして、同夫人を始めとするトルコのイスラーム主義者からの訴えを退けている。

軍と世俗主義擁護派から見れば、大統領や首相夫人のスカーフ姿は、確信犯的にイスラーム主義を表に出していることになる。この問題について、ギュル大統領は就任前から、何度も記者団に質問されてきた。そのたびに、彼は「そういう『区別』はしないように」と冷静に答えている。あえて「差別」とは言わない。「差別」と言い切ると、世俗主義派が憤然となることを知っているからである。大統領が主催するレセプションや晩餐は数多い。これまで、当然のように軍幹部も夫婦同伴で招待され、参加してきた。

八月三〇日、戦勝記念日にあたって行われる軍の公式行事やレセプションに、ギュル大統領、エルドアン首相とも夫人を同伴しないで単独で参列した。夫人がスカーフを着用してない国会議長と国防相は、いずれも夫人同伴だったことを考えると、スカーフを着用している夫人が出席を控えたかたちになっている。軍の立場からは、スカーフを着けた夫人に来られたら、何らかの反応をせざるをえない。与党支持者は「軍が大人気ないことをするから気の毒に、ファーストレディである大統領夫人が公式行事に参加できなかった」と受け取っている。

その後、与党は懸案となっていた大学生のスカーフ着用を容認する方向を打ち出した。従来、法律上の明文規定はないものの、各大学の判断で、女子学生のスカーフ着用は強く規制されてきた。かぶっている女性の多くは、イスラームの教えに従い、頭髪を性的な部位と認識し、それを隠そうとしている。しかし、胸部や下半身とは異なり、頭髪に対する羞恥心は、ムスリムのあいだでも感覚が割れている。隠すまでもないと考える女性はスカーフを着けないだけでなく、着けている女性に対して「遅れた人間」とみなし軽侮の念を隠さない。憲法原則の世俗主義に反する政治的なシンボルだとまで言われてきた。ムスリム女性のスカーフは、世俗主義をめぐる論争の象徴的な焦点に押し上げられてしまったのである。

与党側は、各種の世論調査のデータをみながら、大学生のスカーフを解禁できると判断した。それに伴い、憲法第一〇条と第四二条を改定し、「あらゆる公的役務において宗教を理由に差別されない」、「法に明文規定がないかぎり高等教育を受ける権利を侵害されない」という文言を付加しようとした。二〇〇八年に入って、イスラームが公的空間において可視化される方向が急速に打ち出されたのである。

与党への解散請求訴訟

これに対して、三月一四日、共和国検察庁は検事総長名で、与党が憲法の世俗主義原則に反したとして、解散請求の訴訟を憲法裁判所に起こした。あまりに突然のことに、トルコの社会は騒然となった。訴訟では、ギュル大統領、エルドアン首相を含む七一人の政治活動禁止（五年間）が含まれている。全体で一六二ページに及ぶ訴状には、大統領、首相らの言動のなかで憲法違反に当たるものが逐一列挙されている。憲法裁判所はこの起訴を受理した。

二〇〇八年に入って、世俗主義擁護派とイスラーム主義政党支持派との緊張は、相当に高まっている。実際に、公正・発展党が解散させられる可能性も指摘されている。しかし、アメリカやイギリス、そしてEUも、政党解散請求の訴訟自体、民主主義に反するとして批判している。確かに、欧米で政党が解散させられるのは、よほど激しく人種差別を主張するか、武力闘争を訴えるケースに限られる。正常な民主的選挙の結果選ばれた政権政党が、いきなり検察庁によって告発され、解散請求訴訟の対象になることは、かなり常軌を逸した行動にみえるだろう。奇妙なことだが、九・一一以来、イスラームへの嫌悪感を強めている欧米諸国から非難されたのは、世俗主義擁護を掲げる検察庁の側で、イスラーム主義政党ではなかった。

公正・発展党が、イスラーム主義者を核としているかぎり、この緊張は続くことになるのだが、緊張のなかでの民主化と自由化が、トルコ社会と国際関係にプラスに作用する点を見逃してはならない。軍は、すでに一方的に行動できる状況にないことを知っている。だからこそ、昨年来何度も、ウエブサイトに声明をだしたり、参謀総長が警告したりしているのだが、一九八〇年のようなクーデタを起こせる状況にはない。国民の半数が支持した政権を力で潰すことはできないからである。九七年にイスラーム主義の福祉党政権を退陣に追い込んだとき、福祉党は単独与党ではなく、中道右派の正道党（DYP）との連立だった。国民のイスラーム政党への支持率は、今よりずっと低かったのである。そのうえ、九七年時点では、まだEU加盟交渉に展望はなかった。

九九年に、民主化、人権の拡充、法制度改革など（コペンハーゲン基準）を達成すれば交渉対象国となることがEU首脳会議で決まってから、軍は直接的介入を控えてきた。二〇〇四年にコペンハーゲン基準がクリアされたことをEU首脳会議が認め、二〇〇五年から正式加盟交渉がスタートした。トルコの近代化には、世俗主義を核とした西欧化が必要だという立場をとってきた軍部は、自らの政治介入でEU交渉を破綻させたくない。交渉が破綻すれば、公正・発展党は、イスラーム化政策を強化する方向に傾斜する。それを避けるためには、EU側が強く求める文民統制に服さざるを得ない。

限りなく低い可能性ではあるが、軍がついに実力を行使して政権に介入するには、政権が憲法上の規定に反した方向に国家を導いていることが誰の眼にも明らかになることが必要である。スカーフを例に言うなら、現状での政府の意向は「大学生に限って、着用の自由を認める」という次元にとどまっている。それを踏み越えて、公務員や議員の着用も認めることになれば、世俗主義の最後の防波堤として軍が介入することはありうる。最後の一線はどこに引かれるのか？　軍部は国民の圧倒的支持を受けたイスラーム主義者たちの政権のゆくえを注視している。解散請求訴訟が起こされてから、軍部は政治的発言を控えている。政権の側もまた「自由化と民主化」という、いわばグローバルな価値を前面に出しながら、検察や軍部の追及をかわして改革を続けていこうとする。この緊張関係を持続させることで、トルコがこれまで経験してきた民族問題や宗教問題を――オルハン・パムクが言及して猛烈な批判にさらされた歴史的過去の問題も含めて――自らの手で解決していくことが可能となるはずである。

「世俗国家」トルコにおける、宗教とナショナリズムの関係とは？

トルコ民族主義とイスラーム

坂本　勉

Sakamoto Tsutomu

さかもと・つとむ　慶應義塾大学文学部教授。一九四五年山梨生。慶應義塾大学大学院文学研究科博士課程単位取得退学。近代中東イスラーム社会史、トルコ民族史。著書『トルコ民族主義』（講談社）『イスラーム巡礼』（岩波書店）他。

世俗化のなかのイスラーム

トルコの重要な建国理念の一つは、世俗主義（ラーイクリキ）である。一八世紀末以降、イスラーム世界のなかでも早くからヨーロッパ資本主義経済のなかに包摂されたオスマン帝国は、経済のみならず社会・国家のあり方でも変容を迫られ、伝統的なイスラームの価値・原理とは異なるヨーロッパの世俗的な思想、制度を取り入れながら近代化をはかっていった。これをオスマン帝国よりもさらに徹底させたのがトルコ共和国である。

すでに立法の分野では一八七〇年代後半、タンジマート改革の総決算としてヨーロッパの立憲主義に倣った議会制度がオスマン帝国に導入された。さらにトルコ共和国が建国されると、世俗化、脱イスラーム化の波は司法、行政の分野にも及び、一九二四年、それはシャリーア法廷の廃止となってあらわれる。それまでウラマーは、裁判官（カーディー）としてイスラーム法を解釈、適用しながら社会的影響力を保持してきた。しかし、ドイツ商法、イタリア刑法、スイス民法をモデルとする世俗法が制定され、それに拠る裁判所が開設されると、ウラマーの法律家としての役割は失われる。同じ年マドラサ（神学校）も廃止され、宗務庁が創設されるが、これによってウラマーは人材養成の主たる根を絶たれ、影響力を減退させた。辛うじてウラマーとしての活動を許された人たちもモスクで行う説教の内容、人事において政府の強い管理、統制下におかれるようになった。

これに加えてカリフ制も廃止され、トルコの政体はイスラーム国家から世俗的な共和国へと新しいスタートを切った。一九〇八年に青年トルコ人革命が起こされるまで、約三〇年間にわたってオスマン帝国を支配したアブデュルハミト二世は、自身がカリフであることを強調しながらイスラーム国家としてのオスマン帝国の統合、再生をはかろうとしたが、トルコ共和国成立後もカリフ制がなお続くことは世俗的な共和体制を脅かす危険性をはらみ、これを未然に防ぐべく断行されたのがカリフ制廃止だったのである。

オスマン帝国の体制が解体し、トルコ共和国が成立してくる過程は、以上のようにイスラームが後景に退き、世俗主義がそれに取って代わる時代としてとらえることができる。人々の帰属意識という点でもムスリムとしての意識は二義的となり、民族としてのそれを優先させるトルコ民族主義が今日に至るまで共和国の一貫した国民統合の理念になった。こうした面をとらえて、これまでトルコはイスラーム世界のなかでも例外的に世俗化、政教分離が成功した国というイメージで見られ、語られてきたのである。

しかし、近年におけるめざましいイスラーム復興の流れは、こうした見方に修正を迫っている。確かにオスマン帝国末期以降、トルコ共和国の時代にかけて世俗化、脱イスラーム化が著しく加速したことは疑いない。それは公的領域からイスラームを後退させたのみならず、一九二五年のスーフィー教団閉鎖に示されるように敬虔なムスリムの私的領域、内面的な精神生活にも及んだ。これによってイスラームは表面的には影を潜めたが、これ以降も修道場ではなくコーラン教室などを活動の拠点にしながらスーフィズムの改革運動が粘り強く続けられ、これが第二次世界大戦後におけるイスラーム復興への途を準備したことに十分な注意を払っていかなければいけないように思われる。

一九六〇年代以降、トルコのイスラームは長い雌伏の時を経て再び勢いを増し、政治的には一九七〇年、国民秩序党が結成された。それ以降、イスラーム政党は幾度となく解党、再編を繰り返すが、二〇〇二年一一月以降は公正・発展党が単独政権を樹立し、今に至っている。こうしたイスラーム勢力の伸張を支えているのは、一九世紀初頭以来さかんなスーフィズムの改革運動、とりわけナクシュバンディー教団の流れを汲む宗教運動である。これらが世俗化、脱イスラーム化の渦のなかでどのような活動を続けてきたのか、みていくことが必要である。

また、このようなイスラーム復興の動きに対してトルコ民族主義の方でも、イスラームといかに折り合わせるか、腐心するようになってきた。両者は水と油のようにはじき合うものでなく、本来的には融合するものであるというところまでその考え方、態度を軟化させてきている。これは建国以来トルコ民族主義の柱の一つをなす、世俗主義に修正を迫る大転換と言わなければならないが、その際、念頭に置かれているイスラームとは現代のトルコ社会においてもっとも影響力をもつナクシュバンディー教団系統のイスラームでなく、どちらかというと少数派であるアレヴィー、ベクターシュ教団の流れを汲むイスラームである。トルコ民族主義とイスラームとの関係は、前者に対しては拮抗、後者に対しては調和という方向性のなかで進んでいるようにみえる。これら二つのイスラームの潮流について見ながら、現代におけるトルコ民族主義の変容について考えていくことにしたい。

ナクシュバンディー教団系統の改革運動

ナクシュバンディー教団のスーフィズムがオスマン帝国の領内に浸透、定着するのは、メヴレヴィー、ベクターシュ、カーディリーなどの諸教団のそれに比べるとかなり遅い。教団自体はすでに一三世紀に中央アジアのブハラにおいて創られ、一六世紀を過ぎるとユーラシア各地に伝播し、オスマン帝国領内にもそれは入っていったが、とくにアナトリアの中部・東部地方においてナクシュバンディー教団のスーフィズムが広く根づくようになるのは、一九世紀前半、当時オスマン帝国領であったイラクにおいてハーリド・バグダーディー（1776-1827）によって始められた改革運動の影響がそこに及ぶようになってからのことである。

ハーリド・バグダーディーはイラクでもクルド人が多く住む北部の町スライマニヤ近郊の村に生まれた。一八〇五—〇六年メッカ巡礼に赴き、滞在中ワッハーブ派の軍事占領に遭遇した。これによって彼はスーフィーであるにもかかわらず、その厳格な唯一神論（タウヒード）にもとづく改革思想に強く影響された。さらに一八〇九年から一八一一年までインドに遊学すると、シャー・グラーム・アリー（アブドゥッラー・アル・ディフラウィー、一八二四年没）の教えを受け、インドにおけるナクシュバンディー教団の改革運動の祖と目されるスィルヒンディー（1563-1624）の流れを汲む思想に影響されて帰国、以後イラクのみならずアナトリアの中部・東部地方、シリアにその改革運動の輪を広げていった。

ハーリド・バグダーディーの改革運動は、各地に拠点としての修道場（テッケ）をつくり出し、それらをネットワークとして結んで組織力を強めながら実践的な運動を行っていくというスタイルをとった。この意味でその改革運動は、閉鎖的な修道場で沈黙のズィクル（称名）を行うそれまでのナクシュバンディー教団のあり方とは異なり、外に開いた社会性の強いものであった。その思想はワッハーブ派のそれと共通するところも多く、行き過ぎた聖者崇拝を諌め、預言者ムハンマドをムスリムが倣うべき理想の人物として崇め、その言行（スンナ）に基づいて生きることを強く説いた。また、ワッハーブ派が説くように現状のイスラーム共同体（ウンマ）の在りようを堕落としてとらえ、原初イスラームの正しい道に還ることを強調してシャリーアの遵守、それからの逸脱を厳しく戒める政治・法学論を積極的に展開していった。

このようなハーリド・バグダーディーの思想と運動に強く影響されて改革運動をさらに推し進め、後にヌルジュと呼ばれる独自の宗教運動を始めたのが、アナトリア東部地方の町ビトリス近郊の村にクルド人として生まれたサイード・ヌルスィー（1876-1960）である。彼が運動に飛び込んでいった頃のアナトリア東部地方では、オスマン帝国からの独立をめざすアルメニア人たちの民族運動が激しさを増し、各地でクルド人、トルコ人との衝突事件が起きていた。そのうちもっとも深刻だったのは、一八九四年のサスーンにおける衝突である。これは後に首都イスタンブルにも飛び火し、一八九六年アルメニア人の過激な民族主義者によるオスマン帝国銀行占拠事件へと発展していった。

当時、ヌルスィーの生まれ故郷に近い都市ビトリスの人口の約三分の一は、アルメニア・キリスト教徒によって占められていた。これだけ多くの、それまで隣人として暮らしてきた非ムスリムの人たちが民族意識を強めていくのに呼応して、ビトリスおよびその周辺に住むクルド人、トルコ人は同じように民族意識、ムスリムとしての意識を強く持つようになり、これがヌルスィーの改革運動を押し上げていった。ヌルスィー自身は、アルメニア人との頻発する衝突事件が自己の宗教運動にいかに影響したか、必ずしも明確に述べていないが、民族的、宗教的軋轢という時代環境のなかで彼の思想が形成され、運動が発展していった面をみていくことが必要である。

青年トルコ人革命が起こされる前年の一九〇七年、ヌルスィーは活動の拠点をアナトリア東部地方から首都のイスタンブルに移した。そこで彼は、パン・イスラーム主義者たちが結集するムハンマド統一協会に加入し、シャリーアを立法の源泉とすべきことを主張しながらアブデュルハミト二世の側に立つ活動を続けたが、三月三一日事件で反革命が鎮圧されると、次第に青年トルコ人が組織した「統一と進歩委員会」の側に取り込まれ、その情報機関に身を置きながら対イスラーム政策に協力していった。しかし、トルコ共和国成立後の一九二五年、シェイフ・サイートの乱に関与したかどで逮捕され、以後、一九三六年から四三年にかけての時期にアナトリア中部の町カスタモヌにおいて政府の厳しい監視の下に置かれた。

この事件をきっかけにナクシュバンディー教団を含むすべてのスーフィー教団の修道場は閉鎖され、ヌルスィーも活動の拠点を奪われる。しかし、彼はこれに代わるものとしてコーランやハディースといったイスラームの根本的な聖典をテキスト・クリティークを踏まえて厳密に読み、新しい解釈を加える勉強会、サークルをひそかに立ち上げる。この当局の取締の目をかいくぐる地下活動を続けながらヌルスィーは、第二次世界大戦後の一九五〇年、画期的な一冊の本を書き上げ、公刊した。それが彼の主著『光の書翰（リサーレイ・ヌール）』である。神の本質、真髄を象徴する光の概念を前面に出しながら、伝統的な宗教権威の見解に頼らず、コーランの斬新な解釈を施したこの書は、共和人民党による一党独裁体制が崩れ、民主党政権のもとで比較的自由な雰囲気が横溢するトルコの人々のなかで影響力を強め、彼に共鳴するヌルジュの徒を増やしていった。

スーフィー教団の修道場は、一九二五年以降、確かに閉鎖され、ズィクル（称名）、セマー（旋舞）を公に行うことは禁じられた。しかし、それに代わって、コーランを中心とするイスラームの聖典を勉強するためのジェマートと呼ばれる読書サークルが相次いでつくられ、これらが実質的にタリーカに代わる宗教的活動の拠点になっていった。一九六〇年代以降、現在にまで続くイスラーム復興の動きを担うヌルジュ以外のスレイマンジュ、フェトフッラージュといったナクシュバンディー教団系統の流れを汲む、あるいはその圧倒的な影響のもとに新しい独自の運動を展開している宗教集団の旺盛な活動は、コーランなどの勉強会に出発点をもつジェマートに負うところが大きいのである。

異端のアレヴィー信仰

現代のトルコにおいてイスラーム復興運動を引っ張っているのは、ハーリド・バグダーディーによって始められたナクシュバンディーの改革運動に強い影響を受けた人たちである。その広がりはメヴレヴィー、カーディリー、アレヴィー、ベクターシュの信徒の及ぶところでなく、きわめて強固である。しかし、このように無視できない勢力として成長してきたナクシュバンディー教団系統の流れを汲む宗教運動に対して、トルコ民族主義者たちが向ける目は必ずしも好意的とは言えない。確かに今の時代においてアタテュルク以来の世俗主義に固執するトルコ民族主義が曲がり角に来ていることは自覚されている。イスラームとの融和が必要なことも多くの人が気がついている。しかし、そうした人たちが親近感をもって積極的に評価していこうとするのは、スンナ派イスラームの一般的な概念からすると異端的要素が強いと思われるアレヴィーないしはベクターシュのスーフィズムである。これらと結びつきを強めようとしているところに、岐路に立つトルコ民族主義が実際のところイスラームとどのように向き合おうとしているのかがよくあらわれている。

アレヴィーとは「アリーの徒」の謂いである。トルコの全人口のうち一〇―二五％の人たちがこれを信仰しているといわれるが、その多くはサファヴィー朝の時代にシーア派をオスマン帝国領内に宣教しようとイラン西北部のアゼルバイジャン地方から国境を越えてアナトリア東部地方に入り込んできたトルコ系のトルクメン諸部族＝クズルバシュ（紅帽軍）の末裔である。その中には移動の過程でクルドの遊牧民と混血し、言語的にはクルド方言の一つであるザザ語を母語とするようになった者も少なくなく、今の民族という基準に当てはめると、クルド人と見なされてもおかしくない人たちが多く含まれる。

アレヴィーの信仰は、一般的にはシーア派の特徴をもつととらえられているが、その中にはゾロアスター教、異端のキリスト教、フルーフィー教団の思想なども混入していて、実際にはシンクレティズムの宗教としてとらえなければいけない面をもっている。事実、一六世紀以降イランの国教となった十二イマーム・シーア派とは大きな違いがある。このことはアレヴィーの信徒が、礼拝は必ずしもモスクで行う必要はなく、そこに行くことを強制されない、またスンナ派、シーア派を問わずムスリムならば原則としては食べることが禁止されている豚肉を平気で口にする、という習慣によくあらわれている。

このように異端的傾向がアレヴィーには強いにもかかわらず、トルコ政府はこれを好意的に扱い、一九八〇年代以降はイスラームのなかでむしろ例外的に優遇する政策をとってきた。その理由の一つは、礼拝と食にみられるムスリムらしからぬ習慣が脱イスラーム化、近代性にかない、トルコ共和国の国是である世俗主義に合致すると評価されていることによると思われる。また、アレヴィーを信仰する人たちはトルコ共和国が建国後に打ち出した近代化政策を前向きの姿勢で受け入れ、それに協力してきた。たとえば、文字改革を好感をもって受け入れ、女性はもともとチャドルやヴェールを身につける習慣がほとんどないということもあってどの宗派の人よりも熱心に社会参加を実践してきた。これが進歩的、民主的とみなされ、歴代政府から手厚い保護を与えられてきたのである。

しかし、これ以上に重要なのは、アレヴィーが祖国解放戦争期からトルコ共和国の成立期にかけて一貫して反ナクシュバンディーの姿勢をとり、国に協力してきたことである。このことは一九二五年に起こされたナクシュバンディー教団のシェイフでクルドの族長でもあるシェイフ・サイートの反乱に際して、アレヴィーがとった行動によく示されている。カリフ制の復活という錦の御旗すら掲げて起こされたこの反乱において、民族的にはシェイフ・サイートと同じクルド人でも宗教的にはアレヴィーを信仰する人たちは、イスラームをめぐる宗教観、政治観の違いから反乱への誘いに同調せず、アタテュルクへの忠誠を誓って鎮圧する側に回った。これが評価され、以後、アレヴィーの人たちはトルコ政府によってナクシュバンディー教団の流れを汲む宗教勢力を牽制する存在、くさびとして利用されてきたのである。

アレヴィーを優遇するあと一つの理由として、一九七〇年代後半からさかんになってきたクルド民族主義がアレヴィーを信仰するクルドの間に浸透するのをできるだけ阻止したいという、トルコ政府の政治的思惑が強く働いていることが挙げられる。クルド人のなかで民族意識を強める人たちは、自分たちの使う言葉がペルシア語と同じインド＝ヨーロッパ語族の西イラン語派に属し、その他の文化の点でもイランのそれと親和性が強く、アルタイ語族のトルコ語とは別系統の言葉・文化であることを強調してトルコ人とは違う民族だと主張する。アレヴィーを信仰するクルドの中には、イランの十二イマーム・シーア派との共通性、自分たちがイランのホラーサーン地方からの移住者の末裔であるという伝聞などを根拠にして、分離・独立運動に走る者も少なくない。こうした傾向を阻むため、そもそもアレヴィーとはトルコ民族に始原をもつ信仰・宗派であり、その長い民族移動の過程でクルドの言語・文化に同化されることもあったが、これはアレヴィー本来の姿でなく元来はトルコ人のものだということを強調しながら、クルド意識を封じようとする思いがトルコ政府には強い。これがクルド・アレヴィーをクルド民族主義から引き離してトルコ民族主義の方に引っ張り込もうとする政策につながっているのである。

クルド・アレヴィーの人たちの多くが使うザザ語は、クルド語の方言のなかでもトルコ語の影響がきわめて強く、部族を越えて相互に意思を疎通させていこうとする場合、ザザ方言のなかで差異が大きいこともあってトルコ語が共通語として話されることが多い。口承伝説のモチーフ、内容においてもクルド・アレヴィーが有するそれとトルコ・アレヴィーのそれとは似通っており、区別しがたいところがある。ここからクルド・アレヴィーのトルコ的性格が強調され、またアレヴィーとベクターシュ教団のスーフィズムの共通性を指摘することによってアレヴィーのクルド的、シーア的な面を後景に退かせ、そのトルコ的、スンナ派的性格を前面に出すということが行われているのである。

シャマニズムの痕跡を残すベクターシュ教団

ベクターシュ教団は基本的にはスーフィズムにもとづく信仰であるにもかかわらず、シーア派的色彩が強いタリーカとしてよく知られる。このことは、アレヴィーと同じようにアリーと預言者の家族への尊崇の念が強いことによく出ている。ノウルーズと言えば、イスラーム化する以前から今に至るまでイランで続く春分の祭りだが、ベクターシュ教団の信徒もこれをネヴルーズとトルコ語で呼んでイランの人たちと同じように春の訪れを祝う。同時にこのネヴルーズの日はベクターシュ教団の人たちにとっては愛惜して已まないアリーが生まれた日と考えられており、盛大な誕生祭が執り行われる。

また、十二イマーム・シーア派の信徒にとって一年のうちで最大の宗教行事であるアーシューラーも、ベクターシュ教団の人びとには同じように重要な行事として位置づけられている。これに先立つ一〇日前から人びとは特別の断食を行い、イラクのカルバラーにおいて六八〇年にウマイヤ朝の軍隊によって殺された第三代目のイマーム・フセインの死を悼み、集団で殉教詩を朗詠する。この時読み上げられるのが、アクコユンル朝支配下のイラクに生まれた有名な詩人フズーリーによって一六世紀にアゼルバイジャン・トルコ語で著わされた『幸福の園』の一節から取られた殉教詩である。

ここにアレヴィーとも共通するベクターシュ教団のシーア派的特質がよくあらわれているが、トルコ民族主義者たちは、これを一六世紀以降、サファヴィー朝のクズルバシュ運動によって付加されたものと見なし、ベクターシュ教団の本来的な思想、儀礼ではないとして斥ける。これに代わって彼らが重視するのは、一二世紀にトルコ民族の故地と見なされる中央アジアにおいてアフメト・イェセヴィーによって始められたスーフィズム、聖者信仰である。伝承によると、イランの東北部ホラーサーン地方に生まれたハジュ・ベクターシュは、師のイェセヴィーに命じられて一二三〇年頃、ルーム・セルジューク朝治下のアナトリアに移住し、クルシェヒル近郊の村でベクターシュ教団を創始したという。イェセヴィー教団にまで遡ることのできる起源の問題を踏まえて、トルコ民族主義者たちはベクターシュ教団をシーア派でなくトルコ的、スンナ派的な教団として評価していこうとするのである。

ベクターシュ教団の始原の思想、儀礼と思われるもののなかには、トルコ民族がイスラームに改宗する以前の信仰であるシャマニズムの残滓が認められる。これもトルコ民族主義者たちがこの教団を好意的に見る要因の一つになっている。シャマニズムはイスラームとは基本的には相容れない信仰の形態であるが、アナトリアのトルコ人のみならずユーラシアの各地に住むトルコ系の人びとにとってそれは、祖先の崇拝であるという自負と誇りでもって見られており、これがトルコ民族主義者にベクターシュ教団に対する深い思い入れ、共感を起こさせているのである。

教団の開祖ハジュ・ベクターシュの聖者伝である『ヴィラーイェト・ナーメ』によると、しばしば彼は弟子を引き連れて修道場（テッケ）の近くにあるフルカダーと呼ばれる小高い丘に登り、そこで三日間にわたって山籠もりをした。そこにはトショウの木が生えており、それに火をつけて周りを皆で輪になって旋舞（セマー）を行ったが、次第にハジュ・ベクターシュはエクスタシーの状態になり、身にまとっていたマントと頭巾を火の中に投げ入れたという。これは天（テングリ）と交融するシャマンの姿を髣髴とさせる光景といえるが、ベクターシュ教団の信徒の間ではフルカダーの丘で燃やしたトショウの木から出る煙が天にまで届き、そこにいる不可視の存在（ガーイブ・エレンレリ）、すなわち神を招き降ろすことができると信じられていた。このためハジュ・ベクターシュとその弟子たちは山に籠もるということをしばしば行っていたのである。

ルーム・セルジューク朝の後、ベイリクの混乱時代を終息させてアナトリア、バルカン、アラブ諸地域を支配下に置くようになったオスマン帝国は、シャマニズムの異教的要素を残すベクターシュ教団を巧みに利用しながら、それとは別に領内各地に残るカレンデルと総称される異教的要素の強いさまざまな宗教集団をその統制下に置いていった。それぞれの異教的諸集団は、本来は個別の聖者を崇拝する独立不羈の集団であったが、ベクターシュ教団はそれぞれの異教的聖者に対する信仰を自分たちの開祖ハジュ・ベクターシュに集約させて、カレンダルを教団の中に取り込んでいった。こうした教勢の拡大の過程でベクターシュ教団はオスマン帝国の手厚い庇護を受け、とくにイエニチェリの間に多くの信者を獲得していったのである。

ただし、思想と儀礼においてベクターシュ教団に類似していたにもかかわらず、完全にその教団組織に取り込まれない人たちもいた。それがすでに述べたアレヴィーの集団である。彼らは一六世紀以降、イラン西北部アゼルバイジャン地方から国境を越えてオスマン帝国の支配下にあったアナトリア東部地方に侵入してきたトルクメンの諸部族、クズルバシュであった。このかぎりにおいて彼らは熱烈なシーア派信仰を持つ人たちであったといえる。しかし、それは表面的なものにすぎず、内実はしばしばズンドゥク（異端者）、ラーフィズィ（分離者）、ミュルヒド（無神論者）などと蔑称されることによく示されるように、依然としてイスラーム以前のシャマニズム的な異教信仰を残す人たちをその中に多く含み、シーア派の信徒とは断定できない面をもっていた。

ジヤ・ギョカルプと並ぶトルコ民族主義の代表的なイデオローグであるフアト・キョプリュリュは、この点に注目してアレヴィーの集団を「田舎のベクターシュ」と呼んだ。思想、儀礼の面においてアレヴィーは、シャマニズムの痕跡を残すベクターシュ教団のスーフィズムにきわめて類似する。しかし、ベクターシュ教団が都市、農村に住む定住民の間にその信徒の輪を広げ、よく組織されていたのに対し、アレヴィーに心を寄せる者の多くは遊牧民であり、ベクターシュ教団のようにきちっとしたまとまりを成しているとは言えない。これゆえ、キョプリュリュはアレヴィーをベクターシュ教団とは一線を画す集団としてとらえ、敢えて「田舎のベクターシュ」と命名したのである。ただ、政治観において、ベクターシュ教団の場合は精神的な指導者を選挙で選ぶというやり方をとる。これに対してアレヴィーの場合はシーア派と同じようにイマームを指導者とする共同体論を理想とする。これからベクターシュ教団とアレヴィーとの間にはかなりの違いがあることも見ておかなければならない。

トルコ・イスラーム総合

一九六〇年代以降、トルコにおいてイスラーム復興運動を牽引してきたのは、すでに述べたナクシュバンディー教団の改革運動の流れを汲むさまざまなジェマートに拠る文化的運動である。一九七〇年になると国民秩序党が結成され、イスラームは政治勢力としてトルコ国内で確実に地歩を固めていった。国民秩序党の綱領である「ミッリー・ギョリシュ」は、党首に就任したエルバカンとその師ともいうべきイスケンデル・パシャ・モスクのシェイフ、ザーヒト・コトゥクとの合作といわれるが、後者がこの綱領作成に深く関わっているところに、今のトルコ社会におけるナクシュバンディー教団系統の改革運動の影響力の大きさを感じとることができる。

このような動きに対してトルコ民族主義の側でも、イスラームを取り込みながら再生の道をはかろうとする動きが活発化する。その先頭に立ったのが、長くイスタンブル大学文学部においてトルコ民族史を講じてきたイブラヒム・カフェソウルである。彼は一九七〇年、ムスリムとしての意識を尊重しながらトルコ人としての民族意識、国民としての一体性を高めていくことを目ざして「知識人の炉辺」という結社を設立し、トルコ民族史のなかでイスラームが果たしてきた役割の重要性を訴えた。その際、彼にとってもっとも重要なイスラームの潮流としてとらえられたのは、前述のキョプリュリュによって研究の先鞭がつけられたイェセヴィー教団とその伝統を引き継ぐベクターシュ教団、アレヴィーである。この流れをトルコ民族主義の中に取り込みながらイスラームとの融合をはかろうというのが、カフェソウルと彼に続く国粋主義的な文化人の思いであった。

こうした文化運動は、一九八〇年の軍事クーデター後、「トルコ・イスラーム総合」と名づけられる政治イデオロギーとなって昇華し、一九八三年の民政移管後のオザル政権にもこれは引き継がれた。オザルの実兄がナクシュバンディー教団系統の宗教運動の有力な指導者であったということもあって、トルコ民族主義と融合すべきイスラームからナクシュバンディー教団系統のそれが完全に排除されたわけではないが、それに続く歴代の内閣が好意的に扱ったのは、一九九六—九七年の福祉党の連立政権を除いて、いずれもベクターシュ教団とアレヴィーである。しかし、二〇〇二年一一月、公正・発展党の単独政権ができたことによってこれまでの「トルコ・イスラーム総合」政策も大きく変わりつつある。これまでのようにイスラームを取り込みながらトルコ民族主義の変容をはかっていくのか、あるいはそれを越えたイスラーム体制に向かって進んでいくのか、現在のトルコは緊張をはらむ綱引きが続いている。

イスラムとトルコ

「ムスリムの国家」トルコにおけるイスラムの特徴とは？

設樂國廣
Shidara Kunihiro

しだら・くにひろ　立教大学教授。一九四三年東京生。東京教育大学修士課程修了。歴史学（オスマン朝史）。論文に「アブドゥル・ハミド2世の専制政治機構」（『日本中東学会年報』三号、一九八八年）。

はじめに

現在のトルコ共和国は、その国民の九九％がイスラム教徒（ムスリム）と言われているが、政教分離政策に基づいた政治体制であることから、イスラム国家とは言えない。むしろムスリムの国家というべきである。中東諸国では、ほとんどの国は国内に少なからずキリスト教徒やユダヤ教徒を抱えている。しかし、トルコ共和国ではキリスト教徒の人口は極めて少ない。また、トルコ人がトルコ共和国建国の地アナトリアに移住してきたのは一一世紀ごろからである。イスラム化したトルコ人がアナトリアに流入し、アナトリアのイスラム化、トルコ化が推進された。アナトリアは他の中東地域より後れてイスラムが導入された地であり、トルコ的要素とあいまって、周辺地域とは異なったイスラムにおける性格を持っている。このようにトルコ共和国は中東にあり、ムスリムの多数居住する国家ではあるが、イスラムに関しては特殊な事情を含んでいる。

トルコ人のイスラム化

トルコ人の国家がイスラムを受容したのは、イランのサーマン朝と接触した中央アジアのカラハン朝のスルタン、サトク・ボグラ・ハンの受容から始まるとされる。しかし、それ以前に、個々のトルコ人としては、イスラム政権の軍人奴隷（マムルーク）となったトルコ人がイスラムを受容している。その後、しだいに中央アジアのトルコ系諸部族はイスラムを受容した。

中央アジア、イランを含めて西アジアにおけるトルコ人のイスラム受容は、初めは積極的なものではなかった。しかし、イスラム教の中にスーフィズム（神秘主義）が生まれ、その教団（タリーカ）が布教活動を行うようになって、トルコ人の中に浸透していった。タリーカの布教によるイスラムの受容は、トルコばかりでなく、アラブ以外のイラン、インド、マグレブなどに顕著に見られるものである。

オグズもしくはトルコマンと呼ばれる人たちは、イスラムを受容したトルコ系の集団であった。この中のセルジュク朝が西アジアに勢力を拡大すると、多くのトルコ系諸部族がこの移動に加わって、トルコ人ムスリムの西方拡大が始まった。オスマン一族もそのひとつであった。

一方、北方ステップ地帯を西方に移動したトルコ系諸民族は、ハザル族がユダヤ教を受容したほか、イスラム化せずにキリスト教を受容して次第にスラブ化し、バルカン半島あたりまで南下移動した。一方スラブ化せずに西シベリア各地に居住地を定めたものもあり、現在ロシア共和国内に多くのムスリム人口を抱えタタールといわれるトルコ系自治政府を構成している。また、キプチャックなどはモンゴルの西方支配との関係を強化した。ガガウスは、現在黒海北西部にあってキリスト教を受容したトルコ人である。

アナトリアのトルコ化

アナトリアでは、セルジュク朝が一〇七一年のマラジギルトの戦いでビザンツ帝国に勝利したのち、多くのトルコ人が移動してルーム・セルジュク朝が成立した。しかし、黒海の北周りで移動し、すでにビザンツ帝国のバルカン半島まで南下していたトルコ系遊牧民が、傭兵としてアナトリアに移動していたとされる。マラジギルトの戦いで、セルジュク朝に鞍替えした彼らはアナトリアに定着し、ルーム・セルジュク朝のもとでイスラム教徒となった。

アナトリアに接するシリアやイランは、すでにウマイヤ朝時代にアラブムスリムによってイスラム化されていたが、一一世紀はじめまでビザンツ帝国が支配していたアナトリアのイスラム化は、きわめて大きな時差があり、その当事者はアラブではなくトルコ人ムスリムであったことにも注目しなければならない。

アナトリアに初期に流入したトルコ人は、都市では城塞の中に居住する軍人集団が中心であった。多くの遊牧騎馬集団は都市周辺の山岳地帯に夏営地、平原部分に冬営地を設け、一部はビザンツ帝国の農民が放棄した農地に定住して農耕を行う者もあった。アンカラのモスクの形成を見ると、支配者集団としての軍人層を対象とする城砦内のモスク建設から一〇〇年ほどたって、都市内の商業地域の中にムスリムの同業者組合(エスナーフ)の長(アヒー)の名を冠したモスクが建設されている。都市での商業活動にトルコ人が参入し、都市での地位を確立するまでには、ある程度の期間を必要としたことがわかる。

その後、アナトリアでは、中央アジアからのトルコ人移住により次第にムスリム人口が増大し、さらに在地の住民の中からもイスラムを受容する人たちも現れ、トルコ化、イスラム化が急速に進行した。しかし、改宗する人たちの数はそれほど多くはなく、従来のキリスト教やユダヤ教を信仰する多くの人たちはそのままであった。アナトリアのキリスト教は、ギリシア系のオーソドックス(正教会)およびアルメニア教会の二つが大きな勢力であり、キリスト教徒の大部分はこの二つの教会に属していた。しかし、それ以外にもシリア教会やコプト教会、ネストリウス教会など様々な東方諸教会に属するものもあった。また、ユダヤ教徒も都市部を中心に各地に居住していた。このような状態がオスマン帝国末期まで続いた。

オスマン帝国時代のアナトリア

オスマン帝国は、宗教宗派別支配体制であった。各宗教宗派は独立した共同体を構成していた。イスラム教徒はイスラム教成立時から独自の宗教共同体すなわちウンマを構成した。キリスト教徒は基本的に大きく二つに分かれて、アルメニア教会徒などの東方諸教会に属する人たちとオーソドックス教会徒とが、各々の宗教共同体を構成しており、ユダヤ教徒は独自の共同体を構成していた。これらの共同体はオスマン朝ではミッレトと呼ばれていた。ミッレトに属するオスマン帝国臣民は、必ずしも集住することはなかった。また各ミッレトの構成員が混住することも少なくなかった。また、同じムスリムであっても民族的に多様な構成であったことから、使用言語は多岐に渡っていた。アナトリアはオスマン帝国の一部であることから、宗教的には帝国と大きな変化はなく、多数の宗教宗派に属する人たちが居住していた。

アナトリアのトルコ人は、中央アジアおよびそこからの移動の中で受け入れたイスラムの伝統を継承していた。その伝統の特色は神秘主義教団(タリーカ)活動であった。イランに源を持つタリーカがアナトリアにも進出し、多くの拠点が設けられた。メヴレヴィ教団、ベクタシュ教団、ナクシバンディ教団そしてアレヴィー派などが広く活動していた。これらは、イスタンブルのスンニー派ハナフィー派オスマン政府と対立する傾向があった。しかし、イェニチェリ軍団にベクタシュ教団が勢力を浸透させていたように、必ずしも全面対立の事態は見られなかった。今日に至るまで、アナトリアのトルコ人ムスリムの間にはタリーカの影響は強く、アナトリアのムスリムの多くがタリーカに所属していると言われている。

現在のトルコ共和国の大部分を占めるアナトリアのオスマン帝国期はこのような状態であった。

アナトリアの解放運動

第一次世界大戦でオスマン帝国はドイツ側に立ち、ロシア、イギリス、フランスと敵対状態になった。これらの諸国はオスマン帝国を分割する秘密協定のサイクス・ピコ協定を結んだが、ロシアの離脱によって公表されてしまった。しかし、オスマン帝国が敗北すると、イタリアが参入し、アメリカの後押しでアルメニアが、イギリスの後押しでギリシアが領土分割の仲間入りをした。この結果、セーブル条約がオスマン帝国と戦勝国との間に締結された。

オスマン帝国領は西欧諸列強の支配下に分割された。アナトリアは、ギリシア、イタリア、フランス、イギリスの支配地とされ、さらにアルメニアが独立することがうたわれた。その結果、国際管理の海峡地帯を除くと、わずかにアンカラ周辺地域のみが、ムスリムに残された。これに対して、セーブル条約締結に反対するムスリムによる解放運動が各地で展開された。

祖国解放運動を統一的に指導したのは、第一次世界大戦のオスマン軍の数少ない完全勝利をもたらしたゲリボリの戦いを指揮したムスタファ・ケマル・パシャ（後のアタチュルク）であった。彼が指導した祖国解放運動は、「アナトリア・ルメリ権利擁護団」の名称を持っていた。これはアナトリア、ルメリ（西トラキア）のムスリムの権利を、戦勝国のオスマン帝国の分割支配から守るものであった。アナトリアと西トラキアは、モンドロス休戦協定を締結した時点で、オスマン帝国が支配していた地域であった。第一次世界大戦の終了時、バルカン半島の国境は大きな変化はなかったが、南部ではアラブの多く居住するアレッポを含んだシリア地方はオスマンの支配を離れていた。

ムスタファ・ケマル・パシャのアナトリア回復運動は、ムスリムの居住権の保障を目的とした。アナトリアには非ムスリムも多数居住していたので、セーブル条約は、オスマン帝国のムスリムがアナトリアにおいて被支配者としてキリスト教徒の支配下に置かれることを意味した。人口比では少数派のキリスト教徒が西欧列強の保護下にアナトリアを支配することは、ムスリムにとって容認できない事態であった。アナトリアのキリスト教徒はギリシア正教徒である「ギリシア人」と「アルメニア人」とされるアルメニア教会徒とカトリックに改宗したアルメニア教会徒であった。その他、イスタンブルや南東アナトリアのシリア教会徒や、様々な東方キリスト教会派のキリスト教徒がいた。

ムスタファ・ケマル・パシャは、当初ムスリムの権利が保障される国家の回復を目指し、オスマン帝国の回復、それに伴うイスラム国家を想定したものと思われる。しかし、オスマン政府の連合国への従属容認に強く反発し、次第に、イスラム国家から西欧的近代国家への方向を目指す改革に移行した。

トルコ共和国の成立

祖国解放運動の結果、セーブル条約は否定され、改めてローザンヌ条約が締結された。アナトリアをトルコ系ムスリムの居住する地域としてトルコ（テュルキエ）と呼ぶことが主張されて、西トラキアを合わせてアナトリアに成立した国家がトルコ共和国として生まれた。トルコ共和国は、政治的にはオスマン帝国を継承する国家ではあったが、共和国はオスマン政府に代わって新生国家として歩み始めた。

新たに成立したトルコ共和国は、ローザンヌ条約において決定された住民交換の付属文書による合意により、ギリシア国内のムスリムとトルコ国内のギリシア正教徒を、強制的に交換移送した。

例外としてイスタンブルのギリシア正教徒、トラキアに難民として移住したムスリムは移動の対象から除外された。このため、アナトリアのギリシア正教徒はすべてギリシアに移住することとなった。例えば、教会や修道院などが岩窟に造営されていることで有名なカッパドキア地方などに居住していたギリシア正教徒もギリシアに移動し、ギリシアに居住していたムスリムが新たにカッパドキア地方の村に移動し、現在に至っている。非ムスリムで移動の対象となったのはギリシア正教徒のみであったことから、キリスト教徒のアルメニア教会徒やカトリック教徒、シリア教会徒はそのまま残留することになった。しかし多くのキリスト教徒は自分自身の判断で国外に移住した。さらに、近年になって多くのユダヤ教徒がイスラエルに移住している。このため、トルコ共和国の人口に対するムスリムの割合はきわめて高く、九九％ともいわれる理由である。

トルコ共和国成立時には、トルコ国民はアナトリアと西トラキアに住むすべての住民であり、宗教宗派を問わないものであった。しかし基本法には国家の宗教はイスラム教であると定めてあり、ムスリムはその民族を問わず統一的に把握された。しかし、モンドロス休戦条約締結時にオスマン帝国領として残っていたキルクークやモスル、スレイマニヤなどのクルドの多く居住する地域は、石油産出地であった。イギリスは第一次世界大戦後、軍艦の燃料を石炭から石油に転換する政策を取ったことから、この地域を確保することが重要課題となった。このため、この地域にイギリス軍を強行に進駐させ、クルド民族主義を作り上げ、そしてクルドの自治区クルディスタンを想定して、イギリスの支配地イラクに編入することを画策した。このため、ローザンヌ条約ではイラクとの国境は画定できなかった。イギリスはクルド民族主義を支援することで、北イラクの支配を確実なものとした。しかし、クルド民族主義はアナトリア南東部にクルドの自治・分離を主張する勢力を生み出し、国民国家形成政策を採るトルコ共和国にとっては大きな問題となった。当初ムスリムによる国家統一の下では問題がなかったことから、アナトリアをトルコと主張したのはトルコ主義者のクルド人ジヤ・ギョクアルプであった。

アナトリアのイスラム事情

トルコ国内のムスリムは、国民の九九%を占めるといわれるが、その宗派は様々であり、オスマン帝国の時代の公認宗派であったハナフィー派のスンナ派が主流であった。しかし、トルコ人にとっての伝統的な信仰生活のよりどころであった神秘主義教団のタリーカに属するものが多数存在した。ナクシバンディ教団、ベクタシュ教団、メヴレヴィ教団などが有名である。さらにアレヴィー派は、中央アナトリアに多くの信仰者をかかえていた。

一九二五年、トルコ共和国大統領ムスタファ・ケマルは、イスラムは文明的でないとして、教団の導師たちの活動を禁止し、修行所（テッケ）や聖者廟（ザービイェ）などを閉鎖した。しかし、トルコ人の伝統的な信仰生活の基盤であったものが閉鎖されても、ひそかに信仰を続ける者は多かった。後に建物が博物館や記念物として保存されることになり、今日、テッケなどを博物館として見ることができる。この禁止規定は憲法に優先すると定められているにもかかわらず、これらを利用して密かに宗教活動をするものも見られる。

現在のイスラム

イスタンブルなどの大都市においても、金曜日の礼拝は当然ながら、午後の礼拝には老若問わず多くの人がモスクに集まる。敬虔なムスリムが多数存在し、信仰活動を行っていることを示している。今日、議会で多数を占めているイスラム政党とされる政党は、このような敬虔なムスリムの存在を背景に進出したものである。しかし、彼らは、選挙活動で貧困層に対するイスラムの喜捨活動と称してパンや食料品の配布を行うなど、活動停止を受けた政党を含め、指導者層が高度の教育を受けたテクノクラートであることも見逃せない。彼らの計算高い選挙活動は、大衆運動を背景とした旧態依然とした既成政党を凌駕しているからである。

トルコにおける格差社会の拡大は、格差克服をムスリムの結束に求めるイスラム政党や教団の拡大を増長させている。このイスラム重視の傾向を利用し、イスラム資本家と称する新興実業家などの活動も見られる。ヨーロッパ化することすなわち文明化することが、西欧諸国と対等な立場になると考えたムスタファ・ケマル・アタチュルクの考えとは、違った方向に進んでいく危険性を持ってきており、EU加盟という問題についても、自ら否定的な答えを出してしまうことにもなろう。

アヤソフィア大聖堂での礼拝
(Thomas Allom, *Istanbul und der Bosporus*, 1986, E.B.-Verlag Rissenより)

エディルネからハッカリまで

三宅理一

みやけ・りいち　慶應義塾大学大学院政策・メディア研究科教授。一九四八年生。建築史。著書に『エピキュリアンたちの首都』（學藝書林）他。

私とトルコとの付き合いは長い。もうかれこれ三〇年近くになる。初めて足を運んだのは一九七九年で、当時住んでいたパリから車でイスタンブールをめざし、道中、さまざまな経験をしながらブルガリアの国境を越えてエディルネの街に入った。夏だったのでたいそう暑く、イスタンブールのアクサライ地区のホテルはむさ苦しく、しかも戒厳令下で夜間の外出は制限されていた。インフレが激しく、経済統制の中で名物トルココーヒーも手に入らない有様だった。だからといって悪い印象があるわけではない。六週間の行程のうち二週間をイスタンブールで過ごし、旧市街の迷路のような町並みを散策し、ボスフォラス海峡を結ぶフェリーにのって海沿いに名所旧跡を訪れた思い出は今でも強烈に残っている。

一回足を運ぶと後は気軽なものである。その翌年には、イスタンブール対岸のウシュクダル駅から汽車で東をめざしてまっしぐらに進み、トルコを横断して陸路イランはテヘランまで足を伸ばした。今度は冬の二月で、滅茶苦茶寒く、東部国境の町ドグバヤジットで泊まったホテルはろくに暖房も効かず、革のコートに毛糸の帽子をかぶってベッドに入り、それでも震えていたくらいだ。外はマイナス一五℃、室内でも氷点下の経験だった。それでも革命直後の殺伐とした空気の漂うイランからトルコに戻ってくると、人々がやけにのんびりとしていて、奇妙な安堵感にとらわれたものだ。

こうして私のトルコ通いが始まったわけだが、日本に戻り、大学に奉職するようになって専門とする建築史の道でトルコとの接点を深めていくことになる。とはいっても純粋なイスラーム建築、あるいは大建築家ミマール・シナンに代表される正統トルコの建築をきわめたのではなく、そこから大きく外れた僧院の世界を渉猟するのに時間を費やした。トルコに点在するイスラームの僧院というのは、いわゆるイスラーム神秘主義の流れをくむスーフィの僧院で、普段そうお眼にかかれるものではない。日本でも時々紹介される白衣を着て回転舞踏をするメヴレヴィ派のスーフィ僧は有名で、古都コンヤを拠点に活動を行っている。宮廷風のいでたちで、優雅な踊りが特徴である。ところがカッパドキアの町ハジ・ベクタシュを本拠としたベクタシュ派のスーフィたちは、火の上を歩いたりガラスを食べたり奇行の上に荒行をする隠者とし

トルコの歴史と文化

トルコは、人類の文明のさまざまな部分が凝縮され、そのエッセンスがあちこちに露出している。

て知られ、里の人たちからは恐れられていた。デルヴィッシュと呼ばれるスーフィ僧は、本来が平等主義に貫かれたイスラーム社会では確かに異端者である。

　残念ながら、ケマル・アタチュルクの改革以来、旧世界の残滓のしみついたベクタシュ教団の活動は禁止され、トルコ国内でその独特の典礼を眼にすることはできない。アルバニアにはまだベクタシュ教団が残り、今でも訪れることができるが、地元の評判はいまひとつである。しかし、これらのデルヴィッシュの足跡を訪ねて、トルコの各地を回るのは楽しい。

　イスタンブールとアンカラとの中程に位置するエスキシェヒルに近いセイット・ガジの街には、その由来となった八世紀の聖者セイット・バッタル・ガジの墓廟がある。スーフィ教団の常として、聖者廟の周りに僧房が並び、僧院を形成するのだが、そのパターンはここでも同じで、丘の上に石造りの建築がたいそう美しい。面白いのは、この聖者が身長三メートルを数えたということで廟に中に置かれた棺がひときわ大きくなっていることだ。緑の布で覆われ、その上にはエメラルド色に輝く玉が吊り下げられている。世界の中心をそこに置いて八方に広がる僧院のコスモロジーがはっきりと見て取れる。

　トルコに行ってキリスト教遺跡に興味をもつ人は意外と多い。特に周縁部ではシリア正教やアルメニア正教の聖堂や修道院の跡が点在し、まだ十分な発掘調査もされないまま放置されている。きわめつけは東の国境地帯のハッカリ一帯で、ネストリウス派の教会遺跡が大量に残っている。一九八〇年代に暇にまかせてこの辺りを繰り返し訪れ、険しい山間に残るこれらの建築を見て回った。一時は景教の名で唐の都まで伝わったネストリウス派も一五世紀を越える頃には、チムール帝国に押し戻されてこのクルディスタンの地に逼塞するようになる。人里離れたところに集落を構え、それでも石を磨いた美しい聖堂を建ててひっそりと暮らすようになった。しかし、二〇世紀の初めになってアルメニアとの絡みで彼らのコミュニティも実質的に消え去ってしまい、それから一〇〇年を過ぎた今日では、誰もそのような遺跡に関心を抱かない。地元のクルド人の長老たちは教会の下に金銀財宝が埋まっているとの伝説を信じ、あたり一面を掘り返してしまい、おかげで墓が潰されて人骨が散乱していた。無残である。

　トルコは奥が深い国である。人類の文明のさまざまな部分が凝縮され、そのエッセンスがあちこちに露出している。だからわずか数日間でもこの国に滞在すると、人類の秘密に触れたような気になって大いに蘇るのである。

イスタンブル市内の景観のひとつヴァレンスの水道橋。378年、ビザンティン帝国ヴァレンス帝の治世に完成。
Photo by Shibusawa Sachiko

イスタンブル・過去と現在

歴史の重層する都市イスタンブルの魅力に多角的に迫る！

長場　紘
Nagaba Hiroshi

ながば・ひろし　和洋女子大学非常勤講師。一九四〇年福島生。慶應義塾大学文学部卒業。トルコ近代史、日本・トルコ関係史。著書に『現代中東情報検索ガイド』『イスタンブル』（慶應義塾大学出版会）他。

一　蠱惑的なイスタンブル

アジアとヨーロッパの二つの大陸にまたがる世界で唯一の都市、それがイスタンブルである。海に抱かれ、海に育てられたイスタンブルは三つの区域で構成される。サライ・ブルヌ（宮殿岬という意味）を頂点にマルマラ海と金角（ハリーチ）湾に囲まれた犀の角の形をした旧市街（ビザンティオン、ビザンティウム、コンスタンティノポリスと呼ばれていた）、二番目は金角湾を越えたガラタとベイオゥルを中心とする新市街、三番目はマルマラ海とボスポラス海峡の対岸アジア側である。

イスタンブルは七〇年代から三三〇年までローマ帝国に支配され、三三〇年から三九五年まではローマ帝国、三九五年から一四五三年まではビザンティン帝国（東ローマ帝国）、一四五三年から一九二二年まではオスマン帝国という三つの帝国の都として一六〇〇年近くにわたって世界の歴史に君臨してきた。二つの宗教（キリスト教とイスラーム）の文化が根づくとともに、近代になると西欧の文化も積極的に取り入れられた。

悠久の歴史が重層し、三つの文化が渾然一体となって融合・混在しているイスタンブル。それぞれの時代の遺構とそこから醸し出されるしなやかな残影、これこそが蠱惑的である。イスタンブルを褒め称える言葉に際限はない。かりそめの旅人をして限りない旅情をイスタンブルはかきたててくれる。

その一方、イスタンブルは過ぎ去りし時代の栄光に安住せず、イスラーム的要素と近代性を調和させながら未来へ向かって躍動する都市でもある。最大の目標は、欧州連合（EU）正式加盟の実現である。トルコがヨーロッパの一員になることだが、先行きは不透明と言わざるをえない。二〇年ほど前まではのどかな田園が広がっていたヨーロッパ側の北部マスラク地区に超高層のオフィス、レジデンス棟が続々建設されている。ニューヨークのマンハッタンの摩天楼をもじってマスハッタンと呼ばれている。また、二〇〇四年、二〇〇八年のオリンピック開催都市にも立候補した。周知のように落選してしまったが、遠くない日にイスタンブルはイスラーム世界で初のオリンピック開催都市の栄誉に浴することになるだろう。

二　神話の中から

伝承によると、古代ギリシャの都市国家メガラの勇猛な戦士にして航海者であるビュザスは、前三千年頃から先住していたトラキア人を撃退、「デルフォイの神託」を受けてサライ・ブルヌの辺りに植民市を築いた。前六七七年頃である。この植民市はビュザスの名前にちなんでビザンティオンと呼ばれた。古代ギリシャ人はパルナッソス山の南麓に広がるデルフォイを世界の中心と考えていた。デルフォイはギリシャ神話に出てくる予言の神アポロンの聖地でもあり、神託所が置かれていたのである。

ビザンティオンはペルシャ、マケドニアなどにたびたび侵略され、ローマ帝国の皇帝ウェスパシアヌス（在位・六九〜七九年）の時代にその支配に屈した。その後、皇帝セプティミウス・セウェルス（在位・一九三〜二一一年）は長年にわたる市民の根強い抵抗を鎮圧して属州に組み入れた（一九六年）。住民の大部分を占めるギリシャ人にとってはビザンティオンだが、ローマ帝国の公用語であるラテン語ではビザンティウムとなる。地中海と黒海を結ぶ要衝の地にあるビザンティウムの経済的、軍事的重要性に着眼していた皇帝コンスタンティヌス一世（在位・三一二年〜三三七年）はローマからビザンティウムへの遷都を決意（三二四年）、三三〇年五月に開都式が盛大に執り行われた。皇帝はこの新しい都にラテン語で「第二のローマ」ないしは「新ローマ」と命名した、と伝えられる。だが、住民は皇帝に敬意をこめてギリシャ語で「コンスタンティノポリス」（コンスタンティヌスの町）と呼び、次第に定着していった。コンスタンティノープルはコンスタンティノポリスを英語またはフランス語式に綴った書き方である。コンスタンティノープルはローマ帝国の都にふさわしい体裁を整えていった。

三九五年にローマ帝国は東と西に分裂した。二つの帝国はそれぞれ独自の道を歩み始めたが、ローマを都とする西の帝国は四七六年に滅亡した。他方、東の帝国の都コンスタンティノープルには東西のあらゆる物資が集積、行き交い、各地から商人や職人たちが蝟集して、世界有数の交易と商工業の中心都市として繁栄をきわめた。

七世紀の終わり頃からアラブ、ペルシャ、スラヴなどの異民族によって領土が少しずつ蚕食され、コンスタンティノープルもたびたび包囲、攻撃にさらされた。一二〇四年、コンスタンティノープルは第四回十字軍に攻め落とされ、ビザンティン帝国は瓦解してラテン帝国が誕生した。ラテンとはカトリックを信奉する西欧の人々を指している。だが、ラテン帝国も半世紀たらずであっけなく崩壊してしまった。ビザンティン帝国は不死鳥の如く甦ったが、昔日の栄華は消え失せ、コンスタンティノープルの零落は目を覆うばかりである。

東からイスラームを信仰するトルコ系の聖戦戦士から成る遊牧部族が次々と侵攻してきた。拮抗する遊牧部族の中からオスマンに率いられた部族が頭角を現わしてきた。オスマン帝国の萌芽である。コンスタンティノープルは城壁のおかげで難攻不落を誇っていたが、昇竜のごとき軍事国家に成長したオスマン帝国の第七代スルタン・メフメット二世（在位・一四四四〜四六、一四五一〜八一年）によって一四五三年五月二九日に征服された。都を奪われたビザンティン帝国は輝かしい歴史の舞台から姿を消し、コンスタンティノープルはオスマン帝国の都に生まれ変わった。ところで、この都の名前がコンスタンティノープルからイスタンブルへただちに替えられたという史実は見当たらない。ローマ、ビザンティン時代を通じて市民であるギリシャ人は日常的にイス・ティン・ポリン（Eis Ten Polin）と口にしていた。これは〝町へ〟とか〝町の中へ〟を意味するギリシャ語である。通説では Eis Ten Polin が転訛して Stanbul（Istanbul）になったと言われる。イスタンブルが正式な呼称になったのは一九三〇年である。

その後の歴代のスルタンも征服事業を進め、版図はヨーロッパのみならずアフリカにまで拡大した。一六世紀中葉、第十代スルタン・スレイマン一世の治世（在位・一五二〇〜六六年）に最盛期を迎え、オスマン帝国の国際的な地位、国力、権威が絶頂に達した。八〇万近い人口を擁するコンスタンティノープルは比類なき豊かな都市に変貌した。

しかし、繁栄は永続しない。相次ぐ戦争の敗北による領土の割譲と喪失、国家財政の逼迫、凡庸なスルタンの誕生に起因する支配体制の弛緩などから徐々に衰退化の兆候が現われてきた。オスマン帝国は第一次世界大戦で敗北を喫し、連合国と屈辱的な和平条約の締結を余儀なくされた。連合国に恭順の意を表するだけのスルタンに絶望したケマル・パシャ（後の初代大統領ケマル・アタテュルク）はアンカラ政府を立ち上げ、一九二二年一一月一日にスルタン制の廃止を決議した。最後のスルタンとなったメフメット六世（在位・一九一八〜二二年）はマルタ島へ亡命、オスマン帝国は六二三年の歴史に幕を下ろしたのである。アンカラ政府はあらためて連合国と講和条約を締結・批准して、翌一九二三年一〇月二九日にトルコ共和国の誕生が国内外に向けて宣言された。これに先立つ一〇月一三日、イスタンブルは都の地位をアンカラに明け渡すことになった。

三　往時を偲ぶよすが

1　ローマ時代（一九六〜三九五年）

アクロポリス、ヒッポドローム（戦車競技場）、元老院、迎賓館、数多く造営された宮殿や教会、修道院などはほとんど跡をとどめていない。しかし、人口に膾炙されることが全くなくなったわけではない。

三三〇年よりも早い時期に建立されたハギア・イレーネ聖堂はイスタンブル最古の聖堂で東方（ギリシャ）正教の総主教座が置かれていた。五三二年の「ニカの反乱」で焼失した後に再建された現存する建物は煉瓦造りの可憐な佇まいを誇示している。オスマン時代には武器庫に使われることもあった。一九七〇年代以降は、毎年、夏に開かれるイスタンブル国際フェスティバルのコンサート会場になる。

金角湾に架かるアタテュルク橋の旧市街側に皇帝ヴァレンス（在位・三六四〜三七八年）の治下、三七五年頃に竣工した上下二段のヴァレンスの水道橋（トルコ語ではボズドーアン・ケメリ）が残存している。ビザンティンとオスマンの二つの時代においても重要な給水施設の一翼を担っていた。

2　ビザンティン時代（三九五〜一四五三年）

今も残る初期ビザンティン建築の最高傑作であるハギア・ソフィア大聖堂は一五〇〇年以上にわたって威容を誇る姿を脈々と現出させている。ローマ時代から続く最も印象的な遺構は城壁である。外敵を防ぐことと市域を広げる目的でビュザス、皇帝セプティミウス・セウェルス、皇帝コンスタンティヌス一世に続いて皇帝テオドシウス二世（在位・四〇八〜四五〇年）によって金角湾からマルマラ海に至る内陸の全長六・五キロメートルの堅固な三重構造の城壁が四一三年に築かれた。今では陸側とマルマラ海沿いに延々と続く〝廃墟の美〟と形容するにはあまりにも無残な半壊の城壁（修復された部分もあるが）を残すのみである。

一二世紀末にガラタで居留を許されたジェノヴァ人は城壁をめぐらしてジェノヴァ人租界を構築した。だが、城壁の痕跡は何ひとつ残っていない。ガラタを象徴するガラタ塔は、ギリシャ人が五八〇年頃に建てたガラトゥが最初である。今日、われわれが目にするガラタ塔の原形は一三四八年にジェノヴァ人が建造した物見の塔である。標高六一メートルの高台に立つガラタ塔の九階の回廊から街並み、金角湾、ボスポラス海峡、アジア大陸が遥かに見渡せる。

ボスポラス海峡に沿うヨーロッパ側のベベキでは、メフメット二世がコンスタンティノープル攻略に備えて一四五二年に築造したルメリ・ヒサル（ヨーロッパの要塞）が眺められる。対岸には一三九五年に完成したアナドル・ヒサル（アナトリアの要塞）が対峙している。

3　オスマン時代（一四五三〜一九二二年）

オスマン時代の遺構は枚挙にいとまがない。まず、一四七八年頃に原初の形が作られ、オスマン帝国の光輝と没落の歴史を刻ん

ガラタ塔（写真はいずれも筆者撮影）

ルメリ・ヒサル

だスルタンの居所、執政の場であったトプカプ宮殿が挙げられる。市民の日常生活には欠かせない市場のひとつは一四六一年が創設年とされるグランド・バザール（トルコ語ではカパル・チャルシュ。屋根で覆われた市場という意味）、もうひとつが規模はずっと小さいが旧市街のエミノニュ広場に面するムスル・チャルシュ（一六六四年。エジプト市場という意味。香料市場とも言われる）である。今日でも買い物とか観光で訪れる人の波は終日絶えることはない。

イスラーム教徒にとって礼拝のためのモスク（トルコ語ではジャーミー）は不可欠である。イスタンブルには大小合わせて一千近いモスクがある。最初に建てられたモスクはコンスタンティノープルを征服したメフメット二世が自ら設計したファーティフ・モスクである（ファーティフは征服者という意味。メフメット二世を指す）。ビザンティン時代の一二聖使徒教会を取り壊した石材を用いて一四七一年に完成した。一七六六年の大地震で完全に崩壊、現在の建物は一七七一年に再建されたものである。スレイマン一世に捧げられたスレイマニイェ・モスクは、イスラーム世界で最も著名な建築家スィナン（一四九〇？～一五八八年）の設計により五年の歳月をかけて一五五七年に竣工した。マルマラ海と金角湾が望める旧市街の高台に周囲を威圧するごとくそびえ立つこのモスクは、常に壮麗、優雅、雄渾といった形容詞が冠せられる。このほかリュステム・パシャ・モスク（一五六一年）、スルタン・アフメット・モスク（一六一六年）、イェニ・モスク（一六六三年）、ヌール・オスマニイェ・モスク（一七五五年）、オルタキョイ・モスク（一八五四年）、アジア側のユスキュダルにあるミフリマー・モスク（一五四八年）など数え上げたらきりがない。

グランド・バザール（上）とムスル・チャルシュ（下）

聖アントイネ・ディ・パドヴァ教会

この時代には、また、教会やシナゴーグも建造された。代表的な教会は、イスタンブルで最大規模のカトリックの聖アントイネ・ディ・パドヴァ教会（一九一二年。創建は一二世紀末の修道院）とアヤ・トリアス教会（一八八〇年）である。クリミア戦争で命を落としたイギリス軍兵士を祀るプロテスタントのクルム教会（一八六八年）もある。

4　西欧化の残滓（一八世紀末〜）

国勢の衰退をくい止めるため、一八世紀末頃から西欧を手本とする近代化によって国家再興の道が模索され始めた。西欧化は行政組織、法体系、文学、絵画、思想、音楽、演劇、映画、マスメディア、教育、建造物、食生活、ファッション、街並みなど多岐の領域にわたっている。

当時も今も随一の繁華街であるイスティクラル通りの周辺には、イタリア人ジョゼッペとガスパーレのフォッサーティ兄弟、ライモンド・ダロンコ、ドメニコ・スタンパ、フランス人であるアレクサンドゥル・ヴァロリーなどの建築家によって瀟洒で西欧的なホテル、映画館、劇場、教会、大使館、レストランなどが次々と建てられた。アルバニア系トルコ人であるバルヤン一族の二人の兄弟と四人の息子たちも、建築家として傑出した力量を発揮した。

西欧化のみならずスルタンの浪費を象徴するのがドルマバフチェ宮殿（一八五五年）、ベイレルベイ宮殿（一八六五年）、チュラーン宮殿（一八七四年）、ユルドゥズ宮殿（一九世紀末）であろう。「東洋の真珠」と謳われたオリエントのコンスタンティノープルにあこがれる西欧の人たちのために、オリエント急行が一八八三年にパリとの間に開通した（直通運転は一八八九年から）。これにあわせて終着駅・シルケジ駅が一八八九年、今日でも営業しているペラ・パラス・ホテルが一八九二年に設けられた（イスタンブルで最初の西欧的なホテルは一八四一年に開業したオテル・ダングレテール）。アジア側には三B鉄道の始発駅となるハイダルパシャ駅が一九〇六年に竣工した。

市内の交通事情も大きく変化した。陸上では一八七一年に初めて四輪乗合馬車が登場したが、一九一四年から路面電車に取って代えられた。世界で三番目に古いと言われるガラタとベイオゥルを結ぶトゥネル（地下鉄）が開通したのは一八七五年であった。今も市民の足として重宝がられている。車は一九一〇年頃に初めて出現した。海上では一八四六年に旧市街とアジア側を結ぶフェリーの運航が始まった。金角湾に初めて橋が架けられたのは一八三六年である。次いで一八四五年にガラタ橋が開通した（現在のガラタ橋は一九九二年に建造された五代目に当たる）。

四　スルタン・アフメット広場

ビザンティン時代とオスマン時代の遺構を一度に眺められる場所がある。エミノニュ広場から電車で五、六分たらず、スルタン・アフメット広場駅に降り立つと左手にアヤ・ソフィア博物館、右手にスルタン・アフメット・モスクが目に飛び込んでくる。建立された時期には一千年以上の隔たりがあり、しかも、宗教的には対立関係にあったと言っても過言ではない二つの巨大な遺構が指呼の距離に対峙している。何と雄大な景観だろう。

広場の周辺にはこの二つの時代を代表する歴史的遺構が集中している。イェレバタン・サラユ（地下宮殿。四世紀の前半に構築され、六世紀に修復・拡張された地下貯水池）、トルコ・イスラーム美術博物館（建物は一五二四年に建てられた大宰相イブラヒム・パシャの豪邸の一部）、ハセキ・ヒュッレム・ハマム（一五五七年。ヒュッレムはスレイマン一世の寵妃）、スルタン・アフメット三世（在位・一七〇三～三〇年）のチェシュ

シルケジ駅（上）とトゥネル（下）

メ（一七二八年。チェシュメは泉亭のこと）、広場からは見えないがアヤ・ソフィア博物館の左手の奥にハギア・イレーネ聖堂、イスタンブル考古学博物館（一八九一年）、トプカプ宮殿などがある。この広場は一九八五年にユネスコの世界文化遺産に登録された。この二つの遺構をもう少し詳しく紹介しよう。

ハギア・イレーネ聖堂

1　アヤ・ソフィア博物館

来歴をたどると東方正教のコンスタンティノープル総主教座として創建され、一三世紀のラテン帝国時代にはカトリック教会の支配下に置かれ、一四五三年にモスクに改造されたハギア・ソフィア大聖堂である。一九三五年からアヤ・ソフィア博物館として一般に公開されている。ハギア・ソフィアはギリシャ語、ラテン語ではサンクトゥス・ソフィアとなり、どちらも〝神聖な叡智〟という意味である。歴代皇帝の戴冠式や皇帝臨席の儀礼がこの大聖堂で挙行された。

アヤ・ソフィア博物館の建物は五三七年に完成したハギア・ソフィア大聖堂の三代目に当たる。初代はキリスト教を公認（三一三年）した皇帝コンスタンティヌス一世の命で建設が始まり、皇帝コンスタンティウス二世（在位・三三七～三六一年）の時代の三六〇年に竣工した。四〇四年に火災により焼失、四一五年に再建された二代目も「ニカの反乱」の際、叛徒たちが放った火によって炎上・崩落してしまった。皇帝ユスティニアヌス一世（在位・五二七～五六五年）の臨席を仰いで五三七年に三代目の献堂式が厳粛に挙行された。皇帝がエルサレムにあるソロモンの神殿を引き合いに出して、

おお、ソロモンよ！　われは汝に勝てり！

と高らかに叫んだことは、ハギア・ソフィア大聖堂の叙述に必ず引かれる文言である。その後もハギア・ソフィア大聖堂は地震や火災あるいはイコノクラスム（聖画像破壊運動）といった受難に見舞われた。

本堂に足を踏み入れると誰しも天井を見上げる。荘厳だが実体的、充たされているとは思えない宏大な空間が開ける。直径三三メートルの中央ドームまでの高さは五五メートルにおよぶ。螺旋状の階段をぐるぐる上って行くと二階のギャラリーに出る。初め

て目にしたモザイク画の神々しい印象は名状し難い。モザイク画はそれ自身の色彩や形態によってだけでなく光の反射によって増幅され、一層の効果が発揮される。モザイク画の存在は一九三二年から始められた漆喰の除去作業で再現された。高度に完成されたビザンティン美術の粋を集めたモザイク画を徹底的に破壊しなかった、メフメット二世の寛容な精神はどこから来たのだろうか。

2 スルタン・アフメット・モスク

礼拝堂の内部の壁面を埋め尽くすブルーのタイルからブルー・モスクの愛称で親しまれている。ブルー・モスクは、まぎれもなく、スルタンによるモスク造営の掉尾を飾るにふさわしいオスマン建築の最高傑作のひとつに数えられる。

第一四代のスルタン・アフメット一世（在位・一六〇三～一七年）は即位してわずか五年、齢一八歳、スルタンとして戦場で武勲を上げるといった目立った事績は残していないが、寵妃キョセムのために建立を思い立った。一六〇九年、スルタン自身はもちろん、宗教界の長老、政府高官たちが多数列席した起工式が盛大に執り行われ、白亜のモスクは一六一六年に落成した。ところが、スルタンは翌一六一七年一一月二二日、発疹チフスを患い突然にこの世を去ってしまった。二七歳の若さであった。

回廊に囲まれた中庭と床一面に絨毯が敷き詰められている礼拝堂は、ほぼ同じ広さの正方形である。礼拝堂は直径二七・五メートルの大ドーム、四つの副ドーム、三〇の小ドームで構成され、これを支えるのは象の足と言われる直径五メートルの四本の円柱である。二六〇枚ものステンド・グラスを通して射し込む陽光がブルーの壁面に映え、ほの暗い空間に妖しさを添える。壁面を飾るおよそ二万枚のタイルは有名なイズニク製である。ブルーといっても、緑に近い青色、抜けるような淡い空色、深い群青色、蒼色など、その鮮やかさは変化に富んでいる。トルコ人が愛好するチューリップや薔薇をはじめカーネーション、百合などの草花と樹々が優美に描かれたタイル、ブルーを基調とした幾何学的模様のタイルもふんだんに使われている。

このモスクの特徴はミナレット（尖塔）の数にある。礼拝堂の四隅に四本、中庭の二隅に二本、合計六本数えられる。六本のミナレットを持つモスクはトルコではここだけである。北西隅にある霊廟にはスルタンとキョセムとともに三人の息子（スルタンに就任したムラト四世とイブラヒム、バヤジット皇子）が永遠の眠りについている。

華麗にして繊細なモスクだが、背後には数奇で血なまぐさい歴史がある。エーゲ海に浮かぶティノス島で一五八九年（？）にカトリックの司祭の娘に生まれたアナスタシアは、一三歳の時に人買いに捕らえられてハーレムに身を置くことになり、キョセムという名前が与えられた。絶世の美貌に心を奪われたアフメットの寵愛を一身に集めたキョセムは三人の皇子をもうけた。キョセム

ハギア・ソフィア大聖堂

は若くして未亡人になったが、一二歳で長男ムラト四世が即位するとヴァリデ・スルタン（皇太后）としてハーレムで最高権力者に昇りつめて国政に容喙した。ムラト四世が二九歳で早世、次男イブラヒムが後継者に納まり、キョセムは再び国事に奔走した。女色と酒に溺れ、奇行蛮行、暴虐、気まぐれの限りを尽くし〝狂人〟と綽名されたイブラヒムが退位させられ、イブラヒムの皇子でわずか六歳の孫がメフメット四世としてスルタン位に就いた。だが、キョセムはヴァリデ・スルタンの位を譲らないばかりか、摂政に固執する。当然のごとくメフメット四世の母親トゥルハン・ハティジェ（一六二七?～八三年）と熾烈な女同士の抗争が勃発した。一六五一年六月二日の早朝、ハーレムの中庭に転がっている酷たらしいキョセムの遺体が発見された。トゥルハン・ハティジェの巧妙な策略にはまり、黒人宦官によって惨殺されたのである。運命に翻弄されたキョセムは、はからずも異教の国で生涯を閉じることになった。

主要参考文献

Bayrak, Orhan, *Istanbul Tarihi*（イスタンブル史）Istanbul, Inkilap Kitabevi, 2003

Belge, Murat, *Istanbul Gezi Rebberi*（イスタンブル観光ガイド）Istanbul, Tarih Vakfi, 1993

Celik, Zeynep, *The Remaking of Istanbul: Portrait of an Ottoman City in the Nineteenth Century*. Berkley, Univ. of California Press, 1986.

Dwight, H.G., *Constantinople: Settings and Traits*. New York, Harper & Brothers

スルタン・アフメット・モスク

Publishers, 1926

Freely, John, *Istanbul: the Imperial City*. London, Penguins Books, 1998.

Gumus, Dogan, *Byzantium, Constantinople, Istanbul*. Istanbul, Do-Gu Yayinlari, 1990.

Mansel, Philip, *Constantinople: City of the World Desire, 1453-1924*. New York, Griffin Trade Paperback, 1998.

浅野和生『イスタンブールの大聖堂――モザイク画が語るビザンティン帝国』中央公論新社、二〇〇三年（中公新書）

井上浩一『生き残った帝国ビザンティン』講談社、一九九〇年（講談社現代新書）

カプラン、ミシェル『黄金のビザンティン帝国――文明の十字路の一一〇〇年』田辺希久子・松田迪子訳、創元社、一九九三年（「知の再発見」双書）

鈴木董『図説 イスタンブル歴史散歩』河出書房新社、一九九三年

長場紘『イスタンブル――歴史と現代の光と影』慶應義塾大学出版会、二〇〇五年

日高健一郎・谷水潤『イスタンブール』丸善、一九九〇年

都市・建築・文化

トルコの来歴がそのまま反映された、モスク建築の歴史的変遷。

トルコのモスク

【多様な歴史に織りなされた建築の空間美】

山下王世　Yamashita Kimiyo

やました・きみよ　東京外国語大学大学院地域文化研究科助教。筑波大学大学院芸術学研究科修了。イスラーム建築史。共著に『トルコ・イスラーム都市の空間文化』（山川出版）他。

はじめに

現在、トルコ共和国が位置するアナトリア半島は、北を黒海、西をエーゲ海、南を地中海という三つの海に囲まれている。さらに陸地では、北西部でブルガリア、ギリシャというEU諸国、東部ではグルジア、アルメニア、イラン、南部ではイラク、シリアというアラブの国々と国境を接している。使い古された表現ではあるが、アナトリア半島という場所は西と東の諸文明・諸文化の接点なのである。

アナトリア半島のイスラーム化は一一世紀に始まる。この半島が経験してきた長い歴史を考えると、イスラーム化は比較的新しい動きといえる。ルーム・セルジューク朝（一〇七七―一三〇八年）にはじまり、複数のトルコ系諸王朝、諸侯国の繁栄と衰退を経て、一六世紀にはアナトリアはもちろんのことバルカン半島、西アジア（イランは除く）、北アフリカまでの広範囲にオスマン帝国（一二九九―一九二三年）が君臨する。

アナトリア半島を中心とするトルコのモスク建築には、時代や地域によって様々な形態、様式のものがある。この小論では概要をつかむために、まずは一一世紀のイスラーム化からオスマン建築が最盛期をむかえる一六世紀までのモスクを、大きく三つの背景に分けてその特徴を紹介しようと思う。一六世紀以降については、とくに一八世紀の西洋化の過程、そして二〇世紀の現代モスクの状況について解説を加えたい。

三つの背景——さまざまな建築文化からの影響

トルコの建築を理解する上で重要なのは、(1) その東に位置するイランの建築文化、(2) 南に位置するシリア・アラブの建築文化、(3) イスラーム化以前からこの地にあった建築文化、という三つの文化的背景である。

なぜイランなのか。それはトルコ民族の移動の歴史と関わっている。中央アジアでイスラームを受け入れたトルコ系のオグズ族は南下してまずイランにトルコ系王朝セルジューク朝を建国する。さらにこの王朝のアルプ・アルスラーンは一〇七一年、ビザンツ軍とマラーズギルトで戦い、これに勝利する。こうしてセルジューク朝の王族がルーム・セルジューク朝を設立、これを機にトルコ系民族のアナトリア流入、すなわちアナトリアのイスラーム化が始まった。隣国イランの建築文化は、こうしたトルコ民族の移動の過程でアナトリアに持ち込まれたのである。

次に、シリア・アラブの建築文化はどのようにアナトリアとかかわっているのか。トルコ民族が受け入れたイスラームという宗教は遠くアラビア半島を発祥の地とする。イスラーム世界で最初に建設されたモスクは、アラビア半島のメディナに建設された「預言者ムハンマドのモスク」であった。このモスクは現存しないが歴史資料から、大きな中庭があり、複数の柱が立つ多柱式の礼拝室があったことがわかっている。この多柱式とよばれる様式は、ウマイヤ朝やアッバース朝といった初期イスラーム王朝が領土を拡大していくとともに、北アフリカ、シリア、イラク、イランなど広い範囲に伝播していく。アナトリアではとくにシリアに近い地方で、多柱式モスクが複数確認されている。

最後に、イスラーム化以前からこの地にあった建築文化とは何を意味しているのか。それはギリシャ、ローマの古代建築、ビザンツ帝国やアルメニアなどの建築である。イスラーム化が始まる一一世紀よりも前の時代に建設された建造物であり、もちろん宗教はイスラームではない。先行するこれらの建築文化をとりいれたことも、トルコの建築を理解する上で重要な点である。

次に、この三つの背景について、具体的な建築事例を見ていこう。

イランの四イーワーン形式を継承するモスク

イランのセルジューク朝建築からアナトリア半島のモスクが受けついだもの、それは四イーワーン形式という平面形式だった。

図3　マラティヤ・ウル・モスク ドーム

図1　四イーワーン形式の一例

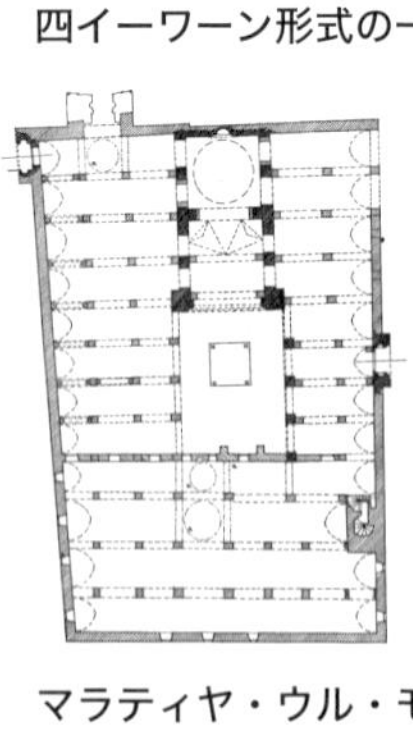

図2　マラティヤ・ウル・モスク

ただしイランの形式がそのまま取り入れられたわけではない。

イーワーンとは三面を壁に囲まれた矩形の空間で、屋根はあるが中庭側は全面を開口する半・屋外空間のことである。このイーワーンがモスクの中庭を囲んで十字軸線上に四つ配される平面形態のことを四イーワーン形式と呼ぶ（図1）。しかし中世アナトリアでは、原則どおりイーワーンを四つ備えるモスクはほとんど見られない。

ルーム・セルジューク朝時代、一三世紀前半に建設されたマラティヤ・ウル・モスクは、奥行き五〇メートル、幅三三メートルの縦長平面の中央に奥行き一五メートル、幅一一メートルの中庭、そしてその一辺にひとつだけイーワーンを備える（図2）。イーワーンと、その奥に架けられた精巧な渦巻き状文様積みドームに施釉レンガが用いられている点も、イランの建築文化の影響といえる（図3）。イーワーンの数は異なるものの、このモスクはセルジューク朝建築の痕跡を感じさせる重要な事例のひとつといえるだろう。

中世イスラーム学院建築に見られるイーワーン

実は中世アナトリアにおいて四イーワーン形式は、モスクよりもマドラサと呼ばれるイスラーム学院建築に積極的にとりいれられている。アナトリアのマドラサ建築には、中央に中庭がそのまま残されるタイプ（図4）と、中央部分を広間としてドームで覆うタイプ（図5）がある。前者、すなわち中庭があるタイプは、イーワーンが少なくとも三つ、または原則通り四つ設けられるが、中

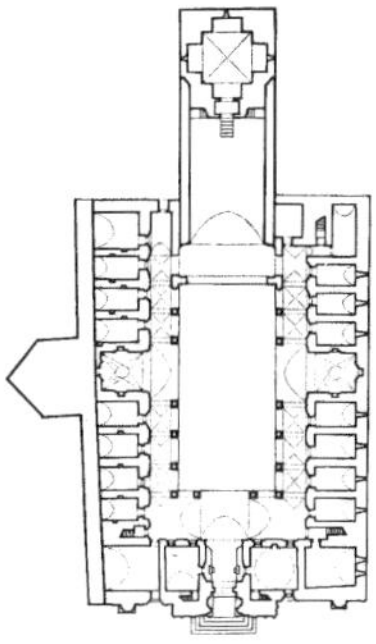

図4　中央に中庭を設けるマドラサの一例

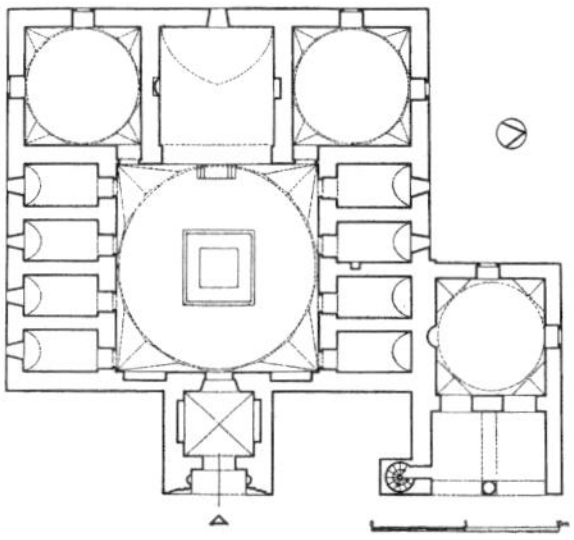

図5　インジェ・ミナーレリ・マドラサ

図6　カラタイ・マドラサ

央を広間としてドームで覆うタイプの場合は、イーワーンはひとつとされることが通例である。その一例、ルーム・セルジューク時代に建設されたインジェ・ミナーレリ・マドラサ（図5）やカラタイ・マドラサ（図6）では、ドームで覆われた中央広間がイーワーンと複数の小部屋に囲まれている。こういった空間構成は次の時代、すなわちオスマン朝初期のスルタンのモスクにとりいれられていく。

図7　ヒュダーヴェンディギャル・モスク

オスマン朝の初期モスクにみられるイーワーンの痕跡

オスマン朝初期、イスラーム学院の平面形態がモスクへ導入されるきっかけとなったともいえる建築が、スルタン・ムラド一世の命によりブルサに建設されたヒュダーヴェンディギャル・モスクである（一三六五―八五年築、図7）。このモスクの特質は、一階にモスク、二階にイスラーム学院を備える点である（図8）。

モスク内部に入ると、一階中央にドーム（径一一メートル）に覆われた広間があり、それを四つのイーワーン、六室の小部屋が囲

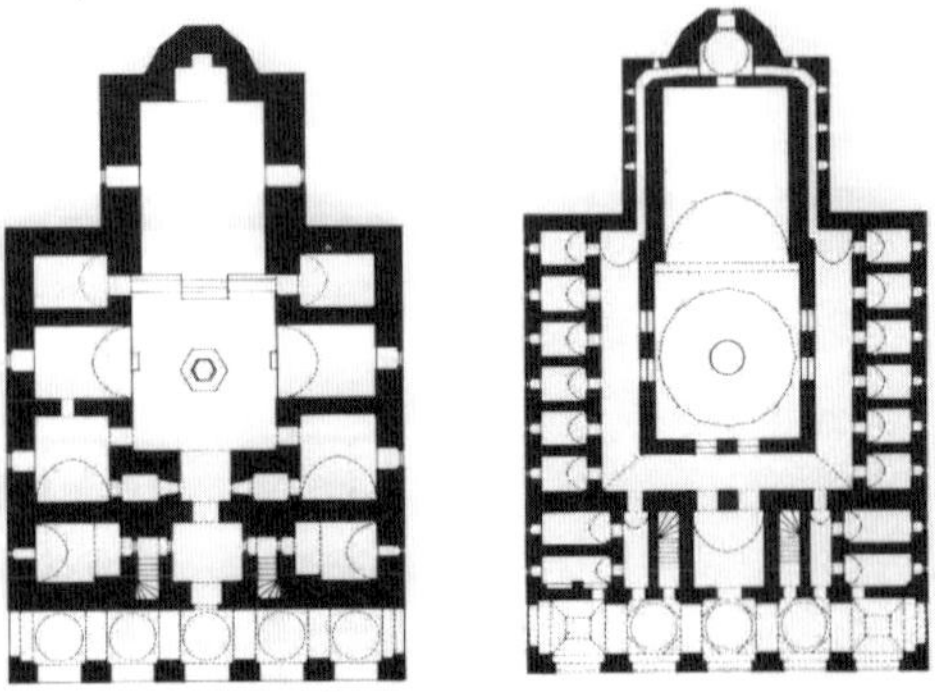

図8　ヒュダーヴェンディギャル・モスクの1階（左）と2階（右）

図9　ディヤルバクル・ウル・モスク

んでいる。イーワーンと中央広間の床には三段から四段の段差があり、もともとは中央広間で靴を脱ぎ、イーワーンで礼拝をしていた。（現在では中央広間にも絨毯が敷かれ、礼拝に使われている。）二階はイスラーム学院であり、下階から続く中央の吹き抜けの周りに回廊がめぐらされ、さらにここで学ぶ者たちのための小部屋が並ぶ。これ以後、イーワーンがモスク礼拝室に設けられる事例がオスマン朝初期の首都ブルサ、エディルネを中心にしばらく続くが、イスタンブル遷都後には急速に廃れてゆき、一五〇〇年以降には全く建設されなくなる。

アラブの建築伝統を継承したモスク——多柱式

多柱式モスクの一例、ディヤルバクル・ウル・モスク（一一世紀築、**図9**）は、イスラーム化したアナトリア半島に建設された最初のモスクである。碑文にヒジュラ四八四年（一〇九一—九二年）とあり、礼拝室部分はセルジューク朝時代に建設されたわけであるが、その形態的特性はむしろ近隣のシリア、ダマスクスのウマイヤ・モスク（七〇六—七一四／五年築、**図10**）に類似している。両者の共通点は横長の礼拝室に設けられた三つの廊と、それらと中央で直行する中央廊がある点である。

図10 ダマスクスのウマイヤ・モスク

図11　ブルサ・ウル・モスク

時代をくだってオスマン時代には、多柱式モスクは初期に数例見られるものの、その後は定着せず廃れていく。その数少ない事例のひとつブルサ・ウル・モスク（一三九六年築、**図11**）は、幅六八メートル、奥行き五六メートルの大礼拝室に一二本の重厚なピア（柱）が並ぶ多柱式である。初期アラブの多柱式モスクでは通常、中庭が設けられ、その中央にはウドゥー（礼拝前の清め）のための浄洗所がある。これに対し、ブルサ・ウル・モスクには中庭はなく、中庭中央にあるべき浄洗所が礼拝室内の中央部にとりこまれている。興味深いことに浄洗所のちょうど真上のドームだけに採光窓が開けられており、これが中庭の名残と考えられている。アラブ諸国で生まれた大きな中庭をもつモスクの空間構成が、降雨が多く寒さの厳しいアナトリアの気候に適応した結果といえるだろう。

イスラーム化以前の建築伝統を継承するモスク

トルコのモスク建築には、イスラーム化以前の古典古代やビザンツ時代の部材を再利用する、またはビザンツ聖堂の屋根の形式や構造、空間構成を取り入れる事例がある。コンヤのアラエッディン・モスク（ルーム・セルジューク朝初期）、ブルサのヒュダーヴェンディギャル・モスク（オスマン朝初期）のように、柱頭、柱身にビザンツ建築の部材が転用される事例はイスラーム化まもない初

図12　聖ソフィア大聖堂（上）／図13　その内部（下）

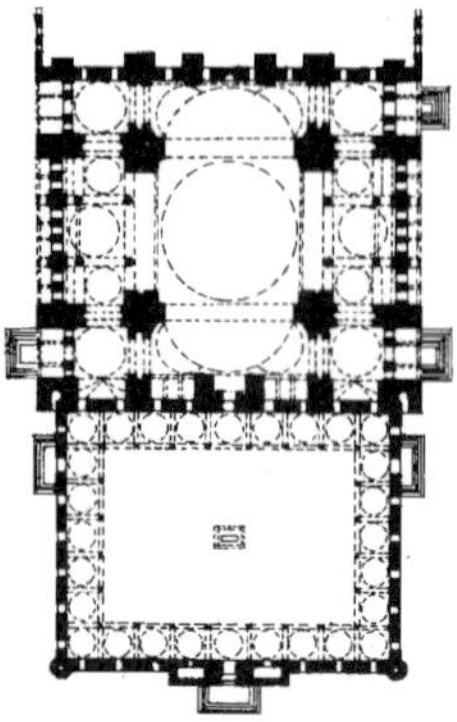

図14　スレイマニエ・モスク（上左）／図15　その平面図（上右）／図16　その内部（下）

フィア大聖堂（六世紀築、**図12**）がモスクに転用された一五世紀半ば頃から、複数のスルタンのモスクに聖ソフィア大聖堂の構造上の利点を取り入れた事例が建設されていく。それらは中央に径二〇—三〇メートルの半球型ドーム、その周りにいくつかの半ドームを添え、それら上部構造を四本の重厚なピアで支える。その代表作はオスマン朝の宮廷建築家スィナンによって設計されたスレイマニエ・モスクである。

　スレイマニエ・モスク（一五五〇—五六年築、**図14・15**）には聖ソフィア大聖堂と同様に、中央ドームに二つの半ドームがそえられている。そのため聖ソフィア大聖堂と外観が似通っており、両者は比較の対象とされやすい。スレイマニエ・モスクの中央ドームは直径二六・五〇メートル、三〇メートルを超える聖ソフィア大聖堂よりは若干小ぶりである。トルコの学者は、両者の違いは外観ではなく、礼拝室内部にあると指摘する。そもそもモスクでは集団礼拝を行う際、信者が礼拝動作を同時に繰り返すため、一番前にいる導師（イマーム）の動きが礼拝者に見えることが望ましい。このためオスマン朝のモスクでは、視界を遮る柱を極力避け、一体的な空間が追求されたという。確かに、三廊式のドーム・バシリカ形式である聖ソフィア大聖堂では、側廊と中央廊の間は六本の円柱列により明確に区切られているが（図13）スレイマニエ・モスクでは二本に抑えられている（図16）。

柱に分断されない一体的な大空間がさらに追求された建築として、エディルネのセリミエ・モスクがある（図17）。建築家スィナンの成熟期の傑作と位置づけられるこのモスクは、オスマン朝モスクの最大直径三一・五〇メートルのドームをもつ。大ドームは八点で重厚なピアにより支持されるが、ピアは壁体に近いところにたてられ、大ドームに覆われた大空間が展開されている。

図17 セリミエ・モスク

さて、ここまで三つの視点で一一世紀から一六世紀までのモスク建築を概観してきた。オスマン朝のモスクは一六世紀半ばにスレイマニエ・モスク、セリミエ・モスクでもって頂点に到達した。この後、一九二三年まで続くオスマン帝国においてモスク建築は、一六世紀半ばに到達したこの盛期モスクの様式を基本的には継続しながら、小さな変化を続けていく。一八世紀、オスマン朝が視察のため大使をフランスに派遣するなど西洋に目を向け始めると、モスクにも西洋の様式がとりいれられていく。

オスマン帝国の西洋化からトルコ共和国、そして現代へ

トルコバロックの時代

一八世紀、チューリップ期（一七〇三―一七三〇年）、トルコバロック期（一七三〇―一八〇八年）に入ると、盛期モスクのディテールに優美な曲線が用いられるようになる。

オスマン朝バロック様式の代表作のひとつ、ヌル・オスマニエ・モスク（一七四八―一七五五年、**図18**）は、グランドバザールの脇、物売りや観光客が行きかう喧騒の中にたたずんでいる。四本の大アーチ、四本のピアで大ドームが支えられる構造それ自体は盛期に既に確立されたものである。これに加えてヌル・オスマニエ・モスクには、トルコバロック様式の特徴をみることができる。たとえば前庭は矩形ではなく半楕円形として計画されていること（**図19**）、また外観には半円ではなくやわらかい曲線を描くアーチ、楕円形の窓枠、凹凸のあるコーニスなどがその特徴を示している。

二〇世紀のモスク建築

イスラームの理念で統治されていたオスマン帝国の終焉とともに、一九二三年、政教分離を掲げたトルコ共和国が設立されると、建国の父アタテュルクは、イスラームに関わる社会システムを徹底的に廃し、近代国家を設立していく。このため共和制初期にはイスラームの象徴であるモスクの建設数は一旦減少する。しかし二〇世紀半ばから状況が変わり、後半期から現在までにトルコには実に約七万件もの現代モスクが建設されてきた。このことは現代トルコの多くの人々にとって、宗教が大切な生活の一部であることを物語っている。

現代モスクは大きくふたつのグループに分けることができる。それは（1）オスマン朝盛期のスレイマニエ・モスクやセリミエ・モスクのリバイバル様式、そして（2）現代的なアプローチで建設されるまったく新しいデザインのモスクである。前者、すなわちオスマン朝盛期様式を再現したモスクの代表例は、アンカラのコジャテペ・モスク（一九八七年築、**図20**）、後者の代表例はトルコ大国民議会モスク（一九八九年築、**図21**）である。現在のところ、主流は圧倒的に前者、リバイバル建築にある。

東京にもあるトルコのモスク

実はオスマン朝盛期の様式を再現したモスクが東京、代々木上

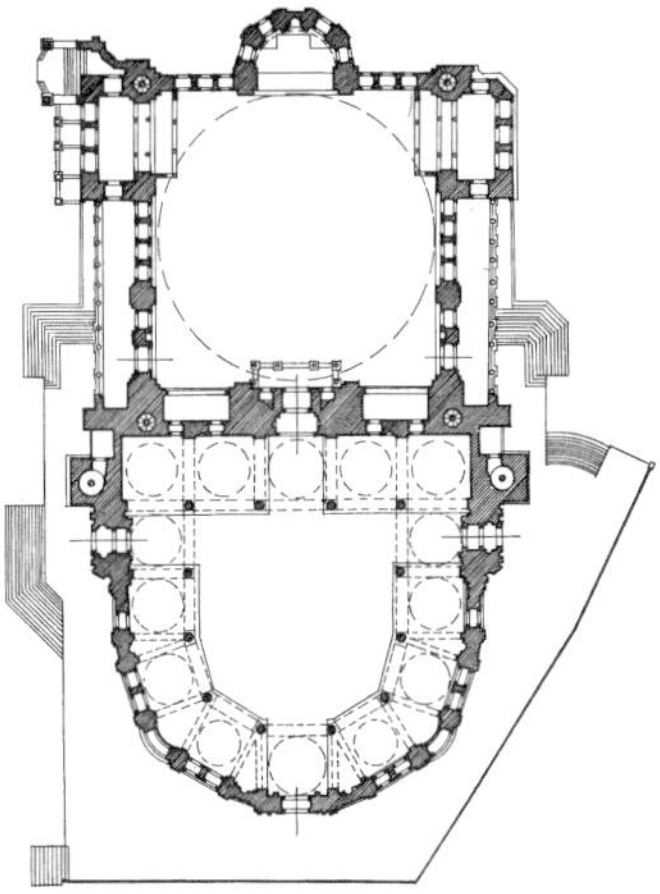

図18　ヌル・オスマニエ・モスク（上）
図19　その平面図（下）

図20　コジャテペ・モスク

原にもある。二〇〇〇年にトルコ政府主導で再建された東京モスクである（図22）。トルコ本国では学者を中心にこうしたリバイバル建築をただの模倣とみる向きもあり、賛否両論ではある。しかしながら少なくともトルコの建築文化を遠い日本に伝えてくれるパビリオン的な存在として、東京に住む私たちにとっては非常に興味深い空間であることは間違いない。

図 21　トルコ大国民議会モスク

図 22　東京モスク

出典

Aslanapa, O., 1989, *Türk Sanatı*, Remzi Kitabevi.

Aslanapa, O., 1991, *Anadolu'da İlk Türk Mimarisi*, Atatürk Kültür, Dil ve Tarih Yüksek Kurumu.

Goodwin G., 1992, *A History of Ottoman Architecture*, Thames and Hudson.（初版 1971）

図 1、2、15、19 は Aslanapa 1989、図 4、5 は Aslanapa 1991、図 8 は Goodwin 1992。図 10 は山田幸正氏、それ以外の写真は筆者による撮影。

アジアを東西に横断した民族の国、トルコ

安達智英子

あだち・ちえこ　通訳、翻訳家。一九六七年東京生。インテリアデザイン、トルコ民家。著書に『サフランボル、民家とくらし』（芳文社、自費出版）。

民家のつくりに表れた文化　今から一〇〇—一五〇年ほど前のオスマン朝時代に建てられたトルコ民家には、当時の人々の連綿とした営みが感じられる。日本の古い民家のような静謐さではなく、奔放な開放感がみなぎっている。自由に張り出した上階部、庭に向かって大胆に開かれていたり、複数の部屋に囲まれていたりする擬似野外空間の「ソファ」、その周りを、遊牧民のテントが広場を囲むようなかたちで設置された部屋々々、小宇宙を形成する天井中央部の「ギョベッキ（へそ）」。それらは我々日本人には懐かしいようでいて、新鮮なものである。そんなトルコ民家が数多く保存され、ユネスコの世界遺産にも指定されているサフランボルの旧市街は、トルコの魅力が凝縮された場所である。

イタリアのインテリア雑誌『CASA VOGUE』に紹介されていたサフランボルの記事を見てトルコ民家の虜になった私は、トルコへ留学して民家を見て回った。そこには、楽しく暮らすためのくらしの美学がぎっしりつまっていた。

トルコ人には夏と冬で住居を移動する習慣があり、サフランボルでも冬は風が吹き込まない谷底に、夏は涼しい高台に住んだ。遊牧民の知恵だろう。前述の擬似野外空間「ソファ」は、果物を乾燥させて保存食をつくるなど、女たちが共同作業をする場であった。その公共性とは反対に、部屋は全くのプライベートな夫婦の空間であった。大家族で住んでいるからこそ、家の中でこのような住み分けが必要だった。またイスラムの習慣から男性と女性の生活空間は別であり、地上階は馬小屋や薪置き場、中間階は男性用、最上階は女性用であった。このように遊牧民とイスラム文化が融合した結果が民家のつくりや習慣に表れている。

また、トルコ各地には遊牧民出身のトルコ系民族だけではなく、ギリシャ系住民「ルム」やアルメニア人、クルド人、ユダヤ人、その他コーカサス系民族など、多数の民族が混在しており、サフランボルにもルムが数多く住んでいた。彼らはイスラム教徒のトルコ人とは別の地区に住んだが、商売や生活の面で円満にやっており、お互いに影響しあっていた。

異質なものをとりこんだ文化や宗教

現在のトルコ領のほとんどを占める小アジアは、かつてキリスト教のビザンツ帝国であった。それ以前にはヒッタイト、フリギア、リディア、ローマなど、実に

出会った文化を取り入れて吸収する包容力は、現在のトルコ人にも脈々と受け継がれている。

様々な国ができては消えていっている。次に建てられた国は前の国の影響を受けながら自国文化を形成していったのである。だから現在のトルコ文化も純粋な遊牧トルコ人のものではなく、それ以前の文化を吸収し、外部からの影響も受けながら造られてきたのだ。例えば食文化である。中央アジアから西進してきたトルコ人は遊牧民であったので、乳製品や肉ばかり食べていた。西へ進むにつれ、農耕民から小麦を使った料理を学び、米や魚、オリーブ油を知ったのである。現在ではトルコ料理は世界三大料理のひとつにもなった。宗教に関しても、中央アジアにいた頃はシャーマン信仰や多神教、仏教のトルコ系民族もいたが、イスラムに出会ってからは遊牧民の習慣とミックスした独自のイスラム文化を築いていった。トルコのイスラムが、中東諸国のイスラムより規律が比較的穏やかなのはこのためだ。オスマン朝時代でも、泥棒の手を切るなどの「目には目を、歯には歯を」的な罰はなかった。

寛容の国、トルコ　この多民族、多宗教を包括した国は、第一次世界大戦に対する敗戦、欧州列強によるオスマン帝国分割の危機を乗り越えた後、一九二三年の共和国の成立とともに、より均質な国民国家への道を歩み始めた。戦後の「住民交換」という取り決めのため、トルコのルムたちはギリシャ領へ、ギリシャのトルコ人たちはトルコ領へ強制移住させられた。大戦終了とともに小アジアのアルメニア人もフランスやアルメニアに引き上げたりしてその大半がトルコを去った。こうしてキリスト教徒はほとんどいなくなり、新生トルコ共和国は大半がイスラム教徒の国になったのである。

　しかし出会った文化を取り入れて吸収する包容力は、現在のトルコ人にも脈々と受け継がれている。日本人のように「こうでなければならない」という既成概念どおりにことが運ばないと慌てるということはなく、「こうならなければ、違ってもいい」という柔軟さがある。それは長年にわたって長距離を移動してきた民の遺伝子だろうか。それとも、不均一な社会で異質な人々と接してきた文化だろうか。たとえば、大学受験に失敗した、離婚した、とうようなことを、きいてもいないのに他人にペラペラしゃべる。そして「でも元気ならいいわよね」と話を締めくくるのである。違った道もあるさ、という楽観がそこにはある。

　だから私にとってのトルコとは、多様性、臨機応変、そして寛容の国だ。私はこの国に来てからゆったり構えることを覚えた。よく「日本とトルコの文化は似ていますね」といわれるが、私に言わせれば「一見似ているようで、全く違う」ものだ。

トルコの美術

民族的多様性にイスラーム的性格が加わったトルコの美術の魅力。

ヤマンラール水野美奈子

Yamanlar Mizuno Minako

やまんらーる・みずの・みなこ　龍谷大学国際文化学部教授。一九四四年東京生。イスタンブル大学社会学研究科美術史専攻。トルコ・イスラーム美術史、文化史。共著に『世界美術大全　東洋編17イスラーム』（小学館）他。

トルコの美術

「トルコの美術」は、大きく二つの意味を持つ。一つはトルコ民族の美術という解釈で、紀元前からモンゴル高原や中央アジア一帯で遊牧生活をしていたトルコ民族が形成した造形に始まり、セルジューク朝やオスマン帝国などのイスラーム諸王朝を経て現在に至るトルコ民族の美術を意味する。他は、現在のトルコ共和国のある地で育まれた美術をさす。

トルコ共和国が位置する小アジア（アナトリア半島）とヨーロッパ大陸の東端は古代から多くの文明が起こり、様々な造形が生まれた。先史時代の古代美術、ヒッタイト美術、ギリシア美術、ローマ美術、アナトリア（ルーム）・セルジューク朝（一〇七七―一三〇二年）の美術、オスマン帝国（一二九九年頃―一九二二年）の美術などはその代表的なものである。そこには、アナトリア・セルジューク朝以前、トルコ民族がアナトリア半島に進出する以前に形成された異民族の美術も含まれる。通常「トルコ美術」といえば前者、すなわちトルコ民族の美術をさし、「トルコの美術」という場合は、後者の意味を持つ。

本稿では、ページ数が限られているので、現在のトルコ共和国の領域を中心に発展したアナトリア・セルジューク朝とオスマン帝国の美術の主な特色に焦点をしぼりたい。

トルコ美術の民族的多様性

中央アジアではイスラーム勢力の拡大に伴い、トルコ人のイスラームへの改宗が進み、一〇世紀には中央アジアでイスラーム王朝を形成するに至った。その後もトルコ人のイスラーム世界への民族移動は弛みなく進み、トルコ系の諸王朝が成立した。なかでもイランのセルジューク朝（一〇三八—一一九四年）の一派は、東ローマ帝国（三九五—一四五三年）が死守していたアナトリア半島に進出すると、中部のコンヤに首都を置き、アナトリア・セルジューク朝を建国し、独自の文化・芸術を発展させた。

図1　インジェ・ミナーレ・メドレセ
（正面入口部分、13世紀）

コンヤのインジェ・ミナーレ・メドレセ（イスラーム高等学院）（一二六〇—六五年頃）やディヴリクの大モスク（一二二九年）の外壁一面を飾る高浮き彫りの装飾、コンヤのカラタイ・メドレセ（一二五一年）のドーム内部を覆う精巧なタイル・モザイク、クバダバード離宮（一二三六年）のラスター・タイルなどは、アナトリア・セルジューク朝が、自らのトルコの伝統文化とイランで摂取したイラン文化、そしてイスラーム国家としてのイスラーム文化を巧みに調和させて形成した美術の典型的な作例である。**（図1）**

トルコ民族は民族移動する中で、接した異文化を積極的に吸収し、自らの文化と融合させた。このような特色は次のオスマン朝にも受け継がれていく。アナトリア半島西部の小さな軍団から始まったオスマン朝は、一四五三年東ローマ帝国の首都コンスタンティノープルを征服すると、そこを新たな首都として定着し、領土を拡大し大帝国となるが、帝国に組み入れた異民族・異教徒の文化を最大限に利用しながらオスマン帝国の文化・芸術を形成した。トルコ人の国家は、中央アジア時代からオスマン帝国時代に至るまで一貫して、多種の異民族や異文化をその組織に取り込みながら独自のオリジナリティのあるトルコの文化や美術を形成させた。トルコ人の弛まない異民族・異文化の接触とその受容は、自らの文化や芸術に常に刺激を与えることになり、新たな創造力の根源となったと言えよう。

イスラームの教義とトルコ美術

イスラーム世界のトルコ諸王朝は、イスラームという宗教を根底に置くイスラーム国家であり、その美術もイスラームの教義を遵守した。偶像崇拝の禁止、宗教関係の場における生物描写の回避などはその例である。

偶像崇拝の禁止に関しては、聖典『コーラン』に啓示として繰り返し述べられている。啓示は神（アッラー）から預言者に下された神の言葉・神の意志であり、絶対的なものであったので、当然のことながらイスラームにおいては、偶像を造り、それを礼拝の対象とすることは厳格に禁止された。『コーラン』では、アッラーは姿かたちがなく、無限の存在であると述べられており、アッラーを有限の形で示すことは本来不可能であると解釈される。

生物描写の回避は、『コーラン』には見られない。すなわち啓示としては述べられていない。しかし八〜一〇世紀に編纂された預言者ムハンマドの言行録『ハディース』（伝承）には生物の描写を禁止する伝承が残されている。アッラーの創造の中で重要なものに生命の創造がある。生命はアッラーによってのみ創造されるという考え方からすると、人間が生命のあるものを表現しても、それらに生命を吹き込むことはできないので、アッラーによる生命の創造を冒瀆する行為であると解釈された。しかし、生物描写の回避は、厳格に守られたわけではなかった。宗教建築などの公共建造物や『コーラン』など宗教的書物、宗教関係の事物においては生物描写の回避は守られたが、世俗的な写本（手書き本）や工芸品などには人物・動物などが盛んに表現された。

このような宗教的制約は、一方でイスラーム世界に独自の芸術分野を発展させた。書道の発展と文様の偏重がそれである。このような傾向は、イスラーム世界のトルコ諸王朝においても顕著である。

書道の発展

イスラーム世界での造形の基本な特色は、イスラーム教義の遵守と、啓示への適合である。ものを創り出す、創造という行為は、『コーラン』において繰り返し述べられている。しかしそれはアッラーによる生命や有形無形あらゆる存在の絶対的創造であって、人間が行う創造行為ではない。『コーラン』において、アッラーが人間に直接与えた唯一の術は〝筆をもつ術〟であった。アッラーが預言者として選んだムハンマド（—六三二年）に最初にくだした啓示（九六章）の四節には、アッラーが人間を創造したことにふれたあとで、"筆もつ術を教え給う" とある。この節に基づいて、ものを書くという行為が直にアッラーから人間に伝授された術として尊ばれたことは言うまでもない。

人間がその術をもって筆で書いたのは、アラビア文字であった。なぜなら啓示は、預言者ムハンマドが理解できるアラビア語で下されたことも明らかにしているからである。当然その文字はアラビア文字であった。当初啓示は読誦されるものとされたが、預言者ムハンマドの死後、『コーラン』として書物の形で編纂された。神の言葉である啓示を表記するアラビア文字に美しさが求められ、イスラーム世界では、急速に書道が盛んになり、書家達は、美しい文字の創作に鎬を削った。

アラブやイランのイスラーム世界では、イブン・ムクラ（八八六—九四〇年）、イブン・バウワーブ（一〇二二年没）、ヤークート・ムスタァスィミー（一二九八年没）などの能書家が輩出し、アラビア文字の基本的な書体が整えられ、また書家の組織も体系化して書道という技芸が大成した。

イスラーム世界の書は、単に筆（葦ペン）と墨を用いて紙に書かれたものではない。タイル、陶器、木、石、織物など多様な素材に、様々な技法を駆使して、能書家の文字が写された。イスラームの重要な礼拝の場であるモスクや高等教育機関であるメドレセなどの宗教建築の壁面に、浮き彫りや、タイルなどの技法で美しい書体で表現された文字装飾は、書という芸術がイスラーム世界の代表的な造形であることを物語る。

このようなイスラーム世界の書の伝統は、アナトリア・セルジューク朝においても、オスマン帝国においても継承された。先に挙げたインジェ・ミナーレ・メドレセの正面玄関の高浮き彫りでは、立体的で大胆な組紐文様の中に『コーラン』の節や、神への讃辞の言葉が書かれている。

オスマン帝国の時代に入ると、宗教建造物の外壁においては、セルジューク朝におけるような派手な浮き彫り彫刻や、タイル装飾は姿を潜める。この変化がなにに起因するかは明確でないが、オスマン帝国の支配者が、セルジューク朝とは異なった独自の造

図2　書家カラヒサーリーの作品

（16世紀、トルコ・イスラーム美術館蔵）

形の創造を意識していたことは窺える。トプカプ宮殿の第一番目の門（皇帝門）のアリー・スーフィーによる鏡文字を使った銘文や、カラヒサーリーの大胆な書体は、オスマン帝国の書道の独創的な一面を示すものである。（図2）

オスマン帝国の時代においても、書道は美術の分野において筆頭に上げられる。『コーラン』の筆写や建造物の銘文はもとより、タイル、陶器、織物などの素材を問わず、調度品、衣装、武器、日常雑貨に至るまで、文字はあらゆる品物を装飾した。書かれた内容は『コーラン』の節や『ハディース』の文言、神を讃美するあまたの言葉、銘文、詩文など多岐にわたる。

オスマン帝国が終焉しトルコ共和国（一九二三年―）になると、一九二八年に文字改革が行われ、それまでのアラビア文字でのトルコ語表記が廃され、ラテン文字（ローマ字）が用いられるようになり、アラビア文字の書道は一挙に衰退した。

書道の伝統を有する私たち日本人は、トルコの書に接したとき、文字は読めなくても、また意味は分からなくても、書の造形の美しさを感じ取ることはできる。別の言い方をするなら、文字が、単なる表記や伝達手段としての役割だけでなく、人間の創作力によって芸術性を有する美術にまで高められていることを認識させられる。

文様の偏重

イスラーム世界の美術では、トルコ美術に限らず文様が非常に目立つ。建造物の装飾、絨毯、調度品、衣装、装飾品さらには武器などに至るまで文様で埋め尽くされている。上に述べた書の作品も装飾文様を伴うことが多い。このようなイスラーム世界における文様の偏重に関して、次の二つの要因を挙げることができよう。一つは先に述べた生物描写を回避することが好ましいとされた教義、他はイスラーム文化を背景にした人々の美的趣向である。

イスラーム世界の文様が発展した重要な要因は、『コーラン』の装飾に文様が選択されたことである。宗教的な場において生物描写が回避され、また何よりも偶像に繋がる形が避けられたので、様々なモチーフを無機的に構成した文様が装飾手段として選択された。様式化した植物の葉、蔓、花、幾何文などが組み合わされ、様々な文様が考案された。『コーラン』を飾った文様は、やがて学問書や文学書などの世俗的な写本の装飾にも盛んに用いられることになった。これらの文様はタズヒープと言われる。タズヒープは〝金を置く〟というアラビア語から派生しており、当初『コーラン』の文様が金色を主体にしていたことによる。やがてタズヒープには紺、臙脂、赤、黄、緑などの濃彩が加わった。また『コーラン』や写本を飾った文様は、拡大され、宗教的なもの、世俗的なものを問わずあらゆる建築や工芸品を装飾することになった。
文様が偏重された他の要因は、イスラーム世界の人々が共有する美的感覚に根ざすと考えられる。古代のギリシア人が人体に究極の美を求めたように、あるいは昔の中国の人々が山水に思想の崇高性を映し出したように、イスラーム文化圏の人が、文様によって美の感覚を表現しようとした可能性は非常に高い。彼らにとって絶対的な啓示そのものである『コーラン』を文様で美しく装飾することは、造形による神への讃辞にほかならなかったからである。

図3 イズニク・タイル
（トプカプ宮殿割礼の間、16 世紀）

このような文様が占める造形分野での重要性は、セルジューク朝やオスマン帝国の美術にも継承された。オスマン帝国の首都イスタンブルのトプカプ宮殿には、名工たちが集められた工房が設置されたが、絵画の工房では文様絵師が工房長を務めることも珍しくなかった。オスマン帝国の文様絵師たちは、イスラーム世界の伝統的タズヒープと共に、オスマン帝国の人々が好んだチューリップ、ヒヤシンス、カーネーションなどの写実的な草花をたくみにモチーフとして取り入れた文様を創作し人気を博した。**（図3）**
トルコ美術の鑑賞にあたっては、トルコ人の民族的感性、イスラーム文化圏が共有する造形の本質や法則、トルコ美術が形成された地の風土、異文化との弛みない接触や摂取など、様々な要素を読み取ることによって、さらに面白さが増していくといえよう。

体制への風刺をになう独特の地位にあるトルコの漫画の誕生から現在まで。

トルコ漫画小史

横田吉昭
Yokota Yoshiaki

よこた・よしあき　漫画家。東京生。放送大学大学院修了。現在東京大学大学院総合文化研究科博士課程在籍。FECO JAPAN（世界漫画家連盟日本支部）、日本漫画家協会会員。

読者の中にはトルコに滞在中に、テレビでアニメーション番組をご覧になった方もいるだろう。しかし、町には日本風の長編漫画雑誌が見当たらないのに気付かれただろうか。トルコにおいて漫画すなわち karikatür は、主に新聞雑誌の一こまによる風刺漫画であり、比較的高尚な芸術文化として認知されている。例えばアイドゥン・ドゥアン財団主催の漫画コンテストは、審査員・出品者共に世界的な規模の参加があり、昨年は日本人が審査員の一人となった。この漫画――karikatür が文化として定着するまでの過程をざっと紹介する。

オスマン帝国末期における風刺漫画の誕生

トルコの風刺漫画は、オスマン帝国末期に新聞・雑誌という近代メディアと共に西欧から導入され、一八六七年に初めて『イスタンブル』という新聞に現れた。肖像画を避けるイスラーム的伝統により、当初の漫画は風刺影絵であるカラギョズの図像を流用したものだった。**（図1）** カラギョズの漫画を能くしたニシャン・ベルベルヤンは印刷業者であったが、同時に漫画も描いたらしい。このカラギョズ図像は風刺精神の象徴として長く使われる。

一九世紀中葉から二〇世紀にかけてのオスマン帝国では、民族離反と戦争による領土分割の危機、タンズィマート改革、アブデュルハミド二世による専制、「青年トルコ人」による革命と第二次立憲制、さらに第一次大戦の敗戦と、漫画が風刺する対象には事欠かなかった。（図2）当時の新聞・雑誌を主導したジャーナリストは、外国語に堪能で海外事情に通じ、改革と近代化の意識を備えたインテリ・エリート層であった。彼らは論説を書くだけでなく、『ヒュリエット』紙を創刊したセダット・シマヴィのように自らも漫画を描いた。また、皇帝専制時代にはパリなど海外に逃れ、外国郵便の治外法権を利用して論説・漫画を本国に送るも

図1
「どうしたんだい、そのありさまは。カラギョズ」

「法律のお役所に行けば、はずしてくれるのさ」

という台詞が付き、報道を規制する法律を風刺したものらしい。

（1874年『ハヤル』誌掲載）

図2
アブデュルハミト二世の失権を描いたもので、「宝物の代わりに持ってきた小さなカバンには、コロンヤと薬」という説明がある。（1909年の『漫画アルバム』掲載）

のもいた。新聞・雑誌の出版はオスマン語の他、主にフランス語で行われ、付随する風刺漫画は西洋発祥の高踏的で近代的な文化分野として展開し始めたのである。

その意味で、二〇世紀初頭を代表する漫画家は一八八二年生まれのジェミル・ジェムである。彼は法律学校を出で、パリに派遣された外交官だった。ジェムはギュスターブ・ドーレら現地の著名な漫画家と親交を持った後『カレム』誌に描き、自らも一九一〇年『ジェム』誌を創刊した。彼は後進も育成し、西洋的風刺漫画をトルコに定着させる役割を果たしたわけである。

共和国樹立後の二つの流れ

このようなインテリ・エリート層が執筆・享受していた漫画が一般大衆のものになるのは、トルコ共和国が打ち立てられた後である。初代大統領アタテュルクは、近代化政策の一環としてジャーナリズムの言論の自由を宣言した。また、国民が読み書きできる新トルコ語形成のための改革を行った。しかし自由な言論がうたわれながら、建国の英雄であるアタテュルクの政府への風刺・批判は困難であり、新聞・雑誌の発行部数は政治が混乱していた第一次大戦敗戦後の占領時代より減少してしまった。

その中で、漫画は読者層の広範化に伴って二つの流れに展開していった。一つは、女性風俗図像の表れである。漫画の先駆である西欧でも、風刺対象となるナポレオン三世のような強力な権力者が現れなくなってから、大衆の好みに合わせた「ピンナップガール」のような女性図像が多く描かれるようになり、トルコの展開例もこれに相似するものである。この流れを代表する一九〇〇年生まれのラミズ・ギョクチェは、師範学校で美術を学び技術的にも優れていた。しかし当時のトルコに、彼が描いたような西洋風いでたちの女性が頻繁に出現したとは考えにくい。（図3）そこには単純な大衆化傾向の他、イスラーム的伝統から脱却した女性表象が西洋化・近代化の象徴と見なされた状況が見て取れる。

もう一つの流れは、親しみやすいキャラクターが登場する日常的な題材を扱った漫画で、いわば「サザエさん」的なものともい

図3
強い太った女性と弱い男性の対比になっているシリーズ漫画。（1940年代の雑誌から）

える。この流れを代表する一九〇二年生まれのジェマル・ナーディルは、それまでのジャーナリスト兼漫画家たちのような学歴はなく、投稿から見出された看板デザイナーだった。高踏的風刺をしない彼の漫画は大人気を博し、後に、「インテリ層と庶民を結び付け」、そのキャラクターは「初めて国民から出たもの」と評価された。**（図4）** ナーディル自身がその出自から新生トルコ国民の代表と見なされ、国会議員候補に擬せられたこともあり、一九四七年に急逝した際の葬儀はイスタンブル市民で一杯になった。

図4
ナーディルが描いたコマ漫画の「キャラクター」

彼は漫画執筆の他、雑誌出版、講演活動や戯曲執筆にも手を染め、文化の担い手としての漫画家という立場も踏襲していた。更に彼は弱冠一四歳の少女セルマ・エミロウールを見出し、自身の雑誌でデビューさせた。オペラもこなす驚くべき原子力時代にふさわしい「アトム少女」として人気を得たセルマもまた、新生トルコの近代文化的象徴の一つだったのかもしれない。

トルコ国民の文化として定着した漫画は、一九三八年のアタテュルク死後、再び明確な風刺対象を見出した。一つはアタテュルクの後を継いだイノーニュ政権であり、もう一つは第二次世界大戦、特にナチスドイツとファシズムである。同時期の日本では多くの漫画家が体制翼賛作品を描いたのだが、トルコは中立を保ったため風刺漫画の流れがスムーズに戦後に受け継がれたのである。

第二次大戦後の発展

第二次大戦後は、アメリカの漫画の影響を受けて表現技法も多様化する。新しい傾向の漫画家としてジャーナリズムから「五〇年世代」と呼ばれた一九二二年生まれのトゥルハン・セルチュク、一九二四年生まれのアリ・ウルヴィらは、より単純な画法を用い象徴的な表現を多用する風刺漫画を描くようになった。**（図5）** 彼らもナーディルらが出版を始めた雑誌・新聞から育った漫画家であり、今でも健在のセルチュクは大御所である。

後には一九五四年生まれのドゥアン・エクシオウールのように、アメリカの『ニューヨーカー』誌で活躍する漫画家も現れる。残念ながらトルコの漫画家が世界に進出するには言葉の問題があり、

図5
セルチュク作　サッカー熱を象徴したもの。（1996年『ジュムヒュリエット』紙掲載）

逆にドイツやアメリカで留学もしくは生活していた漫画家が帰国して活躍している。現状の詳細はまたの機会にゆずるが、欧米の作品と比して勝るとも劣らないレベルを維持しているのは確かだ。

　昨今、多様なメディアの台頭によって、漫画への注目度は相対的に低下しているように見えるが、新聞には比較的高尚な文化としての漫画を、『ペンギン』などの雑誌には大衆エネルギーの現れとしての漫画を見出すことができる。これからトルコを訪れる方にはぜひ、書店や売店で新聞・雑誌を手にとっていただきたい。また、イスタンブルの地下宮殿に行かれたときは、出口のオフィスをのぞいてはどうだろう。そこはトルコ漫画家協会の事務所で、作品集を買うことができる。

　また、バレンツ水道橋のたもとにある、素敵な内庭を持つイスタンブル市立「漫画とユーモア美術館」を訪ねてはいかが。この美術館はトルコの漫画の歴史と文化を伝え、世界の漫画の情報を伝えるために一九七五年開設されたものだ。最初に美術館が置かれたビルは一九八〇年のクーデターで封鎖されたため、一九八九年オスマン帝政時代に学校だった建物に移された。ここでは、貴重な歴史的資料の収集展示のほか、国内外漫画コンテスト入賞作などの企画展示を随時行っている。また、シルクスクリーンなどのアートを学ぶこともできる。トルコ漫画に興味があるといえば暖かくもてなしてくれるはずだ。なにしろ女性館長のコジャも『ジュムヒュリエット』紙で活躍中の漫画家なのである。

イスタンブルの名刹エユップ・スルタン・モスク霊廟の壁面。イズニック・タイルのパネルで蔽われている。
Photo by Shibusawa Sachiko

トルコの音楽

細川直子

ほそかわ・なおこ　取材コーディネーター、エッセイスト。神奈川生。民族音楽学。著書に『ふだん着のイスタンブール案内』（晶文社）他。

二〇〇七年春に日本でも公開されたトルコ映画『クロッシング・ザ・ブリッジ』は、ドイツ人の音楽プロデューサーがイスタンブールにやってきて、今この地に息づく音楽を訪ねて歩くという形で展開するドキュメンタリー映画だ。最新のロックバンドから機関銃のようにトルコ語を発するラッパー、クルド人の女性歌手、ストリートミュージシャン、ハルク（国民歌謡）の大御所オルハン・ゲンジェバイ、不世出のポップス界の女王セゼン・アクス……、と数多くのアーティストが登場する。トルコ人監督ファティヒ・アクンは、中にいては見逃しがちなトルコの音楽の多様性と可能性を、ドイツ在住ならではの「外国人の視点」で捉えて浮かび上がらせた。

急速な近代化・都市化に伴い、欧米文化がなだれをうって人々の生活に入り込んできた九〇年代初めごろから、大衆音楽に変化が起こり始めた。ポップス歌手が次々に生まれ、アメリカ仕込みのイベント仕掛け人が登場し、ライブハウスやコンサート、フェスティバルなどがイスタンブールっ子たちの日常になった。この映画に見るように、ロック、ポップス、オルタナティヴ系のいわゆる商業ポピュラー音楽が賑わいを見せるのは、そんな流れの行き着いたひとつの結果でもある。

一方で、トルコの音楽で見落としたくないのは民族音楽の存在だ。同じく九〇年代、ラズ、クルド、スリヤニなど、今日トルコ人としてこの国に暮らしながらも異文化を細々と継承してきた人たちの音楽がクローズアップされてきた。始めは失われつつある音楽を記録に残そうという学術的で控えめな活動だったが、やがて民族音楽学的価値だけでなく、彼ら自身がアイデンティティーの意識に目覚め、音楽活動を通して主張し始めた。そしてこれらエスニックな音楽と、一見相容れない欧米風サウンドとの融合の試みが双方で始められるようになっていった。各地に埋もれている民謡を掘り起こし、言語や民族楽器を生かしながら洗練されたアレンジで演奏するグループの出現などだ。多民族の歴史が既存の音楽に新しい風を吹き込んだとも言える。アナトリアの大地はそういう素材には事欠かない。

一般の人々にとってトルコ音楽と言えばまず頭に浮かぶのは軍楽隊かもしれない。音楽が戦場で精神面に与える効果を知っていたのだろうか。時の最高権力者スルタンは、領土拡大に明け暮れていた一四、一五世紀ごろ、敵を畏怖させ味方の士気を鼓舞する軍楽を遠征に同行させていた。ずんずんと腹に響くダヴル（太鼓）と耳をつんざくようなズルナ（ラッパ）が遠くから聞こえてくるだけで敵は震え上がったという。太鼓やシンバルなどの楽器は西欧の国々に持ち込まれ、やがて西欧の作曲家たちに一風変わった「アラトゥルカ（トルコ風の）」サウンドとして面白がられ、競うように作品に取り入れられていくのはよく知られている。

旋回舞踊セマは、一三世紀の宗教家メヴラーナのもとに集う信者たちのあいだで神との対話のために始められたもので、神を讃える歌と器楽曲がネイ（尺八に似た楽器）を中心とした古楽器アンサンブルによって組曲の形で演奏される。メヴラーナ生誕八〇〇年を記念して二〇〇七年に世界各地でイベントが開かれたこのセマは、オスマン帝国時代、異端とされながら熱狂的に支持されてもいた。そして今日、過激派イスラムのイメージが一人歩きする中、床までの白いフレアースカートをなびかせながらひたすら回転し続けるその神秘的な舞いは、イスラムの寛容と博愛のメッセージを伝えるものとして欧米でも静かに受け入れられている。音楽がいつの時代も人の魂に訴える力を持っていることの証でもある。

ベリーダンスは、実はアラブのものとトルコのものとではかなり様相が異なる。前者がゆったりしたテンポで妖艶なのに対し、後者はテンポも速くエネルギッシュで、バルカン半島や東欧のジプシーの音楽が持つ激しさや複雑なリズムの影響が指摘される。明日を憂えず生きてきたジプシーたちのほとばしるようなエネルギーや流浪の過去を思わせる哀歓が、中東の踊りとないまぜになってトルコ独特のベリーダンスとなっていったのだ。

軍楽隊、メヴラーナ、ベリーダンス、いずれも今日風にショーアップされオリジナルなものとは隔たりがあるとはいえ、トルコの長く複雑な歴史や他民族との共存、地理的特殊性などがうかがえる。トルコが国際交流事業などで「われらの音楽」と自負するのももっともだ。

世界はもっぱら狭くなり続け、音楽でもエスニックな要素がどんどん希薄になっているようにもみえるが、こうしてみるとトルコの音楽はなかなか多彩だ。欧米風ポップスでも楽器やリズムや旋律などどこかトルコ的な色合いを残しているし、伝統音楽も豊富で今なお存在感を示す。長い歴史の裏づけがあればこそのこの多彩さが、グローバリゼーションの陰にかき消されることなく、変容しながらも新しい可能性を提示していくことを願いたい。

多民族の歴史が既存の音楽に新しい風を吹き込んだ。アナトリアの大地はそういう素材には事欠かない。

トルコの食文化

ヤマンラール水野美奈子

現在のトルコ料理は、フランス料理、中国料理とともに世界の三大料理の一つに数えられると言われる。誰が言い始めたのか分からないが、一理あると思う。素材、調理法、料理の種類の豊富さ、そして何よりも食に対するこだわりの精神、これらが考慮されるならば、トルコ料理は世界の代表的な料理に入る資格を十分に持ち合わせている。

素材、調理法、料理の種類の豊富さは、トルコ民族が中央アジアからイランを経て、アナトリア半島、ヨーロッパ東部に至る広大な領域を民族移動したほぼ一〇〇〇年の間に、異文化・異民族・異なった自然環境から摂取した食文化の蓄積によるものである。またトルコ民族の食に対するこだわりは、彼らの伝統的な生活習慣のなかでの〃食〃の位置づけに根ざすものである。またトルコの食文化の確たる伝統が築かれた背後には、六〇〇年以上継続したオスマン帝国（一二九九年頃―一九二二年）の絶大な国家権力があったことも忘れてはならないであろう。

トルコ料理の展開をごく簡単に追ってみよう。中央アジアで遊牧生活を送っていたトルコ民族にとって、牧畜によって得られる糧は、肉類、乳製品であった。乳製品の基本的な製法はおそらくこの時代にすでに確立していたと思われる。現代人の食品として欠かすことのできない存在になったヨーグルトは〃濃くする〃というトルコ語から発している。イランの農耕地域に入ったトルコ民族は米をはじめ多くの野菜に接する。トルコ人の主食はパンであるが、オスマン帝国の宮廷料理ではピラフが人気を得た。現在では、ピラフは庶民の食生活には欠かせない。ピラフはトルコ語ではピラウと言われるが、もとはペルシア語である。トルコ民族がアナトリア半島に入ると、更にその食材は豊富になり、オリーブや魚介類など地中海の食文化が加わる。トルコ語の魚の名称は、多くがギリシア語である。また嗜好品のカフヴェ（コーヒー）やシェルヴェト（シャーベット）といわれる濃縮果実飲料は、アラブの食文化から摂取したものである。

オスマン帝国の宮廷料理は、豊富な食材と工夫を凝らした調理法によって著しく発展した。しかしその食への探求は、単にスルタンや支配者層の食生活を豊かにするためではなかった。トルコ民族の重要な生活習慣の一つに、〃食をもって人をもてなす〃習慣が挙げられる。来客

トルコ民族の重要な生活習慣の一つに、〃食をもって人をもてなす〃習慣が挙げられる。

「勝利の書」 司令官が開催した宴
（16世紀、トプカプ美術館）

には、食事を出すことが最高の接待であるとされた。この習慣は宮殿においても忠実に実行された。スルタンを表敬訪問する外国からの使節団はもとより、御前会議に参上する役人や給料を受け取りに来る兵士に至るまで、食事が振舞われた。トプカプ宮殿の行政機関は、御前会議室をはじめ、宮殿の中央部に位置する第二の中庭に集中しているが、厨房はその第二の中庭に沿って設置されている。その場所はスルタンが食事する場やスルタンの家族が住むハレムからはかなり離れており、厨房が宮廷への来客の接待を優先して設置されたことを物語っている。またスルタンが町中で開催した皇子の割礼祭や皇女の婚礼祭などの大祭では、参加した一般庶民にも食事が振舞われた。イスタンブル市民は、通常はなかなか口にできないピラフなどの高級料理を味わい、宮廷の庭園や珍しい動物を象った砂糖菓子などに接して、新たな味覚への探求心に駆られたのである。このような〃食をもって人をもてなす〃習慣は、宮廷料理を一般社会に広める役割もはたすことになった。

トルコ人の〃食〃に対する関心は、やがて外食産業の発展にも繋がり、トルコの新たな食文化を形成することになった。トルコの外食産業を加速化したのは、十六世紀半ばのコーヒーの伝来であったと言われている。カフヴェ・ハーネ（コーヒー館）が、商業地域や風光明媚な地域で繁盛した。ちなみに嗜好品としてのコーヒーやカフヴェ・ハーネは十七世紀中頃ヨーロッパに伝わった。今日の私たちは〃カフェ〃としてその伝統を継承している。

現在のトルコの食文化に、欧米の食文化の影響は免れないが、〃食をもって人をもてなす〃精神は健在である。またトルコ料理そのものに関して言えば、近年フュージョンと言われる創作料理も盛んである。グローバル化が進む食文化において、トルコ料理がどのように個性を維持していくかが楽しみである。

イスタンブルのグランド・バザール近くの銅製品の店。大きな盆は台にのせ、食卓として使われた。

Photo by Shibusawa Sachiko

トルコのEU加盟は、なぜ波紋を呼ぶのか？　近すぎる隣人、トルコとヨーロッパの複雑な関係。

トルコ―ヨーロッパ関係史

新井政美
Arai Masami

あらい・まさみ　東京外国語大学教授。一九五三年東京生。東京大学文学部卒業。トルコ史。著書に『トルコ近現代史』（みすず書房）『オスマンvsヨーロッパ』（講談社）他。

オスマン軍がかつてオーストリアにまで進軍したこと、ハンガリーが数世紀にわたってオスマン支配のもとでプロテスタント信仰の自由を保障されていたこと、さらにルイ十四世の対外積極策の背景にオスマンが大きな存在感をもって横たわっていたこと、つまり、「東方問題」が話題となるずっと以前から、ヨーロッパの国々にとってオスマンがけっして無視できない隣人であり、それどころか、実はそれが「ヨーロッパ」という枠組みの欠くべからざるアクターだったことはよく知られている、と思う。さらにその事実をヨーロッパが認めたがらなかったし、今もって認めたくないらしいことも、わたしたちは承知している。そうした点から言って、与えられたテーマを前近代にまでさかのぼって語るのもそれなりに面白そうだが、紙幅は限られている。まして本「トルコ特集」の推進力はオルハン・パムクである。ここではしたがって、オスマンが西洋化改革をはじめた時代以降に的をしぼって、「トルコ」とヨーロッパとの関係を見とおしてみることにしたい。

西洋化改革のはじまり

十六世紀にできあがったフランスとの友好関係は、基本的にその後も継続していた。だから十八世紀の初頭に、軍事的後退を続けるオスマンを改革すべく使節団を派遣しようとしたときにも、ゆく先として選ばれたのはフランスだった。一七二〇年十月、フランスが用意した船でイスタンブルをたった使節団は、到着したモンペリエの港で検疫制度に驚き、ボルドーまでの運河に目をみはり、パリへ到着してからもありとあらゆることに驚嘆して、しかし同時に使節団長の紳士的態度と知性の高さとでフランス人をも瞠目させて、ほぼ一年後に帰国した。彼がもちかえった図面をもとに、イスタンブルではヴェルサイユやフォンテーヌブローを模した宮殿や庭園がつくられ、西洋趣味が流行した。

宮廷内のそうした風潮は、印刷所の設立をイスラム法の最高権威者に認めさせ、アラビア文字で印刷された書物が帝国領内ではじめて刊行されるという実をむすんだ（一七二九年）。三〇年代にはいると、軍事面での改革にも手がつけられた。三四年にはフランスからの亡命貴族が命を受けて砲兵隊のために幾何学の学校を開設する。七六年になると海軍工学校もつくられて、西洋の自然科学が徐々にオスマンへ導入されはじめた。

その後オーストリアから仕かけられた戦いで、オスマン軍がまたもや後退を余儀なくされるその最中《さなか》、一七八九年に即位した新スルタンは、皇太子時代からルイ十六世と書簡をとりかわし、近臣を通じてヨーロッパの情勢についても知識をえようと試みていた「開明派」だった。彼は、敗北を重ねるオスマン軍を立て直すには小手先の改革では不十分と考え、装備も訓練も西洋式の、まったく新たな軍団を創設しようと決意する。このスルタンは、西洋に常設の大使館もおいて、かの地の情報を継続的に収集しようと努めもした。

だが一七九八年、ナポレオンに率いられたフランス軍がエジプトに上陸する。風向きは一変した。模倣すべきモデルとされたフランスでさえ、やはり敵意に満ちた異教徒の国だったではないか。改革を快く思っていない人びとがスルタンへの反感を露わにしはじめる。十年後、ついにスルタンはあらゆる改革を御破算にすることを宣言するが、もはや守旧派を押さえることができず、退位に追いこまれる。

しかし改革をしなければ帝国が立ちゆかないことは明らかで、そして十九世紀に「進歩」をめざせば、西洋化以外に有効な手だてがないことも明白だった。しかも西洋列強はオスマン領内のキリスト教徒住民の守護者として、常に帝国統治の改革を求めてきた（「キリスト教徒がトルコ人の圧政に苦しんでいる！」）。求めに応じなければ戦端が開かれ、局外にある国に支援、調停を依頼しても、やはり改革が条件とされる。「近代的法治国家」をめざす以外、オスマンに生きる道はなかったのである。

帝国主義の時代に

一方で西洋の発展を目の当たりにしたエリートがそれをめざし、

他方で西洋からの圧力も常にかかって、オスマンは「近代国家」への道を歩んでいった。改革の節目となったふたつの勅令（一八三九年、一八五六年）も、憲法の制定（一八七六年）も、いずれもオスマンが国際的な危機にさらされた時期（エジプトとの戦い、クリミア戦争、セルビア、モンテネグロとの戦争とロシアの干渉）に、西洋（特に英仏）の支援をえる差し迫った必要がある時期に発布されたという側面を持っていた。

同じころ、西洋は別に注文をつけて、オスマン市場の開放を迫ったり、外資導入や外国人の不動産所有などを認めさせたりした。そうした状況下で、クリミア戦争の戦費捻出にゆきづまったオスマン政府は、一八五四年に英仏の銀行団と三〇〇万ポンドの借款契約を結んだ。返済期間は三三年、利率は六パーセントだった。翌年にも五〇〇万ポンドが借り入れられた。くり返される借款は、やがて古い借り入れの返済のために新たな借金を余儀なくされるような事態をひきおこす。

政府が苦しまぎれに発行して信用をえられず暴落した紙幣の回収も、英仏の銀行がうけおった。彼らが設立したオスマン帝国銀行は、一八六三年には独占的に紙幣を発行する権限を与えられた。六九年から七五年にかけて、オスマン政府は税収とほぼ同額を借り入れ続け、ついに歳入見込額を返済予定額が上回るときがきた。一八七五年十月、オスマン政府は総額二億ポンドに上る債務の履行延期を宣言して破綻した。八一年にいたって、列強はオスマン債務管理局を設立し、債務とりたての手段として、帝国内の様々な税を徴収、管理する権限を与えられた。管理局による徴集が円滑に進むよう、オスマン政府は軍隊の出動も義務づけられた。

一方で列強は、オスマンの西洋化改革には支援を惜しまず、一八六八年にはフランスの助言をえて「ガラタサライ・リセ」が建学された。イスラム教徒、キリスト教徒が共学で、フランス語による教育を受けるこの学校は、その後共和国の時代にいたるまで、各方面の指導者を輩出し続けた。フランス・アカデミーをモデルに「オスマン科学協会」も設立され（一八六二年）、機関誌『科学雑誌』は百科全書的な知識の普及に大きな役割を果たした。留学生の数も増大していった。西洋的な知識と生活様式とが、しだいにエリートたちの間に普及していった。

彼らは西洋的な国家体制――立憲君主制、議会制――を着実に実現していったが、バルカンの住民はナショナリズムに鼓吹されて、それぞれ中世の異なった時代に存在し、したがって領域も互いに重なり合った国家の再生を掲げ（セルビア王国、ブルガリア帝国、そしてビザンツ）、排他的な武装闘争に走っていた。敵はオスマンだけではなく、近隣の「異民族」（そして「異宗派」）も信頼できかねた。さらに、数世紀にわたって共生してきた彼らを、列強がそれぞれの思惑で支援したから、バルカンはしだいに民族と宗派の違いをきわ立たせながら、紛争の巣となってゆくのである。

ナショナリストたちは、「武装蜂起」→「オスマン官憲による弾圧」→「西洋世論の沸騰」→「列強の介入」→「オスマンの譲歩」というプロセスをたどって、しだいに自立を実現していった。同様の見通しで、一八九〇年代になるとアルメニア人たちが各地で武装闘争を展開し、予定通りオスマン側との衝突をよびおこした。しかしアルメニア組織の思惑に反し、このとき列強は動かなかった。アナトリア東部を本拠とするアルメニア人が権利を拡大して、利益をえるのがロシアのみであることは明白だったからである。それは、「東方問題」の絶対的条件であった「勢力均衡」に抵触したのである。こうしてアルメニア問題の解決は先送りにされ、オスマン政府に勤務するアルメニア人たちも従前通りの暮らしを取り戻していった。二十年後に、この問題が悲劇的結末を迎えるとは、このときはまだだれも予測できなかっただろう。

トルコ革命から第二次大戦まで

オスマンは、列強との最終的戦争を選ぶ以外の道を、しだいに閉ざされていった。二十世紀初頭に政権の座についた「青年トルコ人」のリーダーたちは、宿敵ロシアをも含めて西洋各国を訪ね、同盟を模索していたが、ドイツ以外のどの国も、（彼らを個人的には歓待しながら）オスマンをまともな相手とは見なしてくれなかった。

帝国主義との戦いの中でオスマンは滅んでいったが、しかしその戦いの中からトルコ共和国が生まれた。

第一次大戦でオスマンに宣戦したイギリス、フランス、イタリア、ロシアの四国は、一九一七年のサイクス・ピコ協定に沿ってオスマン領を分け取りすることを決めていた。「トルコ」には、アナトリア中央部のごく限られた土地だけが残されることになっていた。「東方問題」が、こうして解決されることになったと見ることもできるだろう。直後に起こった革命によってロシアが戦線を離脱し、サイクス・ピコ協定の完全な実施は困難になったかに思われたが、一九二〇年にイスタンブル政府との間に結ばれたセーヴル条約では、ロシアに与えられるはずだった地域が独立アルメニアに割かれて、協定はほぼ忠実に実行されていた。

しかし四年にわたる総力戦は、列強の国内に厭戦《えんせん》機運を高め、協定履行のためにオスマン領の軍事占領を継続・拡大することを困難にしていた。こうした状況を見きわめたギリシアの首相は、悲願である大ギリシア実現——ビザンツの復興と首都のコンスタンティノポリスへの移転——のための第一歩として、列強に代わるギリシア軍のアナトリア占領を提案し、イギリスの好意的反応をえた。こうして一九一九年五月、ギリシア軍はイズミルに上陸し、エーゲ海沿岸を占領した。

同じ頃、オスマン領分割に抗議し、さらに列強の戦後処理を唯々諾々《いいだくだく》と受け入れるイスタンブル政府の政策に反対する抵抗運動が、アナトリア各地ではじめられていた。彼らがしだいに組織を統一し、暮れに行なわれた総選挙で多数派を占めた上、翌二〇年一月には議会でオスマン領の不可分をうたった「国民誓約」を決議すると、イギリス主導の連合軍はイスタンブルを占領した。アンカラを拠点にした抵抗勢力は、五月には革命政権を立ち上げ、列強と真っ向から対抗する形で運動を進めていった。

イスタンブル政府をはじめ、列強からも一様に「叛徒」と見なされたこの抵抗運動を、唯一支持・支援したのが、新生ソヴィエト政府だった。一九一九年の初冬にはじめられた接触は、数世紀にわたるロシア・オスマン間の敵対関係や、ソヴィエト側の戦略、トルコ側の事情、その他さまざまな要因で紆余曲折をくり返したが、一九二一年三月、ついに友好条約の締結にたどり着いた。孤立したアンカラ政府が初めて国際的に承認された点でも、また具体的な武器弾薬の補給が実現したという点でも、大きな意味を持つ条約だった。

一九二三年に共和制宣言を行なってトルコ共和国政府となったアンカラ政権は、しかし敵意に囲まれていたと言うことができる。セーヴル条約の破棄を余儀なくされた英仏が、国境の南のアラブ地域を分け取りして委任統治領としていたからである。イギリスもフランスもオスマン時代の特権意識から抜け出せず、大使館のアンカラ移転にも、ミッション・スクールへのトルコ政府の監督権行使にも強く抵抗していた。だがトルコ共和国の指導者たちは、没落したオスマンの轍《てつ》を踏まずに発展の道を歩いてゆくには、イスタンブル政府が象徴していたイスラム的伝統を全面的に捨て去り、徹底した西洋化の道を選ぶしかないと、固く決意していた。オスマン時代から二〇〇年に及ぶ西洋化の歴史を持っていたとはいえ、帝国主義ヨーロッパと戦って建国したトルコが、脱イスラム化を敢行してヨーロッパの仲間入りをしようというのは、疑いなく偉大な決断だった。

セーヴル条約に代わって新たに結ばれたローザンヌ条約（一九二三年）でも関税自主権を認められなかったトルコが、ようやくそれを回復した年に世界恐慌が起こった。廃墟から立ち上るべく苦闘を続けていたトルコ経済は大きな打撃を受けた。そのトルコに手をさしのべたのが、またモスクワだった。「反帝国主義の友邦」に、ソ連は無利子、二十年償還の条件で八〇〇万ドル相当の借款を供与し、トルコ経済の発展のために顧問を派遣した。そうした援助の下で、トルコは五カ年計画を策定し、産業の創出に努めてゆくことになったのである。

一九三〇年代にはいると、英仏もしだいに軟化してくる。ナチス・ドイツの台頭が、ヨーロッパ東端（あるいは中東西端）の国とのいたずらな対立を許さなくなってきたからである。三二年に国際連盟への加盟を果たすと、三九年にはフランス委任統治下のシリアに組み込まれていたアレクサンドレッタ県のトルコ編入が認められ、同年には英仏両国との間に相互援助条約も締結された。一方、オスマン帝国から独立し、世紀の初めにバルカン戦争で戦った歴史を持つ国々（ギリシア、ユーゴスラヴィア、ルーマニア）との間にはバルカン協商を結んで（一九三四年）、トルコは苦しい戦いの結果勝ち取った共和国の境界線維持に腐心し、成果を上げていった。また、ローザンヌ条約では不完全な形でしか認められていなかった、ボスフォラス、ダーダネルス両海峡地帯に対する主権も、三六年のモントルー条約によって回復することを得た。

やがて、ドイツがバルカン方面へ勢力を拡大させる意図を明らかにし、イタリアもまた地中海への膨張政策をとりはじめると、トルコは国境維持のための中立政策から、まさに国境を維持するために、英仏側への傾斜を強めてゆく。だが、スターリンが権力を握ったソ連は一九三九年にドイツと東欧分割について合意した上、不可侵条約をも締結していた。明らかに、北からの脅威が復活していたのである。三八年に建国の英雄である初代大統領ケマル・アタテュルクが死去したトルコは、後継のイスメット・イノニュの指導下に、前述のように英仏と相互援助条約をむすぶ一方、四一年にはドイツとも不可侵条約を締結して「全面外交」を展開した。ドイツがソ連に侵攻し、ソ連の連合国側への参加が明確になったのちも、英仏、およびソ連の強い要請に抗して、トルコは中立を維持していた。連合国側に立つとブルガリアからドイツ軍が侵入する危険が大きかったし、枢軸側に立てば黒海を越えてソ連軍が攻め込んでくるだろう。いずれも、すこぶる現実味のある話だった。こうして四五年二月のヤルタ会談において参戦が戦後の国際連合加盟の条件としてつきつけられるまで、トルコは参戦を引き延ばしたのだった。

冷戦構造の中で

一九四五年の連合国会議（サンフランシスコ）に参加し、トルコは「民主主義勢力」の一員として戦後社会での地位を確立した。しかしスターリンはモントルー条約の改訂を求め、一九一八年のブレスト・リトフスク条約によってオスマン側に返還されていたトルコ東方の領土――一八七七年からの「帝国主義的戦争」（露土戦争）によって帝政ロシアが奪っていた、したがって革命政権はオスマン側に返還した――の再譲渡を要求するにいたっていた。たしかに戦争は終わったが、脅威はむしろ増大したのである。したがってトルコは戦後、はっきりと西側に、アメリカ側につくことで自国の境界線を守る道を選んだ。

対外政策の転換は、国内政策にも大きな変化をもたらした。「自由な民主主義国」を演ずることが求められていた。一九四六年一月には野党（民主党）が結成された。アタテュルクの時代にも二度試みられたがいずれも失敗に終わった複数政党制だった。イノニュは野党を歓迎し、五〇年の総選挙では民主党が勝利して政権交代が実現する。経済政策でも国家主導による計画経済に見直しが迫られた。五カ年計画に代わって「トルコ開発計画」が採択され、私企業の活動が奨励された。

戦後復興のためのマーシャル・プランはヨーロッパを対象としていたが、その受け皿として一九四八年に結成された欧州経済協力機構（OEEC）に、トルコは加わっていた。トルコがヨーロッパかどうかをヨーロッパが議論するより、トルコを共産化させないことが優先されていた。いずれにせよ、こうしてトルコはヨーロッパの一員となってアメリカから莫大な援助を受け、経済成長をはじめるのである。

ヨーロッパ統合より対ソ連戦略が優先されたのは、軍事面でより顕著だった。北大西洋条約機構（NATO）の構想が明らかになると、トルコは積極的に参加の意思を表わした。だがこのときは、トルコが「大西洋国家」ではないこと、東地中海での（トルコとギリシアとの）紛争に巻き込まれる危険があることなどを理由に加盟は見送られた。だがその後、朝鮮戦争が勃発し、国連軍の派遣が決議されるとトルコはきわめて迅速に人員を提供して朝鮮半島の共産化防止に貢献した。こうして休戦後の一九五二年二月、トルコはNATOへの正式加盟を認められた。当初の加盟拒否とその後の承認、いずれもその真の理由を知るには、米英仏をはじめとする大国の利害・思惑を再検証することが必要と思われるが、いずれにせよこうしてNATO加盟を認められて、トルコは国をあげて祝祭気分に盛り上がった。アメリカからの援助がいっそう潤沢になるとともに、青年将校がアメリカへ渡って学ぶ機会も増大する。ヨーロッパであるかどうかの議論より先に、トルコは実質的に欧米と一体化していったのである。

やがて経済復興が本格化すると、ヨーロッパは労働力不足に直面する。ことに「奇蹟的」復興をとげた西ドイツにおいてそれは顕著だった。一方トルコでは急激な人口増加がおこっていた。農村では土地不足が、そして人口流入が続く都市では雇用問題が深刻化してきた。こうして一九六一年、西ドイツとトルコとの間で雇用双務協定がむすばれ、トルコ人労働者のヨーロッパへの移動がはじまった。六〇年代を通してその数は増え続け、一九七〇年にはすでに五十万人に達しようとしていた。

経済の復興と並行して、ヨーロッパは統合へ向けて動き出していた。一九四八年のブリュッセル条約に基づき、ヨーロッパ諸国間の経済・文化協力をめざして翌年設置されたヨーロッパ審議会(Council of Europe)に、トルコは加わっていた。さらに五八年にヨーロッパ経済共同体（EEC）が発足すると、翌年、トルコは近い将来における加盟の意思を表明する。おそらくヨーロッパは戸惑ったにちがいないが、軍事的な必要に加えて経済的にもトルコとの関係は無視できないものになっていた。一九六三年にアンカラ協定がむすばれ、翌年にはこれが発効して、トルコはEECの準加盟国となったのである。

キプロス問題とEU加盟交渉

NATO加盟の際に懸念されたように、ギリシアとトルコとの対立は、地中海世界における大きな不安定要因だった。ギリシア・ナショナリズムに「ビザンツの復興」という幻影が存在したことは先に述べたが、その幻影は、地中海世界に散在するギリシア人をギリシア本国へ帰還させるという熱望をも生み出していた。そしてそうした「離散」ギリシア人がもっとも濃密に居住している場としてキプロスが注目されたのである。

古くからビザンツとアラブ勢力との争奪の的であり、十字軍の時代をへてヨハネ騎士団の拠点ともなったキプロスは、十五世紀後半にヴェネツィア領となったのち、一五七一年にオスマン軍によって征服された。以後三世紀、この島では多様な宗教、言語の共存が保障され続けた。

だが、先にも登場した一八七七年からの露土戦争の結果、キプロスはイギリス領となる。ロシア、オスマン間の戦いにイギリスが絡んでくるところに「東方問題」の本質がよく表われていて、つまりロシアが圧勝した露土戦争で、ロシアの東方における支配権、影響力が圧倒的に大きくなることをすべての列強が嫌い、サン・ステファノ条約を改訂するためにベルリン会議がもたれたのであった。開催に尽力し、「成功」に導いたビスマルクのドイツが存在感を増したと言われるのがこの会議だが、要するに列強が「勢力均衡」を維持しながらオスマン領を蚕食するのが「東方問題」の要諦であったから、戦争には直接関係のなかったオーストリアがボスニア、ヘルツェゴヴィナの行政権を手に入れ、イギリスはキプロスを獲得することになったというのが実相である。

こうしてオスマン支配から「解放」されると、キプロスにはギリシア人口が増大しはじめる。すでに一八二九年にはギリシア王国が独立を獲得していたが、その領土があまりにも狭小であることへの不満はうっせきしていた。第一次大戦後のアナトリアにおける戦闘とその後のトルコ共和国成立の結果、ギリシア王国とトルコ共和国とはいずれも、自国内に暮らす異教徒を「同胞」と認められなくなっていた。そのため、ギリシア領内のギリシア語を話すイスラム教徒と、トルコ領内に暮らすトルコ語を話すキリスト教徒との「住民交換」が両国政府の間でとり決められ、あわせて百万を大きく越える住民——数世紀にわたって異教徒と共生してきた人びと——が故地を逐われた。そうした空気の中で、キプロスにもギリシア本国への帰属を求める動きが現われはじめる。

エノシスと呼ばれるこの運動は、イギリス支配への反発とあいまって、しだいに広がっていった。一九五〇年にマカリオス三世が三七歳の若さで大主教に就任すると、エノシスは一気に昂揚し、急進化する。キプロス戦士民族機構（EOKA）も設立されて武装闘争をはじめた。これはギリシア本国の将校が支援、参加していた組織だと言われている。こうした運動の過激化の中で、住民の二割を占めていたトルコ系住民にも危害が加えられるようになる。イギリスは一九五五年にマカリオスを国外追放に処して沈静化を図るが、トルコ系住民の間にもイギリスのそうした対応への不満が高まり、独立を求める動きが表われるようになった。やがてマカリオスもギリシアへの併合から独立へと方針を変える中、五九年にはイギリス、ギリシア、トルコがチューリッヒで独立後の政体等について協議を重ね、それに基づいて翌年、キプロスは共和国として独立を果たした。マカリオスが大統領になったが、副大統領にはトルコ系住民が就任し、議会、国軍の構成も人口比を反映することが定められた。そして、これが大事なところだが、こうした共生の体制を変更しようとする企てには、イギリス、ギリシア、トルコ三国が行動する権限を与えられていた。

しかし一九六二年になると、トルコ系住民の自治権制限をめざした憲法改正の運動がはじまり、トルコ系住民への脅迫、暴行行為も頻発するようになる。トルコ政府はこれに対し空軍機を飛ばして牽制したが、NATOの分裂を恐れるアメリカの圧力によって中止に追い込まれ、結局六四年に国連平和維持軍が派遣されて事態の収拾がはかられた。だがこののち、キプロス住民の相互隔離の傾向は、押しとどめようもなく進んでいった。さらに一九七四年七月にはギリシア人将校の支援を受けた過激グループによるクーデタが起こり、マカリオス大統領が追放された。トルコ系住民の代表は、ただちにチューリッヒ協定に基づき、イギリス、トルコ両政府の介入を要請し、これを受けたトルコ首相が訪英して共同派兵を申し入れた。だがイギリスがこれを拒否したため、トルコは単独で軍事介入に踏み切ることになった。トルコ軍は迅速に行動して島の北部を占領。アメリカがトルコへの軍事支援を打ち切るなど、国際的に大きな非難がわき起こったが、トルコ系住民は翌年に暫定政府を立ち上げ、一九八三年には北キプロス・トルコ共和国の樹立を宣言した。

このように、帝国主義とロマン的ナショナリズム、そして大国の利害に翻弄されながらキプロスは現在のような分断状態にいたったのだが、ヨーロッパは一九七四年の軍事介入と八三年の北部分離とについて、一貫してトルコ側を非難する立場をとり続け、したがって北キプロスの承認も行なっていない（承認しているのはトルコのみ）。さらに一九九七年にはキプロスを東欧諸国と並んでEUの新規加盟候補国とする一方、八七年に加盟申請を行なっていたトルコは候補国としてすら認めなかった（その後、九九年に条件付きで候補国となり、二〇〇五年には加盟交渉がはじまった）。

ヨーロッパのトルコ人イメージ

十八世紀以来の西洋化改革の中で、ヨーロッパを訪れた（オスマン）トルコ人は数知れない。彼らの多くはその紳士的態度や旺盛な好奇心、豊かな知性などによってヨーロッパの人びとを驚かせ、彼らとの間に個人的な友情をはぐくんでいった。中世以来の「野蛮」「横暴」「好色」といったステレオタイプのトルコ人イメージを、彼らが少しずつ変えていったと言って言えないことはないだろう。だが、こと政治に関しては、帝国主義列強は冷徹な現実主義者だった。自国の利益のためにオスマンを搾取する政策を、彼らは変わることなくとり続け、さらにその政策への支持をえるべく、ヨーロッパ民衆のトルコ人イメージを、あえて温存させたにちがいない。一方で、オスマン帝国が滅びる、ほんとうにその直前まで、オスマン人エリートたちがヨーロッパに対して持ってしまった楽観主義には、個人的な友情と国家的政策とが峻別されていることを直視できなかった彼らの精神構造が、少なからず影響していたのかもしれない。

同じように、トルコ共和国の（将校も含めた）エリートたちは、その多くが欧米で教育を受け、欧米の人びとと個人的に深い信頼関係を築き、西洋的な生活様式を何十年にもわたって続けている。そしてそうした家庭に育った子女は、留学で、あるいはビジネスで欧米へ赴いても、何の違和感もなく相手の社会にとけ込むことができるのである。彼らと付き合った欧米の人びとも、おそらくは彼らをこだわりなく受け入れているのではないかと思われる。そうした意味で、トルコは数世紀の歴史をへて、たしかに西洋の仲間入りを果たしていると言うことができるだろう。

だが、そうしたエリートはひとにぎりで、彼らとは別に、ヨーロッパには数百万のトルコ人が暮らしている。彼らは農村出身の移民労働者とその家族で、多くは出身地ごとに居住地をつくって集住し、周囲の現地社会から孤立している。さらに、そうやって孤立した彼らのケアは、トルコ本国のイスラム団体と宗務庁とが担ってきた。つまり彼らは「差別」を受けている外国でイスラム教徒として目覚め、イスラム教徒として暮らしてゆこうと強く意識するようになっているのである。そして現代ヨーロッパのトルコ人イメージは、まさに彼らによって形成され、あるいは強化されているのだろう。

エリートと民衆との乖離《かいり》は、トルコが抱えてきた重大な問題で、今般の総選挙における「親イスラム政党」の圧勝も、決して「世俗主義の後退」の現われなぞではなく、エリートによる権威主義的政治への反撥という側面を強くもっているのだが、実はその国内問題がそのままヨーロッパに輸出され、両者の関係、あるいはトルコのEU加盟にも大きな影を落としていると思われるのである。最初にも書いたように、歴史的にトルコがヨーロッパにとって無視できない隣人であり、欠くことのできないアクターであったことは間違いない。だが、そこからさらに進んで、歴史的にイスラムの担い手であったトルコがEUに正式加盟できるかどうかはまた別問題で、その実現にはヨーロッパ側の自己変革とともに、トルコの側の努力もまた必要とされているのである。

トルコから発信されたチューリップ文化

ヤマンラール水野美奈子

チューリップの故郷は、中央アジア、イラン、アナトリア半島に至る地域と言われている。サーサーン朝（二二六―六四二年）のイランでは美術に、イスラーム改宗後のイランでは詩歌において、チューリップは人気のある題材の一つであった。しかしチューリップが、美術においても文学においても、そして更には日常生活においても、花々の王者としてゆるぎない地位を得たのはオスマン帝国（一二九九年頃―一九二二年）の時代であった。

オスマン帝国の人々は、支配者であるスルタンから一般庶民にいたるまで草花を大変愛した。彼らの草花や植物に寄せる情緒的なやさしさは、アナトリア半島やその周辺地域の緑に囲まれた豊かな自然環境に起因するものであろう。草花の中で特にオスマン人が好んだのはチューリップ、薔薇、カーネーション、ヒヤシンスなどの園芸種であったが、水仙、矢車草、フクシャ、カタバミ草、菫など野生の花に至るまで、あらゆる草花を慈しんだ。

なかでもチューリップは、花々の王者であった。第七代スルタン、メフメット二世は、一四五三年にビザンティン帝国（東ローマ帝国）（三九五―一四五三年）の首都コンスタンティノープルを征服し、そこをオスマン帝国の新たな首都に定めると、モスクなどの宗教建造物、公共施設、旧宮殿（現存しない）、新宮殿（トプカプ宮殿）などの造営事業に着手し、新たな町造りを進めた。その際、トプカプ宮殿の造園のために、チューリップの球根を大量に取り寄せている。これは、当時すでに園芸用の球根がオスマン帝国領内に存在していたことを示している。メフメット二世が着用したカフタン（外衣）には、チューリップの花と葉が織り出されたものもあり、メフメット二世のチューリップに注いだ愛情が伝わる。

一六世紀は、オスマン帝国の美術において、チューリップが一斉に花開いた時期であった。

オスマン帝国が全盛期を迎えた第一〇代スルタン、スレイマン一世（一五二一―一五六六）の時代には、チューリップの品種改良が非常に盛んになった。スレイマン一世もチューリップを好んだスルタンの一人で、自らの署名として用いる花押（トゥーラ）の装飾にもチューリップのモチーフを用いている。当時、モスクや宮殿をはじめとする建築の装飾に用

チューリップが花々の王者としてゆるぎない地位を得たのはオスマン帝国の時代であった。

いられたイズニク窯のタイルは、時代に流行した様々なチューリップの花々で飾られた。また衣装、服飾品、陶器、調度品、宝飾品、写本、武器に至るまで、あらゆるものに様々な形や色のチューリップのモチーフが施された。

　当時オーストリア皇帝の使節としてオスマン帝国を訪れたO・G・ブスベクは、オスマン帝国で熱狂的な人気を博していたチューリップの球根を、一六世紀半ば帰国する際に持ち帰り、ヨーロッパにチューリップを本格的に紹介した。その後C・クルシウス、C・ゲスナーによって品種改良が直ちに始まり、ヨーロッパでのチューリップ栽培が急速に展開した。ブスベクは、この花の名称をtulipanと記している。通訳が花の形状がターバンtülbend（トゥルベンド）に類似していることを説明しているときに、ブスベクがそのトゥルベンドという語を花の名前と誤解したのではないかと考えられている。

　オスマン帝国時代、チューリップはlaleラーレと言われ、この名称は現代トルコ語に受け継がれている。ラーレは、ペルシア語起源の言葉で、本来は紅玉石、赤い宝石を意味したが、やがてイランでチューリップの花を表すようになった。トルコ民族は、一一世紀イランを経てアナトリア半島に移動したが、ラーレという花の名称も彼らと共にアナトリア半島に入り、トルコ語として定着した。

　オスマン帝国一八世紀、アフメト三世（一七〇三―一七三〇）の時代、イブラヒム・パシャが大宰相を務めた一七一八年から一七三〇年の時期を、後世の歴史家は「ラーレ・デヴリ」すなわちチューリップ時代と称した。アフメト三世と大宰相イブラヒム・パシャは無類のチューリップ好きで、宮殿のみならずイスタンブルの町中をチューリップで飾り、宮廷では詩人たちがチューリップの美しさを詠み、庭園ではチューリップを鑑賞する宴が繰り広げられた。球根の価格が法外に高騰したため、草花審議委員会が設置され、すべてのチューリップは登録され、命名され、そして公定価格が制定された。一七五〇年に登録されたチューリップは、一五八六種にも及んだ。

　オスマン帝国の人々が、なぜこのようにチューリップに熱狂したのか？　この問いに関しては、アラビア文字のラーレの綴りに秘められた神秘主義的解釈、花の形状や色が人体美を象徴する説などあるが、オスマン人がチューリップに自らの美的感性の発露を託したことは明らかである。

　チューリップの文化は、一九世紀以降急速に衰えた。しかし本年二〇〇八年四月はイスタンブルにチューリップが復活した。町中の街路は様々な形と色のチューリップに彩られた。現代トルコ人がチューリップ文化の伝統を復活させることになるであろうか、注目したい。

トルコとブローデル

浜名優美

はまな・まさみ　南山大学総合政策学部教授、副学長。一九四七年生。現代文明論、フランス思想。著書に『ブローデル『地中海』入門』（藤原書店）。

フェルナン・ブローデルが『地中海』でトルコ関係の資料をどのように使ったのか、またなぜ『地中海』がヨーロッパ中心主義の限界を超えられなかったと批判されることがあるのかをここでは考えてみたい。

『地中海』の冒頭のトルコに関する情報はトルコの雪が国家的な商売になるという話である。こんなふうに書かれている。「十六世紀のトルコでは、雪は金持ちの特権でさえなかった。旅行者たちは、コンスタンティノープルだけでなく、他でも、たとえばシリアのトリポリにも、雪の水やアイスクリームやシャーベットの商人がいたことを報じている〔中略〕。ブロン・デュ・マンによれば、ブルサの雪がそっくりそのままイスタンブールにまで届いていた。アナトリアのアマジのトルコ軍の野営地で近衛歩兵たちが毎日雪の水を飲んでいるのを見てびっくりしたビュスベックも言っているように、一年中雪が見つかったのだ。雪の商売は大変重要なので、パシャ一族は「氷採掘」に手を出すほどである。メヘメット・パシャは、この事業で、一五七八年には、年間八万ツェッキーノも稼いだ。」（傍点は引用者）この記述はブロン・デュ・マンとビュスベックの旅行記に基づいており、トルコ側の一次資料によるものではない。

『地中海』初版執筆時にトルコの古文書は時代の制約があってブローデルは使うことができなかった。またブローデルがトルコ語を読めたかどうかは、一九九九年にブローデル夫人にお目にかかった際に聞きそびれてしまったので明らかではないが、ブローデル著作一覧（『ブローデル歴史集成』第三巻所収）を見る限り、トルコに関する書評一本以外にはまとまった論文はない。

初版の序文の注に「私がお世話になった人々の一覧表」に「主要な人々の名」が挙がっているが、そのなかにトルコ関係者はいない。また「手に入る古文書資料をすべて綿密に調べることはしなかったし、本書は必然的に部分的な調査に基づいて出来上がった」ことをブローデルは告白している。したがってブローデルが初版で利用したのは、第一次資料としてはヴェネツィアをはじめとするヨーロッパ側に残っている資料（たとえばトルコの海賊の最初の出現についての出典はヴェネツィア側の資料）ならびに十六世紀のブロン・デュ・マンやフランドル人のビュスベック男爵やテオフィル・ゴーティエの旅行記などである。

十五年後の改訂に当たって資料収集を次のように行なった。「ヴェネツィア、パルム、モデナ、フィレンツェ、ジェノヴァ、ナポリ、パリ、ウィーン、シマンカス、ロンドン、クラクフ、ワルシャワの古文書館や図書館で行なった研究ならびに読書を通じて、初版の情報に、私自身の手で、大幅な追加を行なった。」この資料収集の対象にトルコは含まれていない。ここから推測するとブローデルはトルコ語の古文書を直接には読めなかったのではないかと思われる。しかしながら第二版の改訂に当たってトルコの歴史家オメル・ルトフィー・バルカン教授から資料面で協力があったのは間違いない。そのことは第二版の序文からも明らかである。「一九四九年以来、本書に直接関わる分野において達成された膨大な仕事を指摘するためには何百頁も必要であろうが、そうした仕事の成果として出版されたにせよされないにせよ、次のような人々の著作ならびに研究がある」と述べて、このあと一〇行近く歴史家の名前が列挙されるのだが、その冒頭に「オメル・ルトフィー・バルカンとその弟子たち」と記されている。とりわけトルコ関係の研究でバルカン教授の協力があり、そのことに感謝したい気持ちがあったから最初に名前を挙げたのであろう。

その一例として、「平野の土地改良」が話題になる一節では、「チフトリク」に関する注のなかでバルカン教授の見解に触れて次のように述べている。「〔歴史家の〕ツヴィイーチとは反対に、チフトリクは中世にまでさかのぼる古い村ではない。それは十六世紀に生まれた最近の村であり、十七世紀に確実に増加し、したがって近代的な入植、土地改良の行なわれた村のことである。〔中略〕オメル・ルトフィー・バルカンは私の解釈に賛成している。」もう一つバルカン教授の貢献を例示すれば、十六世紀の「人口の増加」に関する一節でトルコを統計のなかに加えることができたのは、「オメル・ルトフィー・バルカンの研究の革命的な新しさ」のおかげであり、「イスタンブールのこの同僚の好意により、私はまだ刊行されていない調査結果を利用することができた」とバルカン教授への感謝の念を明らかにしている。したがって『地中海』第二版では、バルカン教授とその弟子たちの研究が随所に活かされているのだが、トルコ、言い換えればイスラム側の原資料を用いなかったことを理由に、ブローデルはイスラム側への配慮が足りないと批判されることがあるのだ。

『地中海』初版執筆時にトルコの古文書は時代の制約があってブローデルは使うことができなかった。

地中海世界を凝縮した国

陣内秀信

じんない・ひでのぶ　法政大学教授。一九四七年福岡生。建築史。著書に『地中海世界の都市と住人』（山川出版社）他。

地中海世界を研究の対象とする私にとって、トルコは重要な国であり、地域である。一九七四年の一一月に、留学先のヴェネツィアから列車に延々乗って初めてイスタンブールを訪ね、東西の文化が融合したエキゾチックで刺激溢れる雰囲気にカルチャーショックを受けたのを、昨日のように思い出す。イスラームの街としても最初に出会った場所だった。

幸い、その同じ旅で、ホメイニ登場前のイランをたっぷり経験し、後にアラブ世界の一画であるモロッコ、チュニジアを見聞した後に、一九八九年にトルコ全体を、ムスリムの運転手付きの車を雇って調査して回る機会を得た。『プロセスアーキテクチュア』という雑誌で「トルコ都市巡礼」という特集を組めたのである。イスタンブールに留学中の友人、谷水潤氏（若くして夭逝）のコーディネートでトルコ各地を深く探索できた。全世界に広がるイスラーム地域でも今なお中心的な役割をもつ中東には、アラブ文化圏、ペルシア文化圏、そしてトルコ文化圏がある。それらに共通する性格とトルコ固有の特徴を見極めたいと思っていた。

トルコを周遊した後の最大の印象は、広く多彩だということだった。アナトリアの黒海寄りの内陸部は湿潤で、森林が多く、木造文化圏だ。緑に包まれた斜面に、ハーフティンバー状の美しい外観をもつ三階ほどの住宅が建ち並ぶ風景は、実にピクチャレスクだ。自然にとけ込み、城壁のない都市が当たり前だった。その代表サフランボルは世界遺産に登録されている。

かと思うと、南東部のシリアとの国境近く、ディアルバクルはアラブ世界そのもので、がっちり囲われた城壁の中に、アラブと同様、美しく飾った中庭をもつ石造の住宅がぎっしりひしめく。顔立ちもアラブ人に近い。一方、西の海辺には、イズミールを筆頭に、地中海的な開放感に溢れた石造の町並みが見られるという具合だ。気候、民族、植生、町並み、住宅。どれをとっても実に多様に変化するのが興味深い。

一般には、中庭建築がひしめくアラブやペルシアの迷宮都市とは違い、緑のある斜面都市の木造の町並みというのが、トルコの最大のアイデンティティだろう。日本人にはほっとする風景だ。大樹の下に湧く泉に住民が水を汲みに来る情景をブルサで見た。トルコ人は中央アジアの遊牧民族にルーツをもち、西に移動しな

地中海世界が示す多様性に興味をもつ私にとって、トルコはまさに鍵を握る存在だ。

がらムスリム化し、アナトリアに定住したというよく受ける説明にも説得力を感じる。同じイスラームでもペルシア、アラブの文化とは出自が違うのは明らかだ。地中海世界が示す多様性に興味をもつ私にとって、トルコはまさに鍵を握る存在だ。

ヴェネツィアに留学した私は、イタリアの側からトルコに目を向ける経験もしてきた。海洋都市として繁栄したヴェネツィアにとって、ビザンツに変わって一五世紀から東地中海に君臨し始めたオスマン帝国は、まさに宿敵だった。

レパントの海戦をはじめ、その激烈な戦いの歴史はよく知られる。とはいえ実は、ヴェネツィア共和国は老獪で、表向き対戦国のオスマン帝国とも、水の都の大運河に面してトルコ人商館を設け、交易をちゃんと維持したのだ。

オスマン帝国のスルタン達も、イタリア文化に深い憧憬の念をもち、ヴェネツィアの偉大な画家、ジェンティーレ・ベッリーニをはじめ、多くの芸術家を宮廷に招いた。イスタンブールの広場で繰り広げられる宮廷の祝祭も、イタリア・ルネサンスのそれとよく似ていたという。こうして意識は常にヨーロッパに向けられ、椅子式の生活様式を取り入れたのも、西洋風の宮殿をつくったのもトルコは早い。もちろんＥＵに加わりたいという今の気持ちにも通ずる。

私の法政建築の研究室から、これまでイスタンブール工科大学に三名、留学生を送り出した。建築の分野では、アラブ世界に留学した人は極めて少ないが、トルコはかなり多い。親しいイタリア人からは、何故日本の若者はわざわざトルコに留学するのか、と不思議がられる。歴史的な経緯で生まれたトルコ人の間の親日感情、そして日本の側からするトルコ文化への親近感があるだろう。

代々木上原に建つモスクも、ドームと鉛筆状のミナレットをもち、見事なトルコ風の形態を見せる。

二〇〇三年日本におけるトルコ年を記念して、「日本とトルコ、外交を彩った人びと」というイベントが、三笠宮同妃両殿下ご臨席のもと、日本・トルコ協会によって開催されたことがある。その会場は、初代駐トルコ日本大使を務めた内田定槌氏の住まいだった、通称「外交官の家」で親しまれる館。元々渋谷南平台に建っていた素晴らしい洋館を我々が偶然見つけたのがご縁で、所有者の希望がかない、横浜山手のイタリア山庭園にその建物の移築が実現したのである。トルコとイタリアがはからずも結びついたのも、私には望外の喜びだった。

地中海沿岸最大の都市アンタリヤのエスキ・リマン（旧港）。岸壁の上はカレイチと呼ばれる旧市街。
Photo by Shibusawa Sachiko

近代史のなかの日本・トルコ関係をめぐる逸話を洗い直す。

日本・トルコ関係小史

三沢伸生
Misawa Nobuo

みさわ・のぶお　東洋大学社会学部准教授。一九六一年東京生。慶應義塾大学大学院文学研究科博士課程単位取得退学。東洋史学（中東社会経済史）。著書に『1890エルトゥールル号事件報告書』（内閣府中央防災会議）他。

一　日本とトルコ

世界遺産に認定されたトルコ共和国の古都イスタンブルの歴史地区（旧市街）に位置するトプカプ宮殿博物館に収蔵される数多くの宝物の中に、多数の伊万里焼・有田焼の陶磁器が存在する。残念ながら収蔵に至る詳細な経緯は一切不明であるが、ユーラシアを東西に結ぶシルクロードによって日本の文物が遠くオスマン朝の首都にもたらされていたことの証拠である。一九七九〜八〇年にNHKが制作した『シルクロード』はトルコ共和国においても放映され、喜多郎のテーマソングとともに人気を博し、明治時代以降の国家間直接交渉が始まる以前から何らかの交流が存在したことに、両国の人々が想いを馳せることとなった。

こうした背景のなか、いつの頃からか「トルコは親日国である」という文言が日本国内において広く流布するようになった。しかし実際にはこの文言の起源・根拠・実情は極めて曖昧である。残念ながら諸史料を渉猟・精査しながら日本とトルコとの関係を解明した研究は未だ存在しない。このように両国の関係については伝説的・美談的に語られる言説類が多々存在するものの、その多くはトプカプ宮殿博物館の伊万里焼・有田焼のように存在は知られていても、その誕生経緯や詳細や真偽などは確証されることなく放置されている。そこで本稿では諸史料に基づき日本側の視点から両国の関係の基本的構図を整理しようと試みるものである。

二　明治維新以後における直接交渉

明治維新以前における両国の関係は、先にあげたシルクロードを介した間接的な文物の交流に限られていたわけではない。長く続いた鎖国政策にもかかわらず、幕末期における日本の知識人たちは限られた西洋からの情報をもとにトルコに関する僅かな知識を得ていた。一方のトルコ側、すなわち当時のオスマン朝においては日本に関する情報・関心はさらに小さいものであった

両国のあいだに最初の接点が生じたのは、日本の鎖国体制が解かれて、幕末期には幕府・雄藩に属する遣欧使節団員たち、明治維新後には新政府の要人・留学生・一部の商人たちがエジプトを経由してヨーロッパへと赴くようになってからのことである。当時のエジプトは、オスマン朝の属州の形をとりながらも実質的には既に自立してムハンマド・アリー朝（一八〇五〜一九五三年）の下にあった。それ以前にもイスラーム世界に関する断片的な情報が日本に入ってきてはいたものの、こうして直接的な接触が始まることによって、ようやく日本においてもオスマン朝をはじめとするイスラーム世界に関する興味関心が発生するようになったのである。明治初期の日本では、官僚たちのあいだで不平等条約に関連してオスマン朝とヨーロッパ列強との外交関係、軍部では戦略教材として数度の露土戦争に関心が集中していた。

一八七三年、パリ滞在中の岩倉使節団から福地源一郎がイスタンブルに派遣された。目的は立会裁判制度研究で、外交関係樹立を模索したものではない。これにヨーロッパ訪問中の浄土真宗僧侶の島地黙雷が同行する。ついで一八七五年、寺島宗則外務卿は、三条実美太政大臣にオスマン朝との外交関係樹立に向けての上奏を行い、上野景範駐英公使にオスマン朝の駐英公使との非公式折衝を指示した。こうして日本側から外交関係構築に向けての活動が創始されるに至ったのである。

上野が非公式折衝をしていた頃、在英日本公使館に外務一等書記生として勤務していた中井弘は、ウィーンに一等書記官として勤務していた渡邊洪基とともに日本への帰国の途上に、一八七六年に短期間であるがイスタンブルを訪れて、外務大臣のラーシド・パシャとの会見を果たしている。一八七八年に国産軍艦第一号の清輝がヨーロッパ遠航海途上にイスタンブルを訪問した。

またイスラーム世界から日本への接触も始まった。一八七九年、ペテルスブルグにおいて、榎本武揚と西徳二郎とはヨーロッパ巡遊中のカージャール朝皇帝のナーセロッ・ディーン・シャーとの拝謁の機会に恵まれ、条約締結と使節派遣の提案を受けた。これを受けて、井上馨外務卿は、一八八〇年、外務省御用掛の吉田正

アブデュルハミト２世
(1876-1909 年在位)

春を団長として、陸軍大尉の古川宣誉ら計七名からなる使節団をカージャール朝とオスマン朝とに派遣した。吉田はテヘランにおいてナーセロッ・ディーン・シャーと謁見を果たし、ついで使節団はオスマン朝に入った。一八八一年三月一二日、吉田・古川らはイスタンブルにおいてスルタンのアブデュルハミト二世にも拝謁することに成功した。

ここに至ってオスマン朝側にも日本の存在が認知されるようになった。吉田使節団の派遣は両国間の外交関係樹立に即応的な成果をもたらすものではなかったものの、これ以降、両国間の接触頻度が増していく。こうした動きの中で、一八八六年一二月、ヨーロッパ歴訪の帰途において農商務大臣の谷干城は秘書官の柴四朗（東海散士）らとともにオスマン朝を訪問し、大晦日に日本政府閣僚として初めてアブデュルハミト二世と拝謁の機会を得た。

一八八六年一〇月二日、欧米の軍事視察のために陸軍中将の小松宮彰仁親王は頼子妃を同伴してアメリカに次いでヨーロッパ諸国を歴訪され、一八八七年一〇月にイスタンブルを訪問し、タイ、香港を経由して一八八八年早々に日本に帰国した。明治天皇は小松宮両殿下滞在中の厚遇の御礼として、アブデュルハミト二世に宛てて自ら署名した礼状とともに大勲位菊花大綬章を贈呈した。一八八九年二月、アブデュルハミト二世は返礼として明治天皇に勲章を贈るべく、自国軍艦を日本へと派遣する意向を表明した。こうして一八八九年七月一四日に、オスマン朝の軍艦エルトゥールル号は日本へ向けて首都イスタンブルから出航した。紆余曲折を経て一八九〇年六月七日に同艦は横浜に到着し、乗艦使節一行は明治天皇に謁見して勲章と親書の奉呈を果たした。ところが滞在中の七月に折り悪しく日本で猛威を振るっていたコレラ禍がエルトゥールル号にも及んで感染者が出て、同艦は横須賀への隔離と消毒作業を余儀なくされ、滞在予定を大幅に超過して九月一五日に横須賀を出航して帰路についた。しかし翌一六日に紀州沖にて台風のために同艦は操縦不能に陥り、和歌山県大島樫野崎付近で座礁し機関が爆発して約五〇〇名の乗組員が死亡するという悲劇に陥った。ただちに事故現場である大島の沖周村長の活躍により救援・探索作業が大々的に展開されたが、生存者は僅かに六九名であった。これが日本の海難史上屈指の大惨事として知られる「エルトゥールル号事件」である。

事件後、複数の新聞社の間で繰り広げられた義援金キャンペーンと論説活動とによって全社総計で五〇〇〇円以上の義援金が集

東京日日新聞號外 明治廿三年九月十九日

◎土耳古軍艦の沈沒

我が天皇陛下へ勳章を呈せんが爲めに先頃渡來したる土耳古國の軍艦エルトグロール號ハ艦内にコレラ病發したる爲め久しく長浦に碇泊し居りたる十五日漸く解纜して歸國の途に上りたるが

昨十八日午後十時紀州沖に差かゝりし處同地のカシノ崎に於て暗礁に乗り揚げ剰へ瀛罐破裂して乗組六百五十名の内五百八十七名非命の死を遂げたりとの急報ありたり

◎其後報

後報によれば使節オスマンパシャ及艦長其他乗組員の多數は死亡し殘るも僅に六十餘名なり、又其六十餘名も大方は負傷し居りて其慘狀目も當てられず

發行人兼印刷人 石川周行
編輯人 [illegible]島太郎

發行所 東京京橋區尾張町壹丁目壹番地 日報社

エルトゥールル号の海難を知らせる当時の図版（上）それを知らせる号外（左）（ただし発生日と死者数は誤り）

まり、生存者を比叡と金剛の日本の二軍艦でオスマン朝に送還することに決した。当時の諸新聞を見る限り、こうした日本の対応は惨事への同情はもちろんあるものの、友好本位ではなくてむしろ前年に憲法を制定し議会開設を控えて、ヨーロッパ列強をはじめ諸外国に日本の国威発揚を目論むナショナリズムに基づくものであった。またこの時代には日露戦争後に広く顕現する大アジア主義に基づくトルコへの親近感も見出すことはできない。そのために生存者が送還されると日本社会は急速に事件およびオスマン朝に対する興味関心を喪失していく。最近日本のマスコミが喧伝するほどこの事件に対して当時の両国社会の関心は持続しなかった。今日まで日本の史書でエルトゥールル号事件に関する記述が極めて乏しいのはこうした事情による。

この事件を契機に『時事新報』記者の野田正太郎は自社が集めた約四二五〇円の義援金（すなわち日本で集まった義援金総額の大半）を為替にかえて比叡に同乗してイスタンブルに赴きオスマン朝側に手渡した。野田はオスマン朝に請われて比叡・金剛の帰国後も約二年のあいだイスタンブルに留まり、軍士官学校で日本語を教えながら、自らもオスマン朝の事情を学んだ（士官学校での日本語教育は野田の帰国により終焉した）。加えて野田は一八九一年六月に改宗して、現在まで公的史料で確認できる最初の日本人イスラーム教徒となった。なおこの事件に絡んで巷間では山田寅次郎を中心的人物とするのが通例であるが、実際の彼の活動内容は従来まで伝説的に語られていたものとは大きく異なることが、両国で発見された数多くの新史料に基づく最近の研究で解明され始めている。その山田は一八九二年四月に両国間の貿易事業の創始の強い意志をもって約九七円の義援金を携えてイスタンブルを訪れ、野田から多大なる支援を受けながら数ヶ月滞在して国情を調べて帰国し、日本で事業への賛同者を募るという一連の経済活動に功績が認められる。山田に応じて大阪の中村一族がイスタンブルに中村商店

LE N° 100 PARAS
MOUSAWER DJIHAN
JOURNAL HEBDOMADAIRE

野田正太郎のイスラーム改宗を知らせる
イスタンブルで刊行された新聞１面記事

を開設し、この商店は支配人の中村健次郎を中心に、その雇用人となった山田らも加わって第一次世界大戦開戦による閉店までイスタンブルにおける日本の窓口となった。この間、徳富蘇峰や伊東忠太などイスタンブルを訪れた日本の著名人たちが中村をはじめとする中村商店の人々の歓待を受けた。同店については高橋忠久氏によって実態が解明されつつある。

エルトゥールル号事件はこうして民間レベルでの交流を生み出したものの、日本とオスマン朝の外交関係樹立には何も影響しなかった。双方に樹立に向けての積極的な意志は確認されない。この事件の前も後も、日本側はオスマン朝側にヨーロッパ列強に倣ってカピチュレーションという一方的な特権付与を前提とする外交関係を望み、オスマン朝側からの強い拒絶にあっていた。ついに一九二二年にオスマン朝が滅亡するまで日本との間に外交関係が樹立されることはなかったのである。

三　日露戦争から第一次世界大戦まで

このようにエルトゥールル号事件以降、日本とオスマン朝との間では外交関係の構築に至らず、中村商店の存在によって小規模な通商関係が存在するのみであった。両国における相互関心は低いものであった。そうしたなか一九〇二年に日英同盟が成立するとイギリスの干渉に苦悩していたオスマン朝の一部には反日感情

が芽生えた。ついで一九〇四年に日露戦争が勃発すると、ロシアと敵対していたオスマン朝では戦争の行末に関心が集まった。このためオスマン朝はペルテヴ大佐を観戦武官として派遣して乃木大将配下に従軍させた。一九〇五年に日本の勝利が決すると、エジプトやイランなどの他のイスラーム世界の国々と同様にオスマン朝の人々も予期せぬ日本の勝利に大いに驚き、賞賛する動きが見られた。巷間に指摘されるように一時的ではあったものの、街路・商店・人間の名前に日本に因んだものが現れたりもした。

日露戦争に際して、イスタンブルを舞台にロシアとりわけバルチック艦隊の動向を探ろうとした日本側の諜報活動と、これに対抗するロシア側の活動との実際が、日本とロシアの公文書を渉猟した稲葉千晴氏の研究によって解明された。一九〇四年二月に諜報活動の任務を帯びてイスタンブルに入ったオデッサ領事の飯島亀太郎は海軍出身の中村健次郎に協力を求めた。こうして中村を主体として一部に雇用人の山田も加わって対ロシア諜報活動が展開された。しかし日本に送られた彼らの情報は、日本では殆ど考慮されることなく戦争の勝敗の帰趨に何ら影響することはなかった。

日露戦争の勝利に関してはオスマン朝のみならず、ロシアの支配下にあったトルコ系タタール人たちの日本に対する関心を刺激することとなった。一九〇六年にトルコ系タタール人知識人のアブデュルレシト・イブラヒムが日本を訪れ短期的に滞在して、伊藤博文・大隈重信ら日本の指導者と面会を果たし、日本におけるイスラーム教布教の可能性を見出した彼の二巻からなる旅行記は、イスタンブルにおいて一九一〇〜一四年に刊行されて日本の紹介に大きく貢献した。また彼と知遇を得た大原武慶ら日本の大アジア主義者たちは亜細亜義会を結成し、山岡光太郎がイスラーム教徒に改宗してメッカ巡礼を行うなど、彼の訪日はその後の日本の「回教政策」の展開に大きな影響を残した。

一九一四年に勃発した第一次世界大戦は両国の関係に大きく影響した。すなわち日本はイギリスをはじめとする連合国側にたって参戦し、ドイツをはじめとする同盟国側で参戦したオスマン朝の敵対国となった。実際には日本の軍事活動の対象は中国におけ

中村健次郎

るドイツ軍でありヨーロッパ戦線にほとんど参戦することなかったので、オスマン朝との間に戦闘行為は起きてはいない。しかしながら一九一九年のパリ講和会議において戦勝国である日本と敗戦国であるオスマン朝とが相対することとなったのである。

四　トルコ共和国の誕生から第二次世界大戦まで

オスマン朝はセーブル条約に調印してパリ講和会議によって決せられた戦後の世界秩序たるヴェルサイユ体制を受容したものの、オスマン朝から離反しアンカラに結集したトルコ国民議会勢力はこれを強く拒絶した。こうしてムスタファ・ケマル（後のアタチュルク）を中心に祖国解放戦争が展開され、苦戦の末に国民議会勢力が優勢のまま休戦に至って連合国が撤退すると、オスマン朝が滅亡し、代わって一九二三年にトルコ共和国が建国された。同年に新生トルコ共和国と連合国との間に第一次世界大戦の新たなる講和条約たるローザンヌ条約が締結され、翌一九二四年に発効した。この条約によって日本とトルコとの間に初めて国交が結ばれ、一九二五年にイスタンブルに日本大使館、東京にトルコ大使館が開設された。なお一九二七〜三〇年に日本大使館に武官として勤務した橋本欣五郎少佐はこの間にムスタファ・ケマルの思想に感化を受けて、帰国後に革命を志す桜会を結成したとも言われるが、その真偽の程は未だ確証されてはいない。

国交樹立は民間の交流を喚起し、一九二五年に大阪で日土貿易協会、一九二六年に東京で日土協会（今日の日本・トルコ協会の前身）が設立された。日土貿易協会とは、中村商店の閉店にともない帰国を余儀なくされた山田寅次郎が大阪商工会議所の稲畑勝次郎会頭に接近して同商工会議所内に設立させた団体である。その背景には国交樹立後における両国間の通商関係構築の期待があった。同協会の運動もあって一九二九年に日本とトルコとの間で日土通商条約が仮調印され、翌一九三〇年に正式調印された。こうした動きに呼応して一九二八年に同協会は商工省の支援を得ながらイスタンブルに日本商品館の開設を決し、翌一九二九年に開館させた。しかしながら日本側の期待とは裏腹に新生トルコ共和国は国内産業育成のために輸出入を厳しく制限したために、期待された通商関係の構築に大きな成果を挙げることなく一九三七年に同館は閉館に至った。こうした中で山田もトルコとの貿易に限界を見てとって代わりにギリシャに接近して一九三三年一〇月に大阪在住ギリシャ名誉領事に就任した。また両国間の経済関係では、大谷光瑞が一九二八年にブルサに設立した両国合弁事業としての絹工場があるが、僅か四年で破産して解散の憂き目を見た。大谷光瑞に関しては祖国解放戦争に際して日本から武器弾薬を供与してムスタファ・ケマルを支援したという荒唐無稽な俗説が一部に存在するが、その事実を示す資料はトルコ側では一切確認されておらず、全くの出鱈目であると思われる。

こうして第二次世界大戦開戦に至るまで、両国間で公的にも私的にも様々な交流の模索が続く一方、ロシア支配に抗するトルコ系タタール人たちが日本に数多く流入するようになった。彼らの日本における指導者であるクルバンガリーやアヤズ・イスハキー、さらには一九三三年に再来日したアブデュレシト・イブラヒムなどと、日本の軍部や大アジア主義者たちの思惑がそれぞれに複雑に絡みあい交錯しながら、一九三八年の東京回教堂（東京モスク）の開設など日本の「回教政策」が様々に展開されていくこととなった。

五　第二次世界大戦および戦後における両国の関係

一九三九年に第二次世界大戦が勃発すると、トルコは中立政策をとって参戦を回避したのに対し、日本は一九四一年にアメリカに宣戦して枢軸国側で参戦した。連合国側の勝利が確実となった一九四五年一月三日に、戦後の世界秩序形成に参画すべくトルコは日本と国交断絶し、二月二三日に日本に宣戦布告した。しかし実際には両国は戦火を交えることなく、八月一五日に日本の敗戦により戦争は終結した。実際に戦争しないままに敵対国になるという構図は、第一次世界大戦の際の両国関係の構図と同じである。

一九五〇～五三年の朝鮮戦争に際してトルコは国連軍として派兵を行い、日本に運ばれたトルコ人負傷兵の介護に戦前に日本に

エルトゥールル号慰霊碑（和歌山県大島、2003年筆者撮影）

流入したトルコ系タタール人たちが活躍した。この功績により彼らの多くがトルコ国籍を取得して日本からトルコへ渡った。

一九五一年九月八日にサンフランシスコ平和条約が締結され、翌一九五二年に発効した。トルコもこの条約に調印し、日本とトルコの国交が回復し、一九五二年に東京のトルコ大使館、一九五三年にアンカラの日本大使館がそれぞれ再開した。またいつの頃か日本に着任するトルコ大使が和歌山県大島のエルトゥールル号慰霊碑を参拝するようになり、両国の友好の起点としてのエルトゥールル号事件の記憶が復活するようになった。こうした慣行と並行して和歌山県の串本町が日本とトルコの友好の拠点として名を馳せることとなった。しかしこのこと自体、エルトゥールル号事件の逸話が戦後かなり時を経て復活したことを物語る。なぜならば事件発生当時、新宮町を中心とする東牟婁郡に属する大島村と西牟婁郡に属する串本町とは別の地方行政体であり、救済措置は先に述べたように沖周村長が掌る大島村役場と東牟婁郡役所とが率先して行ない、その後に和歌山県庁が取り仕切ったのが史実である。一九五八年に大島村が串本町に合併された（さらに二〇〇五年に串本町は東牟婁郡古座町と合併して、新たに東牟婁郡串本町となった）ことを考慮すれば、この合併以前に日本においてこの事件があまり知られていなかったことが分かる。誤解ないように付言すれば、もちろん、このことは両国友好に貢献している串本町の評価をいささかも減ずるものではない。

日本が順調に経済復興を果たす一方で、トルコの政治経済は必ずしも安定することなく、一九六〇、七一、八〇年と三度の軍事クーデターを経験するなど苦境に陥った。こうしたなか日本からトルコへの経済技術協力が進んだ。一九七一年にハサン・ウールル・ダム水力発電所建設の円借款供与が結ばれ、一九八八年にイスタンブルのボスポラス海峡を結ぶ二番目の架橋ファーティフ橋が日本政府開発援助で日本企業の建設で完成した。二〇〇四年には世界最深の海底トンネルとしてボスポラス海峡横断鉄道トンネル（マルマラレイ）・プロジェクトが大成建設の請負によって着工された。

戦後の経済復興に伴い日本企業の海外進出が恒常化するなかで、様々な難事に遭遇する機会も増えた。こうしたなか一九八五年に勃発したイラン・イラク戦争開戦時に、テヘランに取り残された日本人二一五名がトルコ航空機に便乗して辛うじて脱出に成功した（確たる資料提示がなく真偽は不明であるが、日本の一部にはこの件をエルトゥールル号事件と結び付ける向きも存在する）。

文化面での交流では、日本においてトルコの歌・文学・映画などが決して多くはないが紹介されている。またトルコにおいても日本の文学・映画が紹介される一方、テレビにおいては日本のドラマやアニメが多数放映されて人気を博している。教育面では東京外国語大学など日本の複数の大学にトルコ語学科、アンカラ大学などトルコの複数の大学に日本語学科が設置され、交換留学も行われている。ときに希薄な相互認識が軋轢を生むこともあるが概ね良好な交流が展開している。

　最近の両国の交流の動きとして、日本政府は二〇〇三年を「日本におけるトルコ年」として数多くのイベントを実施し、これに応じるようにトルコ政府は二〇一〇年を「トルコにおける日本年」として様々なイベントを企画している。

　最後に本稿で指摘したように日本とトルコとの関係史については不明なことが多く史実もきちんと定まらないままに風評ばかりが流布している。二十一世紀を迎えて両国の友好気運が高揚している今こそ諸史料を発掘・分析して史実を確定していく作業が必要である。そうすれば盤石たる両国の友好関係が継続していくものと信じる。

トプハネの市場
（Thomas Allom, *Istanbul und der Bosporus*, 1986, E.B.-Verlag Rissenより）

イスタンブルの日本商店

高橋忠久

たかはし・ただひさ　中近東文化センター客員研究員。一九四八年静岡生。トルコ史。共著に「トルコのタイル」『タイルの美II』（TOTO出版）他。

明治期、イスタンブルに日本人が経営する日本商店（ジャポン・マアザス Japon Mağazası）があったことは関係研究者により早くから知られていたが、永らくその設立経緯や営業の実態などについては十分に知られていなかった。その最大の理由は、関係者の一人でありエルトゥールル号遭難事件で集めた義捐金をトルコに直接持参したことで知られる山田寅次郎（1866-1957）が残した資料のみに準拠し語られてきたことにある。しかしながら、エルトゥールル号事件後の両国関係を見直す近年の研究や、明治のトルコ旅行記研究などの進展により、わずかながら日本商店の実態が浮かびあがってきた。

さて、山田は自著でトルコ側に歓待され日土貿易に関する許可が与えられたことでイスタンブルに日本人商店を開くことができ、そこを訪れた多くの日本人に様々な便宜を図ったと語っている。一方、当時の旅行記などには、日本からの不慣れな訪問者に様々な情報を供与する拠点となっている日本人商店が紹介されている。その店名としては「日本雑貨店」の他、「中村商店」があげられ、市中をN君、或いは中村君に案内してもらったという記述も頻繁に見うけられる。山田は茶道家元の養子となる前は中村姓を名のっていたため、山田自著の記述をもって、この日本人商店は山田が開いたものだとされた。しかし、本当にこの店は山田が開いたものだろうか。中村姓を名のるほかの者がいた可能性はないのだろうか。そこで我国建築界の先駆者、伊東忠太（1867-1954）や徳富蘇峰（1863-1957）の書簡、外交文書などにあたってみたところ、以下のような事実があきらかになってきた。

イスタンブルの日本商店、すなわち、中村商店は大阪にもともとあった中村商店の支店という位置づけにあり、中村家の三兄弟の次男、健次郎（1862-1947）を中心に、長男で大阪店の主であった久兵衛、及び三男の為三郎の協力により営まれていた店であることが判明したのである。一八九七年、トルコを訪問した明治の著名なジャーナリスト朝比奈知泉によると、山田はその店の番頭として働いていたのだった。また、山田の著書『土耳古畫觀』（一九一一）の阪谷芳郎の前書きに記され早くからその存在が知られていた中村栄一は、たまたま姓を同じくしていたものの中村商店を開いた中村一族の一員ではなく、山形県出身の人物である。彼は日露戦争前後に中村商店に雇われ、その後支店長として第一次世界大戦勃発による閉店のときまで店をまかされている。

　中村商店がいつごろからトルコに進出したのかは確定できないが、山田や健次郎の三男、譲が残した記録では一八九三年にはイスタンブルで活動を始めていたようだ。経営は順調に進んでいたようで、当初は日本陶磁器、漆器、絹織物などエキゾチックな日本の工芸品をトルコに輸入する一方、日本にはトルコの特産品、煙草、綿などを輸出して業績をのばしていった。一八九六年には今日でも一番の繁華街、イスティクラール通りのタクスィム広場に程近い場所に進出し、最終的には、ペラ地区の通称、チチェキ・パサージ（正式名 Ciré de Pera）という由緒ある建物に店を構えるまでに至った。

　その後、日本政府の要請で薬用の阿片を輸出することも始めるなど大きく手を広げていったが、明治末の恐慌のあおりを受けて商いそのものが大きく落ち込んでしまう。さらには、第一次世界大戦が始まるとトルコと日本は準交戦国となり、日本政府によってトルコ国内の日本人への退去命令が出されたことで、中村商店も閉店を余儀なくされ、中村商店の日本人関係者は全員、イスタンブルでの商売から手を引くことになったのだった。

　一九三〇年代には、中村商店の元使用人、パスカルという名のトルコ人が「日本商店・フジヤマ・中村」という名の日本雑貨を扱う店を同じ通りで開いている。中村商店の関係者たちはこの店のことは承知していたが、どのように関わっていたのかは不明である。また、一九五〇年代にイスタンブルを訪れた西洋史学者、村川堅太郎（1907-91）が、繁華街にあった「日本商店」を訪ねている。その時のオーナーはバウル・ライムントというドイツ人で、この店とかつての日本商店との関係も不明であるが、譲たちはこの店と接触を持ち貿易を試みようとしていた。また、イスティクラール通りの脇道にあるバロ通りには、イスタンブル子なら誰もが「ジャポン・マアザス」の名で知っている、玩具など雑貨を扱う店がつい最近まであったが、この店と中村商店を始めとする上述の店々との関係もわかっていない。

　いずれにしても、イスタンブルの人々は中村商店を始めとする「日本商店」を通して「ジャポンヤ（日本）」を身近に感じていただろうことは想像に難くない。まさに、トルコにおける民衆レベルでの「ジャポニズム」発展の歴史の一翼を担ってきたといえるだろう。

イスタンブルの人々は中村商店を始めとする「日本商店」を通して「日本」を身近に感じていただろう。

「チチェキ・パサジ」第一次世界大戦で引揚げるまで中村商店があった建物

「海のシルクロード」を見出すきっかけとなった、イスタンブールでの出会い。

トプカプ・サライの日本・伊万里焼

三杉隆敏
Misugi Takatoshi

みすぎ・たかとし　陶磁器学者。一九二九年兵庫生。関西学院大学文学部哲学科美学専攻卒業。中国陶磁史。著書に『海のシルクロード』『海のシルクロードを調べる事典』（芙蓉書房出版）『世界・染付の旅』（新潮社）『真贋ものがたり』（岩波書店）他。

世界に目を向けることになった原点

ああこれが憧れのイスタンブールの城塞、オスマン帝国の十五世紀から十九世紀にわたって王宮であった所と、一歩々々石畳を踏み今迄訪れた世界のどのお城とも異なった雰囲気だと石築の壁と門をくぐり抜け、正面の左右に三角錐の二つの塔を持った城門に近づいた。

その右手にひろがった海、これがボスポラス海峡、今自分の立っているのがヨーロッパ大陸の最東端の小高い崎だ、向いの大陸はウシュクダル、即ちアナトリアの西端、ここでアジアとヨーロッパが対面している。くりかえされた歴史の数々の物語が……と、いささか私の心は高揚を覚えた。

一九六三年五月二六日が私のイスタンブールへの最初の訪問であった。今からもう半世紀昔のことである。ヨーロッパにある東洋美術品を調査し、この町が最後だ、ここのコレクションを見ればやれやれ日本に帰れると思っていた。ところが私はこのコレクションに釘付けとなり、その後幾度ここを訪れることとなったのか。でも一九六五年の三月から四月にかけての長期滞在の時、ト

トプカプ・サライの宮殿美術館における陶磁器の展示
現在は残念ながら、このような独特のかたちでの展示は行われていない。
(三杉隆敏『トプカピ宮殿の中国磁器』学芸書林より。写真は以下同)

ルコ文部大臣の許可のもとに約三百点の焼物をケースの中から、大壁の上から、一つ一つ取りはずしてもらって、ノートを作り寸法をはかり、全体像と部分、底裏の写真を黒布をかぶりピントをあわせて次々と撮らしていただいたのが、私の世界の染付と技法の伝播について、そして特に中国染付分布を、それも十四世紀から以後今日まで、重い焼物は海上運輸に依存していたという推定を立て、世界の百以上の博物館、考古遺跡に、そして五十カ国以上の国々を訪れる大きなバネとなったことをまず記させていただいた。既に私がまず提唱した「海のシルクロード」という名称を耳にされた方もあるかと思うが、長年の間に美しい焼物を追っかけ、破片を採集し、その原産地を推定し、その窯場を次々と訪れ、重い焼物は陸路よりも海上運輸であったことの確認、更に沈没船の海上りの数々の遺物を通し、古代からの通商の栄枯盛衰の歴史を組み立てることになった。私のそれこそ湧き出る思い出、そして未調査への思いは数えで八十歳となった今も尽きない。その発想というか私のスタートはここトプカプ・サライにあったことをまず話すことのお許しをいただきたい。その人間としての研究プロジェクトの計画というか「縁」には、偶然とはいえ深く感謝するところである。

　このイスタンブールにあった日本の伊万里焼について話さねばならないのであるが、今少し中国の磁器について話すことをお許し願いたい。

中国の江西省に景徳鎮という世界最初の染付磁器大量生産の窯がある。特に白地のカオリンナイトと呼ぶ磁土を千三百度の高熱で焼き、その高温度にたえて変色しない藍色釉、即ち日本で「染付」と呼び中国では「青花《チンホア》」という名称の酸化コバルトが使用された焼物は、中国のみならず日本、東南アジア、インド、ペルシア、アフリカ、ヨーロッパに輸出された。中国には「絹」「漆」という特産品があるが、それと共にこの染付磁器が中国の特産品であったことは思いの外知られていない。

　日本の伊万里焼は秀吉の朝鮮半島の出兵の時に、李参平なる陶工を長とする集団の陶工たちが日本の武士の撤退と共に肥前にやって来て元和二年（一六六一）の頃にやっと始まったが、中国では一三〇〇年代に染付の大量生産は既にはじまっていた。約三百年遅れで日本の肥前、有田で染付磁器の生産が始まったのである。

　とにかく、白く、明るい藍色の筆描の文様の施された磁器（一三〇〇度焼成）は中国以外では焼けなかった。他は陶器（八〇〇度焼成）である。そして世界に対し中国の特産品として驚かんばかりの量が輸出されていた。

大量の陶磁器コレクション

ここイスタンブールのトプカプ・サライの宮殿博物館には一万

トプカプ宮殿美術館に収められた伊万里焼

三五八点の中国陶磁器がある（昔は一万二千点と聞かされていたが近頃はトルコ政府の調査が進んだのであろう）、この内、青磁が一三五四点、元、明時代の物が三二九〇点、清朝のものとなると五七九五点とのことで、日本の伊万里焼はそのうちで約八百点である、十七世紀から十九世紀、即ち江戸時代のものが主である。いささかその量の多さには驚かされることであろう。このような大量のコレクションに、正直私はその数と種類の多さに呆然としたことは御理解いただけたろう。特に今から七十年ばかり前は、元時代十四世紀の中期、生産地の景徳鎮に於てどのように染付が発達したのかがきわめて不明であり、その解明に最も力を注ぎ、イランの北部カスピ海の回教寺院にあったという同期の中国染付一括をテヘランのイラン・バスタン・ミュゼアムで、また、インドのニューデリー、トグラク宮殿跡から発掘された割れているが元染付の約百点をコトラフィルズシャーで調査することも行ったが、決して簡単にそれは終りはしなかった。

　なにしろ中近東は幾度びも戦乱、そして宗教革命等々がおこった。しかも、次々と新しい資料が陸のみならず世界の海域や考古遺跡、そして沈没船の発見、その引きあげにより、私の前に中国磁器が現れて来る。

どのような学問にも終点はないことを、実はひしひしと実感しているところである。

日本伊万里に関しては少しふれたが、欧州の場合、大航海時代（これはヨーロッパ人たちの勝手な呼び名である）以後、当初にオランダ東インド会社（V・O・C）が中国染付や日本の伊万里染付を船荷とし、まずはヨーロッパに運んだ。それまでは回教圏の船舶が輸送に力を入れており、トプカプ・サライのコレクションも当初は回教徒の船荷であったのが、ヨーロッパ船団の交易品となってしまった。交易史の変遷の下にあったことが次々と明るみに出ることとなった。また、中国の場合は十五世紀の初期、明の永楽帝の命令の下、鄭和が六回、最後の七回目の中国を出発、南海から中東のペルシア湾、アフリカ東岸に至る海事遠征は次の宣徳帝の命令によるものであるが、それらを紐解くことも興味ある点である。

一方生産地の中国の景徳鎮も、昔から中国王朝が平静であれば良いが、例えば明王朝が清王朝に変った時、特に生産が分業であるため官窯が衰退しやすい。

日本への影響

その王朝の変化及び運輸の幅広い混乱の反映が、我々の日本の伊万里焼の勃興に関係のあったことをここでふれておきたい。景徳鎮の生産は明時代十七世紀の末、全く低下してしまい、中国の陶磁器輸出が止まってしまう。そして中国陶磁器貿易で大変な利益を上げていたオランダ東インド会社も、一六五二年、当時フォルモサと呼んでいた台湾のオランダ商館の人たちの手には一品の焼物も手に入らなくなる。そこでオランダ東インド会社は先述の日本の伊万里焼のスタートに目をつけ、その停滞のピンチヒッターとして日本に注文があるといったことがおこった。

一六四七年までは中国磁器がモカ（アラビア半島南岸）に輸出されていて、一六六〇年日本の磁器、おそらく伊万里焼が五万六二〇〇の注文をうけることとなる。そのうちの何％がトプカプ・コレクションであるかは不明であるが、より詳細は将来の調査によらねばならない。

また、一方、初期の伊万里焼の碗や皿に施された文様は当然、中国の代替品であり可能なかぎり中国の文様に近いものであった。ヨーロッパの研究者はトランジショナル・ペリオッドと呼んでいるが、一六二〇年から一六八三年の空白期の後、新しい清朝が安定し景徳鎮の生産及び輸出が再び始まる。従ってトプカプ・コレクションの中には伊万里焼が当然ふくまれているが、それに引きつづき欧州で今迄の愛好シノアズリーのみではなくジャポニズムの流行がおこり、マイセン、セーブルなどでも日本の白地の上の赤、青、緑の色絵の柿右衛門磁器のコピーが作られるようになる

（トプカプには一点だけであるが柿右衛門風の物がある）。

ただ、トルコのみならず欧州に於ける中国と共に、日本の伊万里焼でオランダ東インド会社が運んだもののコレクションがかなりある。それ等と共にトルコとの蒐集品ともリンクしながら研究せねばならないことを見逃すわけには行かない。

コレクションが生まれた背景

トプカプ・サライのコレクションを調べるうちにわかったことの第一に挙げるべきは、中国に於ける国の隆盛と共に、それを買い上げたこの国オスマン帝国の繁栄、それプラス海運航路等の三つの安定あってこそのことである。他の分野でも同じことが言え、目を世界にひろげるべきこと、そこには歴史物語へのお互いかかわりあった引出しの一つ一つのからくりを見る思いである。

かつてイスタンブールはギリシアの植民地として栄え、続いて東ローマ帝国の中心となりビザンチン文化とギリシア正教が栄えた。一二〇四年には十字軍が占領する。一四五三年六月オスマン帝国のスルタン・メフメットがこの町を陥落させ、ギリシア正教の寺院であったセントソフィアは回教寺院となり、トプカプ宮殿の建設が始まり、町全体がイスラム文化に染まり、今日もその宗教・文化の中心となった。今日、オスマン帝国の地中海、紅海、ペルシア湾に及ぶ領域の勢力の強さは、ともすれば忘れ勝ちであるが、トプカプ・コレクションのみを取り上げても、ちょうど各文化の異なりがまるでサンドイッチの中味の異なりの如くバラエティがあり、限りない楽しみがある。

トルコの人たちはロシアのバルチック艦隊を日本海軍がやっつけたこと、ケマル・アタチュルクが共和国とした時、日本の明治維新に多く学んだこと、エルトゥール号が紀州の潮崎で明治二三年九月一六日台風で遭難し、土地の漁師や日本政府が手厚く助けたこと、一九七三年以後ボスポラス海峡に二本もの陸橋を渡したこと等々を下地として、大変親日的である。そしてトプカプ・コレクションの日本の焼物の陳列に大変な配慮のあることなど、あげだすと切りがない。

ただ、私はむしろ日本人がトルコに対し唯の中近東的な興味ではなく、彼等がフランス文化に如何に憧れたか、第一次、第二次世界大戦でどれ程の苦汁を舐めたか、更に今回のイラク戦争でクルド部族の蜂起の底辺は何処にあるのかもふくめ、日本の伊万里焼と共に今少しトルコを深く理解していただきたく思う。

ちょうど五〇年前、新聞社の中東特派員だった著者が目の当たりにした、トルコ人の日本観。

トルコと日本

【半世紀前の報道から】

牟田口義郎
Mutaguchi Yoshiro

むたぐち・よしろう　元・朝日新聞論説委員。一九二三年神奈川生。東京帝国大学文学部卒業。国際関係論。著書に『地中海のほとり』（朝日新聞社）『物語中東の歴史』（中公新書）他。

ちょうど半世紀前の「トルコ通信」

当時、朝日新聞の中東特派員だった私は、「トルコ通信」と題する三回ものの記事を一九五八年五月二十日から掲載した。発信地はイスタンブール。その一部をここに再録しよう。とにかく、トルコの現状を紹介した最初の報道と思うからである。先ず「書き出し」――

メンデレス首相の訪日を機会に、私はこのほど約二週間にわたり、トルコ政府の好意によって国内を視察することができた。この旅行計画には同首相がじきじきに目を通して修正を加えるという熱の入れ方であった。この旅行は十三日間に七回も飛行機に乗るという強行軍だったので、極めて上すべりな印象に留まってしまったきらいがあるが、それでもいろいろの人に会い、物にふれて、明日をめざす現代トルコの事情を幾分なりとも知ることができたのは、またとないさいわいだった。以下は見聞きしたものを忘れぬうちにと書きとめた走り書きのメモである。

そして上、中、下の主見出しは「近代化――文盲追放に十年計画」「政府の悩み――開発の底にインフレ」。下の全見出しは「ロシアぎらいと日本びいき――一つの感情の裏表　まだ忘れぬ日露戦争」。ここでは、その「下」を再録しよう。

トルコは反共国ではない。ロシアぎらいで固まった国なのである。つまり、ロシアが共産主義国から君主国家となろうが、あるいはまた――民主主義国家になろうが、トルコ国民のロシアぎらいは変らないという意味である。トルコは過去三世紀の間に十四回ロシアと戦っている。ロシアの歴史的な南下政策の行先にアナトリア半島（トルコ）が横たわり、ダーダネルス海峡が存在する。だからロシアとトルコとは火と水の仲であり、ユルジャル情報大臣の言葉を引用すれば、ロシアは数世紀にわたってトルコの平和を脅かし続けて来ているのである。この感情は全国民の心の底にしみこんでいるようだ。手足をもぎとられたら歯でもってロシア人にかみつくというトルコ軍人の敵対心は天晴れなものである。

だからトルコ人はソ連の平和政策を信用しない。北大西洋条約機構（NATO）とバグダッド条約という反共両陣営に参加し、ミサイル基地の受入れを可決したのも、またイズミールにNATOの基地を置いているのも、いざとなったらせめてソ連と対等の武器で戦いたいという意志からなのである。

こうした反ロシア感情は裏返されて絶大な親日感に結晶する。エジプトやシリア（アラブ連合共和国）を歩くと日本人はまずほとんど「シーニ」（中国人）または、「シン・シャービーア」（中共）と呼ばれるが、トルコでは断然「ジャポンヤ」（日本人）である。それだけ認識の度が違うからであろう。日本が明治維新以後成しとげた近代化を〝奇跡的なもの〟とし、新生トルコの模範とすべきであると賛えるインテリも多いが、一般大衆の親日感には二つの大きな原因があると思われる。一つは日露戦争で日本がトルコの宿敵ロシアを〝たたきのめした痛快感〟である。これは特に古い世代に多い。例えば黒海沿岸の炭坑町ゾングルダクで会った一老人は、日露戦争の時十六歳だったそうな。しかし乃木大将が旅順港を陥落させたニュースを聞いた時の感激はいまだに忘れることができないとしみじみ語ったものであった。

その二つ目は朝鮮戦争がもたらした親日感である。これは圧倒的に若い世代だ。彼らは国連軍として朝鮮戦線で戦い、帰途日本に立寄ったのである。現在彼らは全国各地に散らばっている。私は十三日間のトルコ旅行で、つぎのような小さいがしかも楽しかった思い出を持った。

首都アンカラから黒海沿岸のゾングルダクへ行く途中の山村で、車は悪路に迷ったうえ、軍事地帯にふみ込んでしまった。もう真夜中を過ぎていて、通訳は連れて行かれたまま戻って来ない。ミゾレまじりの外の寒さにふるえていると、窓ガラスにヒゲモジャの顔が二つヌッと現われて外へ出ろと合図する。どうなることかと思っていると「チャイ、チャイ」という言葉が耳に入った。アラビア語でシャイはお茶である。ではチャイはトルコ語でもお茶であろうと、カイロからやって来た私たち三人の日本人記者はやっとアンドの胸をなで下して、彼らの後に従った。土間にはイスが十ほど並び、そこは大衆食堂か小さな集会所といったかっこう。消えていたストーブにじゃんじゃんマキを投げ込み、紅茶をわかしての歓待である。折からラマザン（回教の断食月）のため早く起き出したものであろう。見る間に集った十数人の農民のうちの一人は、バーラマンといって三味線とマンドリンとのアイノコのような楽器をかき鳴らしてもてなす。やがて戻って来た通訳の話では、そのうちの一人の青年は朝鮮帰りの兵隊で、皆に日本のよさを語っていたのだそうであった。

トルコはこの八年間に延べ四万五千人の軍隊を朝鮮に送った。戦線で彼らの勇猛ぶりは名高く、アメリカに次いで犠牲が多かったほどである。「われわれは」と、最近ある有力紙はメンデレス首相の訪日に際しての論説で、つぎのように書いたものだ。「朝鮮戦線で戦うことによって、日本を共産化から防いだのである」と。

ともあれ、彼らは帰国の際休暇で日本へ立寄った。戦線での悲惨に比べ、日本の現状がひとしお驚異的に写ったのであろう。四万五千人の一般国民が現在の日本に親愛の情を寄せて帰国したということは、日本にとって大きなプラスであることは間違いない。この若い世代に老人たちに負けぬ親日感を抱かせるキッカケを与えたのは、やはりトルコの宿命的な反ロシア感情なのであった。

東郷提督はトルコ人？

ここで後日談をしるす。

それから二十年たち、私は論説委員になっていた。その年の秋、在京トルコ大使から来た独立記念日の招待状を見て、私は「おや」と思った。そのようなパーティーは各国とも都心の大ホテルでやっていたのに、そして、トルコ大使館もそれにならっていたのに、今年から変更して、渋谷の東郷記念館でやるという。なぜだ？大使館に電話して聞いたら、新任大使の前歴は海軍中将だったという。なるほどね。そこで、私は当日、東郷記念館の式場の入り口で接客に忙しい大使にこんなお世辞を使った。

「私は貴共和国とは同年の生まれなんですよ」

つまり、一九二三年の生まれといったのだが、うれしくなった彼は、私のうしろに並ぶ行列を気にもかけずにしばしの雑談。そのときこんな質問が出たのだ。

朝の魚市（イスタンブール）（中東特派員時代の筆者撮影）

「アドミラル・トーゴーって何国人ですか？」

「もちろん、日本人です」

「それだけですか？」

ぐっ、とつまった私を見て、彼はにこやかに語ってくれた。

あの年、一九〇四年に乃木大将が旅順を落とし、五月には東郷提督がロシア艦隊を全滅させた。そこで、その年生まれた男の子に、多くの親は「ノギ」「トーゴー」と名づけた。そのうちの何人かのトーゴー君は海軍士官学校、大学をめざし、ついに提督になった秀才が一人いたのだ。

「そのようなわけでね、アドミラル・トーゴーは世界に二人存在したのですよ」

恐れ入りました。でも、トルコにもトーゴー提督がいると知ったのは、私が最初の日本人だったかな？

歌から始まった出会い

庄野真代

しょうの・まよ　一九五四年大阪府生。七八年「飛んでイスタンブール」他のヒットで紅白出場。以後、音楽活動の他、講演・司会・レポーター等でも活躍。

「飛んでイスタンブール」から三〇年、今年トルコではじめてコンサートをする。

　この曲を歌う前は、イスタンブールがどこにあるのか知らなかった。ただ、その言葉の持つ音《おん》とリズムに魅力を感じ、そしてそれがトルコにある都市でアジアとヨーロッパの接点にあると知ってから、いろんな文化が混じったエキゾチックな景色をイメージするようになった。

　その頃の歌謡界は、外国の町を題材にした曲が流行っていて、「魅せられて」「カナダからの手紙」「アメリカンフィーリング」「異邦人」など旅情をかきたてる歌の数々が街に流れていた。

　また、プロモーションで現地を訪問する歌手も多く、芸能ニュースとしてもよく取り上げられていたが、トルコ大使館がまったく興味を示さなかったためこの曲を出した頃にイスタンブールを訪れることはなく、私にとっての初訪問は、それから二年経った一九八〇年の冬、バックパッカーとして世界旅行に出かけた六ヵ月後だった。

　ギリシャから夜行長距離バスで到着したイスタンブールは、なんと、雪が舞っていた。しかも湿度が高い。今のようにインターネットで情報を収集して出かける時代ではなかったし、〝エキゾチック〟と〝雪〟は全くマッチしないから、この気候には驚いた。歌詞に砂漠や蜃気楼がでてくるので、金色の砂嵐の中で民族衣装の美しい女性が妖しく微笑んでいる風景を思い描いていた。違う、全然違う。ここは喧騒が渦巻く漁港だ。「あら、私ってウソを歌っていた……」と思った。でも歌だからいいのかな、聞いた人がイメージを作るわけだし、砂漠を通ってイスタンブールに着いたとも解釈できるし……と、しばし考え込んだものだ。

　街の人たちは、「ここはトルコらしいところではない」と口をそろえて言った。トルコの魅力は地方に溢れている、と。そんなトルコの魅力に会いたいなと思い続けて一〇年が経ち、テレビの仕事でイスタンブールとカッパドキアに行く機会を得た。

　先に現地入りしたカメラマンから、「あたり一面の雪です。防寒服で着てください……」と連絡があり、またまた雪の歓迎を受けた私は、白銀に光る幻想的なカッパドキアに大いに感動した。

　イスタンブールでは、「飛んでイスタンブ〜ル……」と歌うトルコ人若者と遭遇。スタッフが「この人が歌ってたんだよ！」と言うと、彼は「うそー、その歌手はもう死んでるでしょう～」と。私もビックリ。いつの間にか亡き人になっていた。でも、古い曲として若者にも知られていることに、自分の親友の話をされたようで嬉しくもあった。

それからまた一〇年くらい経って、今度はトルコ旅行団体ツアーに参加した。バスガイドさんが編集したミュージックテープには「飛んでイスタンブール」が入っていて、豊かな田園風景や世界遺産の観光途中にその曲が流れた。ちょっと妙な気分だったが、これも異文化交流だろうか。

私は二〇〇〇年から女子大生になり、イギリスに短期留学したあと大学院に進んだ。勉強のはじまりは〝環境〟。そして〝開発〟〝国際協力支援〟の分野に進み、そして人類の永遠のテーマである〝平和〟に関心を持ち、その手段としての〝音楽〟にフォーカスするようになった。

「飛んでイスタンブール」から三〇年、今年トルコではじめてコンサートをする。

地球公共財として、私はジプシー（ロマ）の存在に惹かれている。自分の国を持たず、喜びも怒りも歌や踊りで表しながら地球の果てまで旅をした彼ら。各地で迫害を受けながらも決して暴力に訴えたりせず、旅の先々でその地の音楽と融合し、多くの音楽分野を生み出した。それは地球の大切な財産ではないかと……。

研究のため、トルコのジプシーの暮らす町でしばらく楽団と生活を共にしたいと考えたが、トルコがもはや途上国ではなく大学側の研究対象国ではなかったため、フィリピンのストリートチルドレン支援で修士論文を書き、音楽ボランティアをするNPO法人を設立し、ここ数年はアジアを行き来している。

そんな私がまたトルコとの距離を縮めたのは、昨年、和歌山の熊野古道のイメージソングを歌い、今年が串本沖のエルトゥールル号遭難一二〇周年ということから、カップリング曲として、日本とトルコの友好ソングを収録したことにある。

そして、私のNPO活動に興味を持たれた作詞者の及川眠子さんが、トルコでもチャリティコンサートを……と現地で話を進めてくださり、この秋にイスタンブールを含む五都市でチャリティコンサートをすることが決まった。主催は病気の子どものために学校を作ったり寄付を集めたりする非営利団体で、このコンサートの収益金はダウン症児の学校を設立するための資金になる。

こうして、「私にとってのトルコ」は、再び大きな存在となってきた。単に「飛んでイスタンブール」を歌った人という立場から、今度は、国際支援や音楽交流という活動に関わる市民として。この間三〇年、トルコや各国の歴史的な繋がりや民族の文化に触れながら、私自身の世界観も広がってきた。それを音楽でどう表現できるかがいつも私の課題であり、歌い続ける楽しみでもある。

メフメットⅡ世がコンスタンティノープル攻略に先だって、ボスフォラスを制すべく築いた城塞ルメリ・ヒサル。
Photo by Shibusawa Sachiko

II オルハン・パムクの世界

「パムクは、すべての小説家が最善を尽したときに与えてくれるもの、つまり真実を与えてくれる。」

この時代のためのノーベル賞受賞者

マーガレット・アトウッド
Margaret Atwood

Margaret Atwood　現代カナダを代表する女性作家。一九三九年オタワ生。著書『食べられる女』（新潮社）『侍女の物語』『昏き目の暗殺者』（早川書房）『またの名をグレイス』（岩波書店）ほか。

トルコの著名な作家オルハン・パムクが、ノーベル文学賞を受賞した。この破滅的な時代に、彼以上に完璧な受賞者は、想像するのも難しいだろう。ちょうどトルコが、イスラムの東洋・中東と、ヨーロッパ・北米の西洋との十字路に立っているように、パムクの仕事も、イデオロギーも人格もぶつかり合う、いっそう危険を増しつつある文化的・宗教的な重層地帯の揺れ動く地面の上に在る。

トルコだけでなく英国においても、人々の心、精神および魂において何が生じているのかを知ることに着手したいならば、パムクを読まなければならないと言っても過言ではない。なにしろ最近の英国での、ジャック・ストローのヘッドスカーフ論争は、最近翻訳されたパムクの一九九六年〔二〇〇二年の誤り〕の小説『雪』の主題を、不気味に映し出しているのだから（この本は、アタテュルクの容赦ない近代化キャンペーンが、論争かまびすしいヘッドスカーフの禁止を含んでいたことを想起させる）。

パムクは、そのような党派的な衝突からの衝撃波を感じてきた。彼は論争を避けて通るような人間だったことはない。ちょうど一年前には、彼は「非トルコ的」という罪で訴訟に直面していた。彼は無謀にも、二〇世紀初めのアルメニア人の運命――当局にとってはタブーのテーマ――に言及したのだ。国際的な抗議に対応したのだろう、告訴は取り下げられたが、彼ほど著名ではない多くのトルコの作家たちは、それほど幸運だったわけではない。

彼は、六番目の小説〔『わたしの名は紅』〕に対する二〇〇三年のダブリンＩＭＰＡＣ賞を含めて、多くの文学賞を既に受賞した。トルコでは、彼は単なる小説家をはるかに越えるものである。人々は彼の小説に飛びつく――あたかも、絶対に当たる予言者とか、超人気歌手、国民的な精神分析医、あるいはワンマン新聞の社説欄か何かのように。彼の小説をめぐって計算されたものは何もない。彼は単に、その作中人物もトルコの読者も日々吹き飛ばされているように感じている旋風の中心から書いているのだ。

トルコはどこに向っているのか。どのようにして、壮麗な過去をもち数々の困難を経験してきた歴史と折合いをつけ、古いものと新しいものとの矛盾を解決し、世俗主義者とイスラム教徒の間の権力闘争に対処し、自尊心か、心の平穏か、内面的な完全性か、あるいは新しい方向性を見つけるのか？　パムクの小説は出来合いの解決策を提供してくれるわけではない。しかし、彼の作品は、苦しみ、身をよじるような忠実さをもって、こうした問いの曲がりくねった連なりを辿る。時として彼の作中人物は、決定しようがないが決定を強いられる選択を前にして、ほとんど文字通り身を引き裂かれる。小説家としての彼の力は、部分的には、作中人物がおこなう選択を判定することを、彼が拒否することから生じている。作中人物の悲劇は、いかなる途を選んでも、彼らが安寧を得ることはできないということだ。さらに悪いことには、彼らの社会の別のある要素によって、彼らは非難されざるをえないのだ。

したがって、パムクのヒーローたち（概して彼らはヒロインではなくヒーローである）は本のプロットをさまよう。あたかも、格別に不安で恐ろしい集団的な夢の中にとらえられたかのように。

私は『ニューヨーク・タイムズ・ブック・レヴュー』で彼の小説『雪』について次のように書いた。「運命のねじれ、背中合わせに重なりあうプロット、狡猾さ、近づけば遠のく謎、荒涼たる都市、彷徨する夜、アイデンティティ喪失の感覚、流浪する主人公――これらはパムクならではのものだが、現代の文学の景観の一部でもあるのだ。」

パムクの主人公が、見知らぬ人物の手によって死に至るのは、珍しいことではない。

パムクのヒーローは、過去のトルコの卓越によって苦しめられる。彼らは、巨大で豪勢なオスマン帝国建築の破片に遭遇し、がらんどうのアルメニア教会を目にし、初期のロシアの支配者を思い出させられ、あるいは一度は崇敬されたアタテュルクの、ハエの染みがついた写真を一瞥するだろう。完全に西洋化した世俗的なトルコを捏造しようというアタテュルクの試みは、今やむなしく見える。すべての力はどこへ行ってしまったのか。そんなこだまが聞こえる。キリスト教のビザンチン都市コンスタンチノープルが、長い影を投げかけ、ヨーロッパ西洋とイスラーム東洋が、両方を陥れる網に捕えられて、鏡合わせの双子のように見える。

パムクは、すべての小説家が最善を尽したときに与えてくれるもの、つまり真実を私たちに与えてくれる。統計的な真実ではなく、特定の時、特定の場所での人間的経験という真実だ。また、すべての偉大な文学がそうであるように、自分が彼を吟味しているのではなく、自分が彼によって吟味されていると感じる瞬間がある。『雪』のある登場人物は言う。「遠くからでは、誰も、俺たちのことをわかりはしないのだ」。読者よ、これは挑戦なのだ。

（編集部訳）

Margaret Atwood, "A Nobel winner for our times." *The Guardian*, October 13 2006. Copyright Guardian News & Media Ltd 2006.

ユスキュダルのイスケレ・モスク（1547年スィナン築）
（Thomas Allom, *Istanbul und der Bosporus*, 1986, E.B.-Verlag Rissen より）

「『ヒュズン』を芸術の領域に救い出すことが、この作品における消尽点をなしている。」

さあ、この街を眺めよう

【『イスタンブール』を読む】

ロータル・ミュラー　Lothar Müller
安川晴基＝訳

Lothar Müller　『南ドイツ新聞』文芸欄編集者。ベルリン・フンボルト大学文化学科で教鞭を執る。一九五四年生。文学博士。専門は十八世紀から二十世紀の文化・文学。著書『第二の声――ゲーテからカフカに至る朗読術』他

都市の歴史から生まれるエネルギー

若い頃は画家になるつもりだった、とトルコの作家オルハン・パムクは語る。家族は彼の画才をいつも誉めて促してくれた。しかし芸術にすっかり身を捧げるために、大学で建築を学ぶことを放棄しようとしたときには、明白な拒絶にぶつかった。芸術に情熱を抱くのは良いことだし素敵だけれど、その情熱を、勤勉で慎み深く、善良な人間になることに注ぐ方がもっとすばらしい、と母親は言った。自分の意見を強めるために、彼女は息子に、どうしてオルハンという名前を選んだのか説明した。彼女によれば、オスマン帝国のすべての支配者の中で、オルハンが一番好きなスルタンだったらしい。なぜならオルハンは、偉業を成し遂げようと野心を燃やしたことは一度もなく、ねじ曲がったところのない慎み深い生活を送ったのだから。それゆえにオルハンは、歴史の本の中では事のついでに名前を挙げられるにすぎないが、それでも尊敬の念を込めて言及されるのだ。これが彼女の説明だった。

母親が自分の息子の名前を選ぶときに込める期待が、パムクの場合のように根本的に裏切られることはそうめったにない。彼の野心を和らげてくれるはずの魔法のお守りを、オルハン・パムク

はすでに早くから払いのけていた。駆け出しの画家から小説家へと変身した彼の読者層は、ますます国際的な広がりを見せていった。彼は受賞に受賞を重ね、今年（二〇〇六年）には最高の賞、つまりノーベル文学賞まで得た。

オルハン・パムクは一九五二年にイスタンブールに生まれた。彼の最新の本は、彼が五十歳になった二〇〇二年から二〇〇三年にかけて書かれた。この本は小説ではなく、幼年時代および青年時代の自伝的回想だ。パムクが若い芸術家としての自画像を、故郷の街へのオマージュとして書いていることを、読者は不思議には思わないだろう。なぜならイスタンブールは、彼のさまざまな小説の筋が一つに集まる場所だからだ。『黒い本』（一九九〇年）では弁護士ガーリプが失踪した妻を捜してこの街をさまようし、『雪』（二〇〇二年）では亡命先から戻ってきた主人公がイスタンブールに立ち寄り、そこから遠方のカルスに向けて旅立つ。

今や当の物語る人がその小説世界から歩み出て、物語る人になるということがそもそもどうして起こりえたのか教えてくれる。なぜならそれは自明のことではなかったからだ。それが自明ではなかったということは、息子を大いなる野心から守ってくれるはずの名前をどうして授けたのか、その理由を固めるためにパムクの母親が持ち出す理論を一瞥するだけでわかる。彼女は個人的な弱気から反対したのではない。そうではなく、深淵のように深い歴史的なあきらめ、自分たちの属している民族は文化的創造の力を失っているという確信から、反対したのだ。彼女によれば、西洋人だけが、芸術、絵画、創作活動に専心することを許されている。「それに対して、二十世紀後半のイスタンブールに暮らしているわたしたちは、その富、力、意欲を喪失してしまった文化の産物なのだ」。

ここまでが母親の言い分である。オルハン・パムクが、「みずからを通じてイスタンブールについて、そしてイスタンブールを通じてみずからについて報告する」という目標を持った若い芸術家として自分の肖像を書くとき、この表現には正確な意味がある。この本の語る物語は、文化の枯渇という母親の理論を否認する。その物語が扱うのは、この若者が自分の生まれ育った都市といかに結び付いているのか、彼がこの都市をどのように発見し、歩き回るのか、彼がいかにしてこの都市の現在、およびその歴史の痕跡から、素材とエネルギーをもぎ取るのかだ。それらの素材とエネルギーから生まれるのは、母親の世界像の中では予定されていなかったこと、つまり西洋の芸術にひけをとらない、それどころか、西洋の芸術と対等のトルコの芸術である。

異郷としての故郷

すべては子供の物語から始まる。この子供は、自分には想像上の双子の分身がいるのだと思う。その分身の肖像は伯父と伯母の家に掛かっている。二人になったオルハンは白昼夢の存在だ。彼は見知らぬ空間に、またみずからの空間の秘密に感情移入する曲芸師、自分自身を二重化することで、自分が住んでいる場所をも二重化する曲芸師だ。彼は、小説や自伝によく登場する、才能ある子供から成長した偉大な人物、つまり年若くして両親の家を出て独り立ちし、功成り名遂げて、あるいは運命に打ちひしがれて故郷に戻ってくる若者たちのライバルだ。オルハンが二人になることで、自分は幼年時代の住まい、場所、通りに忠実でいることができた、とパムクは書いている。みずからの由来する世界それ自体を異化することが、異郷へと逃れていくことの代わりとなるのだ。

　パムクの生まれ来たった世界は、現代のトルコの歴史ときわめて密接に結び付いている。一九二〇年代にアタテュルクの若い共和国が、技術的・文明的進歩における主導的分野として鉄道建設を推進したときのエネルギー、そのエネルギーのおかげで、彼の祖父は富を築いた。煙草を乾燥させるためのひもやロープを製造する工場を経営して、祖父は一財産を成した。二人になったオルハンの父は、相続した富の受益者と墓堀人を一身に兼ねている。父は次から次へと新しい事業を始めては倒産させ、財産を減らしていくのだが、それでも、その財産がすっかりなくなることはない。ひんぱんに引越をする必要が生じる。父は時々、はるか遠方のジュネーヴで仕事をしなければならない。しかし一家がイスタンブールの富裕階級から脱落するようなことはない。

『イスタンブール』
ドイツ語訳

　二人になったオルハンが育つのは、乳母がいて西洋風の生活スタイルを持った世界だ。その世界では、経済的基盤の衰えが――父親の絶えざる愛人関係と並び――、家族のいさかい、とりわけ夫婦間の確執の主要な原因の一つをなしている。若い共和国の、わずかばかり零落した金持ちの世界では、経済的衰えは不思議なことに、文化の硬直化と荒廃に向かう傾向と結び付いている。両親の住まいのインテリア――手つかずのピアノ、使われたことのないターバン掛け、ほとんど開かれたことのない書物、あらゆる種類の銀食器がいっぱいに詰め込まれたガラス戸棚からなる集合。富裕と西洋的生活スタイルを表すシンボルの数々が、祭日や特別の客が来たときにだけ入ることの許されるいろいろな居室の中で、古い時代の残滓と入り交じっている。

　パムクは、この「生きられることのなかった文化の博物館」の印象深い描写に、彼が（まだ母親の手を握りながら）発見した、イスタンブールのさまざまな通りや広場、商店や陳列品、往来や公共の建物の光景を対峙させる。みずからの由来する世界のインテリアに、死とその未来がないことを嗅ぎつける二重のオルハンは、硬直化した文化に生気を与えることにやがて身を捧げることになる。その際、通りに漂う空気が、彼の主要な同盟者となる。この街は彼の目を開く。彼が自分の画才に気づくやいなや、この街はその才能を磨くための対象となる。広告、張り紙、プラカード、壁の落書きでいっぱいのこの街は、最も大きくて最も豊かな書物でもある。その書物の中に、この少年はつねに新たな読書の糧を見出す。

都市を描く文学的手法

大人になったオルハン・パムクは、このように回想しながら物語る。その際に彼が従っている論理は、西欧の読者にとっては家族小説の歴史からすでに馴染みのものだ。パムクの父親が、その世慣れた西洋的生活スタイルにふさわしく実業家になる、という試みに失敗するように、先行する世代が経済の分野で失敗したら、その後継者のもとでは芸術が訪れを告げる。この芸術こそ、すべての情熱を束ね、絵画と書物を経済的企ての代わりにするのだ。オルハンの場合に好都合だったのは、いつもは信頼のおけるライバルである兄が、芸術の領域はあっさりと放棄したことだった。

サッカースタジアムに向かう乗り物の中で、あるいはボスフォラス海峡沿いを走る父の車の中で、情熱的な都会人が成長してゆく。彼は学校を、そしてのちには大学をさぼり、あてもなくバスに乗り込む。同時にまた、イスタンブールをますます西洋のまなざしで眺める若者が成長してゆく。なぜなら、この若者が依拠している芸術と文学は西欧に由来するからだ。彼がインテリアを描くとき、その絵はピエール・ボナールの作品に似ている。彼が幼年時代の絵葉書にあるモティーフに別れを告げて、この街から独特のパースペクティヴを獲得するとき、彼はユトリロのように描く。彼の内なるイスタンブールに尺度を与えたのは、パリの印象派の画家たち、そしてバルザック以降のフランス小説だ。

母親と同じようなまなざしを、彼はイスタンブールに向ける。しかし西洋文化の尺度は彼の意欲をくじくのではなく、反対に駆り立てる。あきらめと慎みの源泉であったこの尺度は、自己発見と野心的な革新の源泉となる。

芸術と文学においてイスタンブールのイメージを刻印してきたのは、土地の人々ではなく、西洋の訪問者たちだった。パムクがこの本でたずさわっているのは、このような非対称性を止揚することだけではない。ギュスターヴ・フロベール、ピエール・ロティ、テオフィル・ゴーティエ、ジェラール・ド・ネルヴァルによるイスタンブールの描写に、彼は数章をまるまる捧げている。それはただ単に、フランス人旅行者たちのオリエンタリズムと紋切り型の見方を立証するためだけではない。同時に、そして何よりも、都市を描写するための文学的技法を獲得するためなのだ。パムクはこれらの作家の描写に、みずからのイスタンブールを自覚的に対峙させる。例えば、ボスフォラスを都市のただ中にある海として描いた魅惑的なポートレート、郊外への遠足、あるいは蒸気船の上にたなびき、幾重にも姿を変える煙の雲に寄せられたオマージュ。そもそも船――船は破局や事故を引き寄せる。ちょうど古い木造の家屋が火を引き寄せ、その火焔に包まれて家々が燃え尽きる様を、わっと群がった人々が恐怖を愉しみながら眺めるように。

非対称性からの抜け道を指し示してくれたのが、美術の分野では、アントン・イグナーツ・メリングが十八世紀に描いたイスタンブールの光景だ。メリングは、イタリアおよびフランス系のドイツ人美術家だが、とても長い間イスタンブールに住んでいたので、この街のイメージをその土地の人間のパースペクティヴから記録した。彼の銅版画は、アラ・ギュレルの写真の先駆けとなる。このギュレルが撮影した五〇年代のイスタンブールの写真が、著者の家族アルバムから取られた写真とともに、この本を飾っている。パムクのイスタンブールにとって、それらのモノクロ写真は、十九世紀のパリにとっての印象主義の絵画にあたる。

ナショナリズムから救い出されたヒュズン

モノクロームに捧げられたオマージュに加わるのが、四人の土地の作家へのオマージュだ。彼らは二十世紀の初めに、西洋の手本に影響されて、イスタンブールを内側のパースペクティヴから描き始めた。詩人ヤヒャ・ケマル、歴史家コチュ、ボスフォラス文明の年代記編者アブドゥール・シナシ・ヒサル、そして小説家アフメト・ハムディ・タンプナルは、パムクのモノクロのイスタンブールにとって、文学上の保証人である。

これら四人の作家はいずれも「ヒュズン」によって刻印されている。パムクはこの「ヒュズン」を『イスタンブール』のキー概念とする。「ヒュズン」の遠い親戚にあたるのが、イギリス人の「スプリーン」、フランス人の「アンニュイ」、そしてドイツ人の世界苦だ。パムクはこの概念を綱領的に、西洋的・個人主義的なメランコリーとは一線を画して用いている。「ヒュズン」は、クロード・レヴィ=ストロースの『悲しき熱帯』の「悲哀」と同様に、非西洋の一つの集合的感情、「貧困、敗北、喪失によって引き起こされる感情」である。「ヒュズン」はイスタンブールの心だが、植民地化された土地の不幸とは関係がない。なぜならトルコは一度も植民地になったことがないからだ。「ヒュズン」の歴史的な核心をなしているのがオスマン帝国の没落である。二十世紀になってその感情を養ったのは、トルコ共和国があまりにも性急に、そしてきっぱりとその前史に別れを告げたために、この共和国が旗印に掲げた近代化と欧化が失敗するのではないか、という疑念だった。パムクはすでに諸々の小説、とりわけ『雪』の中で、この疑念に大幅にスペースを割いている。彼のイスタンブールは、ビザンツからのちのオスマン帝国に至るまで、多くの歴史の層を知っている。西欧のパースペクティヴから眺めると、彼の文学作品は、対極にあるハプスブルク帝国の没落を契機としてウィーンやブダペストで生まれた諸々の小説と対をなしている。「ヒュズン」を芸術の領域に救い出すこと、それを美的エネルギーに変えることが、このイスタンブールについての自伝的作品における消尽点をなしている。それは政治的重みのある企てだ。なぜなら本書でも、また彼の小説でも、パムクはトルコのナショナリズム、十九世紀の息子にして欧化と近代化の断乎たる兄弟であるナショナリズムと、オスマン帝国の遺産をめぐって競い合っているからだ。

パムクのトルコは、オスマン帝国の過去に由来する非トルコ的要素の追放に、そして、この共和国が信奉している世俗主義の、多大の犠牲を払って手に入れた勝利の数々にあえいでいる。「コンスタンチノープルのトルコ化」――『イスタンブール』のある章にはこういう表題が付けられている――は、一九五五年九月に起こったギリシャ系およびアルメニア系住民に対する反キリスト教的な暴力沙汰の陰鬱な描写へと至る。パムクの宗教的に中立の家族にとって、神はただ召使いの現象、憫笑すべきアルメニア人たちの情熱にすぎないのだが、この家族にとって、富裕階級に属していることが、破滅のもとになりかねなかった。彼らは運が良かった。しかし、自分たちが忠誠を誓っている近代精神のさらされている脅威に対しては、彼らは答えを持っていない。「世俗主義のトルコのブルジョワジーが恐れているのは神ではなく、神をあまりにも深く信じている者たちの怒りだ」。

この本は、一九七〇年代の初めに若者が作家になろうと決心するところで終わる。この本では、それが執筆された二十一世紀初頭のイスタンブールは描かれていない。この本を読む者は、著者と一緒に彼の幼年時代へ、二十世紀へと戻る。しかしその際に読者は、現代に近づいているように感じる。

Süddeutsche Zeitung, 21.11.2006（『南ドイツ新聞』二〇〇六年一一月二一日付）

やすかわ・はるき　慶應義塾大学文学部非常勤講師。一九七三年広島生。慶應義塾大学大学院文学研究科独文学専攻博士課程単位取得退学。ドイツ文学。訳書に『想起の空間』（A・アスマン著、水声社）『ドイツ文学の短い歴史』（H・シュラッファー著、同学社近刊）。

「アンガージュマンこそが彼の芸術の副産物なのであって、その逆ではない。」

闘争的でない芸術家を讃えて

バルバラ・スピネッリ
Barbara Spinelli
尾河直哉＝訳

Barbara Spinelli　一九四六年ローマ生まれ。イタリアの作家、ジャーナリスト。著書にエッセイ Ricordati che eri straniero（Edizione Qiqajon,2005『きみが外国人だったことを忘れるな』）他四冊。

アンガージュマンへの嫌悪

サルトルの時代に西洋人が知り、あれほど議論を巻き起こしてきたアンガージュマン。今回のノーベル賞は、一見すると、この社会参加《アンガージュマン》の美徳によって巨人となった東洋の文学者に与えられたような印象がある。

最近オルハン・パムクを記憶の底から呼び出しているのは、ヨーロッパや西洋にとってお好みの戦い、すなわち、八九年にラシュディを襲ったファトワー〔一九八九年二月十四日、イランの最高指導者アーヤトッラー・ホメイニーが『悪魔の詩』〔五十嵐一訳、新泉社〕の著者のサルマン・ラシュディおよび発行に関わった者に対して行った死刑宣告〕であり、二〇〇五年二月にオルハン・パムクが被った陶片追放と脅迫である。二〇〇五年二月、このトルコの小説家はスイスの新聞『ターゲス・アンツァイガー』紙上で、トルコの政治家たちが認めようとしないある真実を遠慮なく口にしてしまった。「百万人のアルメニア人と三万人のクルド人がこの国で殺されましたが、わたしを除いてほとんどだれもこのことを語っていません。そのためにわたしはナショナリストから憎悪されています」

アルメニア人に関してパムクは大量虐殺《ジェノサイド》という言葉を使ってい

ないが、できごとの記憶を喚起しただけで「トルコのアイデンティティーに対する侮辱」と見なされたのである。つまり、事態は芸術よりは政治の問題、小説よりは政治運動への参加問題という様相を帯びてしまった。そこから、ストックホルムの選考委員を授賞へと導いたのはこの事件ではないかという考えが生じていた。われわれは受賞者の作品を忘れてしまったのである。

しかし仔細に眺めてみれば、これが事実でないことは分かる。二十一世紀に移植された二十世紀のアンガージュマン文学者と見なされたくない気持ちが、パムクにはあまりに大きく、社会参加《アンガージュマン》という言葉さえ嫌っているのである。政治運動への参加について語るやすぐさまそれと距離を取り、まるで「悪運」にでも足元を掬われたように「政治に嵌り込んで」しまったと言う。パムクのモデルはサルトルやゾラではなく、ナボコフ、ドストエフスキー、プルーストなのである。

アンガージュマンは世界を二色（白と黒、善と悪）で見るよう人々を駆り立てるが、パムクは逆にさまざまな色合いを愛する。色彩は彼の作品を貫くライトモチーフである。熱烈に愛する紅（『わたしの名は紅』のある章で、紅という語が作中人物のひとりであるかのように捉えてさえいる）。メルヴィルの『白鯨』のように麻痺を起こす白（『雪』）。アッラーである「暗黒のビロード」。パムクを偉大ならしめたものは政治運動への参加などではなく、色彩と文明と情念のこうした錯綜なのである。アンガージュマンこそが彼の芸術の副産物なのであって、その逆ではない。パムクに並々ならぬ判断の自由を与えているのは、芸術家としての存在であって、政治運動参加者としての存在ではない。

パムクの作品を読むと、一義的なアンガージュマンに対する彼のアレルギーそのものを通して、われわれが今という時代を生きる縁《よすが》を得ることができる。なぜなら、パムクの小説はさまざまなものを互いに結び合わせるのではなく、集団と個人の物語をたえず切り離しては解体し、その営みのさなかにおいて、経験と個性の多様性だけがわれわれのだれもが渇望するさまざまな色彩の煌めきをいかに生み出してくれるか、そのさまを示してくれるからである。パムクの政治的ポジションにもこのさまざまな色彩の煌めきがある。というのも、パムクが提示する思想はつねに矛盾を孕んでいて、決して排他的真理に収まることも、欺瞞的な西洋びいきとして現れることもないからである。九・一一が西洋を襲ったときも、パムクは、傲岸な西洋にとって我慢ならないアラブ・イスラム世界の屈辱の記憶を呼び覚ましている。トルコでエルドアン〔レジェップ・タイイップ・エルドアン。公正発展党党首。二〇〇三年よりトルコ共和国首相〕が勝つと、パムクはイスラムを悪魔呼ばわりするエルドアンのあまりに単純な見方に怒ったが、逆に、そのエルドアンがイスラム賛美の詩を朗読して国家権力から逮捕・投獄されたときに指一本動かさなかったヨーロッパとアメリカに対しても怒りを露わにしている。

多様な色彩に託されたもの

だれもがキリスト教西洋とイスラム教東洋の戦いを口にする。しかし、西洋と東洋は隣り合い、混じり合いながらも自律性を失わずに生きなければならないはずだとパムクは言う。自らの多様性を、ヨーロッパならキリスト教、オリエントならイスラム教というたったひとつのアイデンティティーに還元し、あるがままの記憶を回復できなくなっているがゆえにうまく共生できないでいるとするなら。記憶を呼び戻すとは、色彩に無限の多様性を与えること、さまざまな色彩の煌めきを認めることに他ならない。たとえその記憶が恥辱を呼び覚ますおぞましいものであったとしても。

パムクの作品がこうしてさまざまな色彩に彩られているのは、そこに記憶が宿っているからである。紀元千年のペルシャで書かれた『王書』〔フェルドウスィー著、岡田恵美子訳、岩波文庫〕の記憶。

『わたしの名は紅』
イタリア語訳

今に残る肖像画が出現した紀元一四〇〇年のヘラトに存在した驚くべき細密画工房の記憶。十九世紀小説の記憶。オスマン帝国の記憶。トルコにおける少数民族殲滅の記憶。パムクの関心を惹いて止まないのは、こうした記憶を隠蔽しようとして禁忌《タブー》が打ち立てられるときに、記憶が発する苦しそうな喘ぎなのだ。二〇〇五年十一月四日の『ル・モンド』紙でアルメニア問題について語ったパムクはこう言っている。「記憶を抑圧しようとすると、なにかがかならず戻ってくる。わたしがその戻ってくる者だ」。

パムクは戻ってくる者なのである。彼の声明や小説のなかに繰り返し現れる、誇りと恥辱というふたつの言葉の姿を取って。誇りと恥辱。このふたつの言葉は一見したところ対立しているが、西洋と東洋の関係、すなわち両者の絶えざる融合と分裂を、また、こうした錯綜を暴力によって一気に解決しようとする傾向を的確に表現している。

西洋でも東洋でも、優越感が最も致命的な情念の形を取るとき、ナショナリズムへの誘惑は強くなる。パムクが最終的に宗教的な原理主義よりも嫌っているのがこのナショナリズムである。これこそ、そこからすべてが派生してくる病だからだ。イスラム過激派がナショナリズムに結びつくとき、この病は致命的になる。そのときから人々は不安を抱くようになるのだ。多様性を浮上させ、恥辱が誇りのなかで抱懐されることを理解させてくれる記憶の助けを借りて、東洋が西洋と結ぶ関係に染み込んだ羨望と屈辱を分離・識別する行為にたいして。

ピエトロ・チターティが十月十三日付けの『ラ・レプッブリカ』

紙で洗練された叙述をしてくれたように、現代という時代を理解し、体験させてくれる最良の小説は『わたしの名は紅』である。最良だというのは、小説の主題と書き方がここでもさまざまな色彩に彩られ、無数の視点から湧き上がり、両義的でもあればまた繰り返し謎を提示してもいるからである。小説に語られた戦い（十六世紀末トルコ皇帝宮殿内のさまざまな細密画工房間で起こる支払い問題）は、作者自身が別のところで論じている現在のいくたの事件を思わせる。九・一一を、アフガニスタンとイラクにおける戦争を、トルコにおけるアルメニア人とクルド人の大虐殺を、社会問題に首を突っ込む職業作家を。細密画工房でも、今日の世界と同じように、まず孤独、次いで羨望、その後殺人に至る屈辱を生み出すのは、新しいもの、異なるものに対する恐怖だった。

十六世紀の細密画家はまったく新しく瀆神的なヨーロッパ美術――肖像画、署名のある絵画、遠近法といった芸術――に魅了され、孤独の淵に放り込まれ、狼狽し、自尊心を深く傷つけられる。ヴェネツィアで見たベッリーニ〔ジョヴァンニ・ベッリーニ、一四三三―一五一五年、初期ルネサンスヴェネツィア派の画家〕の高みには、辿り着こうにも辿り着けないだろう。模倣者にしかなれない。と細密画師は思うのだ。パムクはすべてを物語り、選り分けることをしない。古代ペルシャの学校にはどこかしら雄大なところがある（「ヘラトの昔の名人たちはこの世をアラーの神がご覧になったように描こうと努力して、個性があることを隠すために署名をしなかった」）。そしてヨーロッパの絵画には芸術家の独創性や多様性を許容し、人間が見た通りに世界を描く魅力がある。スタイルそれ自体が多義的だ。昔の細密画工房にとって、それは「作者を見分けさせてしまう欠点」なのだとある登場人物は言っている。ヨーロッパにとってそれは、芸術の計り知れない人間的多様性なのだが。

小説という芸術の力

パムクがヨーロッパに対して抱いている思想、彼をしてトルコのEU加盟を熱烈に支持せしめている思想は、彼の小説の素材とも深く結びついている。ヨーロッパが人を惹きつけるひとつの磁極となっているのは、キリスト教があるからではない。魅力的だからとか、重要だからという理由でもない。ヨーロッパが人を惹きつけるのは、それがかつて多様性を受け入れる素地を持っていたことに因るのである。その多様性は文学、絵画、そしてヨーロッパが個人に対して開く空間からやってきている。

パムクは二〇〇五年にフランクフルトでドイツ平和賞を受賞したさい、そのことを説明している。彼は言う。ヨーロッパがオリエントにもたらした真の贈り物とは小説芸術である。マラルメが言うように「世界は一冊の書物に至るために作られている」のだ。ヨーロッパに対する自らの愛着を説明するさいにパムクはこの言葉を引いている。したがってパムクを魅了するのは小説という語られた肖像なのである。「わたしに言わせれば、オーケストラ音楽やルネサンス以後の絵画とともに、小説という芸術はヨーロッパをヨーロッパたらしめ、それが何であるかを説明し、明らかにする礎石の一つです」。小説は「考えたり、理解したり、空想したりする一つのやり方、あるいは自分を他者の立場におくことを想像する一つの方法」なのだ（『父のトランク』より）。小説は最も自分と異なった作中人物、とりわけ最悪の悪党のなかに入る込むことを可能にするわけだから、その性質上、好戦的・戦闘的な世界観とは相容れない。

パムクはアメリカがテロリズムに対して遂行している戦争に断固として反対する。とりわけイラクにおける戦争の結果、西洋と東洋を隔てる溝が深くなったことは間違いないと考えている。パムク自身は九・一一実行犯側にも、またアメリカの世界支配側にも就くことを拒否する。しかし、このような支配によっていかなる事態が引き起こされるのか理解して欲しいと訴えている。その事態とは、自尊心を傷つけた西洋に対する東洋の怨念であり、イスラム教とキリスト教の「馬鹿げた対立」である。「困窮のなかに閉じこめられ、自らの歴史を決定する権利を奪われた貧しい国の何百万という人々が、なぜアメリカに対してこのような怒りを感じているのか、よく考えてもらいたい」と、テロ襲撃直後の『ニューヨーク・レヴュー・オヴ・ブックス』に書いている（「怒りの要求」、二〇〇一年十一月十五日）。

小説と文学がわれわれを救ってくれるに違いない。このふたつのなかにはきわめて異なったさまざまな色彩や性格が包含されているのだから。二〇〇四年、週刊誌『ジ・アトランティック・マンスリー』に掲載されたある記事で、クリストファー・ヒッチェンズが、小説『雪』のなかでパムクはイスラム寄りの理解を示していると非難した。これに対しパムクはこう切り返している。「美しい小説を書くための鉄則は、すべての作中人物に同一化できることだ。闇に包まれた作中人物に同一化できれば小説はいっそうすばらしいものになる。ドストエフスキーがそれを教えてくれた」。

表現の自由がパムクの中心思想だが、これもまた、芸術を政治化する古典的な政治運動への参加からは生まれてこない。表現の自由は必要不可欠な自由である。というのも、世界が永久に変化する多数のアイデンティティーからできあがっており、ただひとつの宗教にそれらを収斂させることができないからだ。「われわれ現代人の頭は変わりやすく、移ろいやすいがゆえに、表現の自由がかくも重要になるのです。われわれ自身を理解するために、陰に隠れ矛盾に満ちたもっとも内奥の思考を理解するために、われわれは表現の自由を必要とするのですから」（二〇〇六年四月二五日、ペンクラブにおける講演）。変化の激しい人生を送るわれわれひとりひとりが、それほどまでに矛盾する移ろいやすい世界観を持っているのである。表現の自由はそのすべてを同時に守るためにこそある。

今日われわれは戦いのさなかにいるという考え方をすると、パムクが警戒する危険を冒すことになる。ヨーロッパがトルコのようにつねに軍事的な行動原理にさらされる国になってしまう危険である。ヨーロッパの一部になろうと望みながら、アイデンティティーの脅迫に悩まされ、まさにそれがゆえにアイデンティティーを失う危険を冒しているトルコのように。われわれが渇望するさまざまな色彩の煌めきは、こうした類の戦いを拒否することのなかにしかない。パムクのノーベル賞受賞は、少なくともわたしにとって、この煌めきへのオマージュなのである。

Barbara Spinelli, "Elogio dell'artista non militante," *La Stampa*, 15.10.2006.

おがわ・なおや　早稲田大学講師。一九五八年生。早稲田大学大学院文学研究科フランス文学専攻博士課程単位取得退学。フランス文学、ロマンス諸語文学。訳書に『地中海の記憶』『「アナール」とは何か』『入門・ブローデル』（藤原書店）他。

コーヒーハウス
（Thomas Allom, *Istanbul und der Bosporus*, 1986, E.B.-Verlag Rissen より）

「『雪』がこれほど強い振動を生み出せた理由は、そのポリフォニーと道徳観の多重性にある。」

大きな「雪」のこと

【『雪』の鑑賞と分析】

莫　言　Mò Yán
彭佳紅＝訳

Mò Yán　中国の作家。一九五五年山東省高密県生。著書に『転生夢現』『四十一炮』『白檀の刑』（中央公論新社）『赤い高粱』（岩波書店）『白い犬とブランコ』（日本放送出版協会）『至福のとき』（平凡社）他。

二年前、『わたしの名は紅』を読み終わったあと、私はオルハン・パムク氏の爛熟した文学の技巧を賞賛してやまなかった。トルコ大使館で開かれた作品討論会で、私はこのようなことを話した。「空では冷たい空気と暖かい空気が融合したところに、雨が降る。海では寒流と暖流が交じり合うところに、豊富な魚類が繁殖する。多文化がぶつかり合うところで、常に優秀な作家と作品が生れる。そういう意味で、イスタンブルという都市がまずあって、それからパムク氏の小説があるのだ。」この発言は、その後多くの新聞に引用され、私自身もそれで頗る得意になった。しかし、彼の『雪』という作品を読んでから、私は恥ずかしくなった。一見公平で妥当な私の発言は、実はパムク氏の創作における個性と芸術的技巧をおろそかにしていたからである。

もちろん、イスタンブルは、ヨーロッパ大陸とアジア大陸を連結し、悠久の歴史を持ち、多文化を融合した多くの矛盾と衝突を抱えている都市だから、パムク氏の創作に深く影響を与えたことには間違いない。しかし、パムク氏のような優雅な気質を持ち、読書家で、しかも人類の運命に極めて強い関心を持つ文学の天才なら、たとえイスタンブルにいなくても、やはり輝かしい傑作を創り出したことだろう。『雪』は、その証明である。以下、私は次の四つの面からこの作品の芸術的な特色についてお話ししたい。

一　叙事的な迷宮

カフカは彼のKを城の外で徘徊させたが、パムク氏は逆に彼のKaをたやすく都市の中に飛び込ませた、しかもすみやかにこの都市の衝突する矛盾の真っ只中に身を置かせ、ひとりの外来者がたちまち矛盾の焦点となる。読者はKaを追っているうちに、知らず知らずに迷宮に入り込む。読者は最初、Kaのように迷い、Kaのように驚き落胆し、それからずっとKaがこの都市から逃れるまで、Kaと共に幸福、苦痛、期待、焦燥、躊躇、嫉妬などの感情を次々と体験する。Kaは死の直前になっても、恐らくまだなぜ愛の旅が死の旅になってしまったのかを理解できない。しかし、読者は彼の失敗をよく知っている。——一見純真無垢な彼の愛には、実は貪欲、利己、怯懦が隠されていることが彼の失敗の要因となったということを。読者は小説の主人公の視野を越えているし、しかもその主人公の行為を俯瞰し見つめる。これは小説の中の語り手であるオルハンの介入によって作り出されたものだと思う。この種の小説らしい技法は、作家に叙事の便宜を提供し、また読者の閲読に心理的な空間を作り出す。

『雪』の構造の妙は、作者が小説の主人公と自分との間にオルハンという語り手を置いたことにあるのみならず、作者は「芝居の中の芝居」、「物語の中の物語」という手法を用いて、この小説に重層的な様相を示した。

スナイ・ザーイム自らが監督し、民族劇場で上演されたあの二幕の劇は、小説を新たな高潮に推し上げた。真偽を分かち難いこの二幕は、小説の精巧な構造そのものだし、またこの小説にナンセンスの色合いを与えたことで、小説全体の風格にも影響を与えた。作家パムク氏が書いた「雪」と、オルハンが見つけた「雪」、及びKaが創作している「雪」は、ひとつの優雅なサブタイトルとなり、厳しい内容を表現したこの政治小説に、憂愁と優しさのベールをかぶせた。

二　騒がしい多くの声

一つの小説のなかで、作者はどんな役に扮すべきか。表に出てきて道徳的説教や評定を下すか、それとも後ろに隠れて、小説の登場人物に各々の意見を言わせ、自由に演じさせるか。パムク氏は聡明にも後者の態度をとった。トルコ社会の複雑な現実と深層に潜在する矛盾を扱ったこのような小説の場合、作者は登場人物の後ろに隠れて表現するしかない。

『雪』には色々な人物が登場する。イスラム教徒、無神論者、陰険な政治屋、天真爛漫な若者……。そして作品の中の大量の対話、論争の内容は、宗教、政治、恋愛、幸福、生活の意味、信仰の真偽、多くの声は騒がしく、まるで異なる思想間の論争のようだ。その間、作者は見晴らしのきく所で、力強くこれらの登場人物を操り、これらの登場人物を芸術の規範を突き破らないようにコントロールしながら充分に表現させた。これによって、小説のいくつかの精彩ある章ではその素晴らしい効果を生んでいる。

『雪』がこれほど広く論議を引き起こし、これほど強い振動を生み出せた理由は、そのポリフォニーと道徳観の多重性にある。私はいつもこう思っている。優れた小説の重要な特徴の一つは、その多義性にある、即ち作者が自分の道徳や価値観で小説の登場人物や読者の思想を制限しないことにある、と。もちろん作家は社会問題に対して自分の見方があるし、自分の道徳基準を持っているが、世界で起こった多くの重大な問題に直面した時に、作家は自分に限界があることを認識すべきだ。なぜなら自分が正しいと思う思想は、実は歴史的な限界と個人的な偏見を帯びているかもしれないからだ。少しでも寛容になれるよう心掛けよう、色々な立場の人に心の声を出してもらおう。これらの声は伝わってゆき、その判定は歴史の長い河の流れにまかせよう、これこそが、ひとりの作家としてのより確かな選択であろう。

『雪』中国語訳

三　豊かな象徴

雪、いたるところにある雪、変幻自在の雪、それがこの小説の中で最も大きな象徴的な符号である。前述したように、雪は本書の「物語の中の物語」でもあり、また本書の構造様式でもある。ところが、読者に残した最も深い印象といえば、やはりあの明快な、天地を覆う雪である。雪はいたるところに存在するし、人物は雪のなかで活動し、恋愛と陰謀は雪のなかではぐくまれ、思想も雪のなかで進行する。雪はこの小さな町を外の世界から隔絶させ、雪はこの町に錯綜していて見通しがつかない、変幻極まりない雰囲気を作り出している。雪があるからこそ、ここのすべてがまるで夢境のごとく、ここの人、ここの物、犬さえも神秘なベールにつつまれて、不確実性を帯びている。

パムク氏の優れたところは、彼がわざと難しい方式を用いて雪に象徴性を与えなかったことにある。彼は本書のなかで数百箇所に雪を描いた、一筆一筆素朴で着実に雪を描写した。しかも、彼の雪はみんなKaの心境に触れ、Kaの感受と密接に関連して描かれているので、彼の雪は生きている。象徴もそれによって生れる。

雪を書いた作家は世に千人万人といるが、しかし雪をこれほど豊かに書けたのは、パムク氏が第一人者だ。

四　生き生きとした細部描写と新奇な比喩

『雪』の魅力は、前述した内容のほかに、その生き生きとした、独特な細部の描写と豊かな想像力による比喩にある。たとえば、

蝋燭が点っている食卓が見えて、彼はそこに向かった。食卓を囲むすべての人々とともにその壁に映った黒い人影もKaを振りかえった。

——パムク氏は人のみならず、人の影まで描いた。このような細部の描写は、作家の精確な観察力に基づいている。また、下記のような例がある。

台所の蝋燭の光のなかで、Kaはイペッキとカディフェが抱き合っているところを見た、両腕をお互いの首に回して抱き合っている、まるで恋人同士のようだ。

——姉妹の抱擁を「まるで恋人同士のようだ」というのは、新奇な比喩だし、またこの姉妹の特殊な関係をとても正確に表現している。

捜査調書に記してから、Kaとムフタルは警察の車の後部に坐っていた。ふたりはまるで罪を犯した少年のように黙り込んでいた。Kaは膝に置いたムフタルの大きくて白い手を太った老いた犬のように見た。

——このような二人の男と、男の手の比喩は、独特で新奇である。

雪は、一種神秘的で神聖なまでの静寂のなかでちらちらと降っている。自分の消えたり聞こえたりする足音と荒い息以外には、Kaには何も聞こえなかった。……雪の花は下に向かって緩やかに舞い降りるものもあれば、頑として上に向かって、深い闇のなかへ昇っていくものもある。ところが、大広間は死のような静けさにつつまれている……みんなは蝋燭のようにじっと坐っている……

——このような描写は、物理的ではあるが、むしろより心理的と言えよう。このような比喩は、われわれには熟知しているものでもあり、また目新しいものでもある。

白いブリキの煙突が打ち破られて、煙は沸騰した薬缶の口から噴き出た蒸気のように噴き出ている……

——このような細部の描写は、観察力のみならず、作家の想像力による表現である。
これと類似した例は、パムク氏の『雪』のほか、他の作品にも随所に見ることが出来る。これはパムク文学の魅力の重要な一つであり、パムク氏の文学における才能の現れでもある。彼の精確で且つ繊細で辛抱強いところは、このような細部の精彩ある比喩によって表わされている。このような能力は、訓練の結果ではあるが、また生まれつきの天賦でもある。
私に中国の作家たちにパムク氏に学べと呼びかける資格はないが、私自身はパムク氏に学びたいと思っている。もちろん、多くのものは到底学べるものではないのだが。

莫言「好大一场雪——《雪》赏析」(「オルハン・パムク文学シンポジウム」報告原稿。中国社会科学院外国文学研究所主催、二〇〇八年五月二三日、於・中国社会科学院学術報告ホール)

編集部付記　本稿の掲載にあたりご協力いただいた許金龍氏(中国社会科学院外国文学研究所研究員〔教授〕)にお礼申し上げます。

ほう・かこう　帝塚山学院大学教授。一九五五年上海生。神戸大学大学院博士課程修了。比較文学。訳書に『21世紀與中国文化』『陶淵明・陸放翁・河上肇』(中華書局)他。

テオドシウス1世のオベリスク(ヒッポドローム)
(Thomas Allom, *Istanbul und der Bosporus*, 1986, E.B.-Verlag Rissen より)

「パムクは『雪』で、トルコ東部でよく見られる平凡な都市を神秘的かつ荘厳に描いたのである。」

激動のトルコ現代史を舞台に描いた革命と愛の詩

【『雪』を翻訳して】

イ・ナナ　Nana LEE

渡辺直紀＝訳

Nana LEE　韓国外国語大学校トルコ語科講師。文学博士（アンカラ大学）。一九六六年生。オルハン・パムク『イスタンブール』『黒い本』『白い城』『雪』『わたしの名は紅』『新しき人生』の韓国語訳を手掛ける。

「読む楽しみ」を提供する作品

読者たちが良い小説を選ぶ基準は何だろうか？　読者たちがその小説に充足されるように願うもっとも原初的な期待心理は何だろうか？　なによりもそれは「読む楽しみ」である。小説が与える「読む楽しみ」は、常套的だったり陳腐だったりしない、独創的で創意あるストーリー、確かな論理的土台の上に根づいたエピソードの展開、知的な推理力の充足、とどまるところのない想像力の誘導、緊張感の適切な維持、空虚でない想像力、流麗な文体などの如何によって増大するだろう。

「読む楽しみ」を提供する良い小説は、力量ある作家の手によって生まれる。そのような作家は天賦の才能の他にも、卓越した知的水準、洞察力、感受性、また想像力を兼備していなければならない。自分だけの固有の色彩、すなわち独特の表現も行わなければならず、特別な勤勉性も要求される。オルハン・パムクはこのような資質をあまねく備えた、この時代に屈指の作家である。特に彼が最近発表した『雪』は、これまでに出た彼の小説の中でも、出来事の速い展開や詩的な文体で読者に小説を読む楽しさをたっぷりと提供している作品である。またオルハン・パムクの以前の小説がみなイスタンブールを背景にしている一方で、ただ『雪』だけがアルメニアと国境を接しているトルコ東北部の都市カルスを背景に展開しているという点は特記に値する。

小説『雪』は、暴雪で道が遮られたトルコの人里離れた国境都市カルスで、現代化を志向するケマル主義者たちと保守的なイスラム原理主義者との間の衝突、三日で幕を閉じた局地的なクーデターを大きな筋として展開している。パムクはこの作品で神と人間との関係という根本的な問題を執拗に掘り下げると同時に、中年男女のあり得ない愛情の物語を美しい雪景色を舞台に読者たちに繰り広げて見せる。

『雪』韓国語訳

この小説の主人公である詩人Kaは政治事件につらなってドイツで十二年間亡命生活をしていたが、母の訃報を聞いてトルコに戻り、偶然にもカルスという街に旅に出ることになる。その地で彼が自らの人生を完全に変える荒波に巻き込まれることになる過程を、Kaの友達であり小説の話し手であるパムクが、Kaと取り交わした対話、書信、またKaの詩集や備忘録を通じて再構成する。雪で覆われた街、また暴雪によって外部と遮断された状況がその背景にあり、その中で多くの主体が対立しながら葛藤する様相が展開する。白い雪とその雪が覆う貧しく衰落した街を舞台に、カルス現地の人間と大都市イスタンブールのブルジョア、イスラム教理に忠実であろうとする女学生と校則を維持しようとする学校、宗教者と無神論者、イスラム原理主義者と世俗主義者、警察とテロリスト、軍部とマスコミ、クーデター勢力と民衆、矛盾だらけの人間と神、愛におぼれた男と女などの登場人物が引き起こす不和や反目が小説の緊張感を高める。

東と西というモチーフ

オルハン・パムクが前作から絶えず追究してきた主題である東洋と西洋の葛藤の問題は、『雪』でもやはり重要なモチーフになっている。ここでは西洋の神と東洋の神が区別され、それぞれを追い求める西洋人とトルコ人が分かれる。同じトルコ人でもイスラム主義者と世俗主義者に分かれ、これらの間の葛藤と対立も主要な出来事となる。

この小説で「神」の問題は露骨に出てこない。パムクの文章は直接的な口調、執拗な探索、集中的なタッチをこっそりとすり抜ける。だが主人公が雪の神秘から神を再発見する過程や、無神論者であるムフタルが「神」に回帰する過程やその他のエピソードで、読者は神の存在、神と人間との関係に対する省察と模索が『雪』の底辺にあることを知る。

またこの作品で見逃せない重要な特性は、テロで血まみれのこの時代に、テロ集団はどのように形成され闘争するのか、また彼らが基盤とする理念や論理の性格はどのようなものなのかについて、小説的な方式で独自の理解を助けているという点だ。

小説『雪』は、多様な人種で構成されているカルスの人々、カルスの歴史、文化、また路地のあちこちを生き生きと描いている。失業者であふれる茶屋、原因不明の女たちの自殺、雪合戦をする子供達、選挙ポスターで一杯になった路地。このような日常の中で絶え間なく降りしきる雪は、銃声や大砲の音さえかき消してしまう。しかしこのように恐ろしい雰囲気の中でもKaは幸せだ。四年の間に一行も書けなかった詩が、「自ずから」彼のところを訪れたからだ。十九編の詩。イスラム主義に対立して断行された革命と、長い間、詩を書くことができなかった、過去の左翼主義者である、われらの主人公Kaが、この流血の革命期に経験することになる成立不可能な恋愛は凄絶きわまりない。

小説の背景となったカルス市がトルコを代表するとは言えないが、ムスリム問題、クルド人問題、東洋と西洋の葛藤など、総体的なトルコの歴史や文化的な側面から見る時、これはトルコ現代史を縮小したものに違いない。

カルスにて

私は翻訳が最終段階に至った頃の冬にカルスを訪問した。小説で描写されたその神秘的な雰囲気の都市を自分の目で見ずしては翻訳できなかったからである。私も主人公Kaのようにバスでカルスに入りたかったが、事情がままならず飛行機を利用した。上空から見たカルスは雪国そのものだった。小説『雪』で描写された雪に覆われたカルスが、そのまま私の目の前に広がっていることに興奮を隠せなかった。

私は小説『雪』にあるように、かつてはKaが歩き、後にパムク自身が歩いた道をそのまま歩いた。タイヤをつけてころがって行く、荷物を一杯に積んだ馬車、路頭で薪を売る人々、羊の群れを追って来て道で取引する羊飼たち、パンでぎっしりのビニール袋を持って小股に歩く中年男、城へとのぼっていく丘に並ぶ無許可家屋。

小説で描写されている威風堂々たるカルス城の入口に着いて表示板を詳しく読んだ。一一五三年に増築されて一三八六年のモンゴル侵略時に破壊され、一五八九年にスルタン・ムラト二世の命令で再建。股下まで積もっている雪のためほとんど這うようにして城を見学した後、城の一番高いところまでのぼることができた。

そこからカルスの街を見下ろして偉大な作家の面貌をあらためて実感できた。オルハン・パムクは『雪』で、トルコ東部でよく見られる平凡な都市を神秘的かつ荘厳に描いたのである。パムクが捉えようとしたものがまさにこの雰囲気だったのだという気がした。自殺、クーデター、成立不可能な恋愛。小説の中のこの非凡な設定に、このような暗鬱で憂鬱な雰囲気が存在しなかったら、そして絶えず降りしきる雪でなかったら、小説の魅力はやや減少しただろう。

　都市のあちこちには歴史的な建物も散在していたが、みな放置されたまま廃墟になっていた。人々の表情は沈鬱そのもので、なによりも貧困にあえいでいた。私の泊ったホテルも以前、学生寮として使われていた建物だったという説明を聞いて、小説の中の場面が思い浮かんで我知らず緊張した。これらすべての状況が小説『雪』を連想させるに充分だったのである。このような奥地の国境の街に黒髪の東洋女性がやって来たのが不思議だったのか、ホテルのマネージャーは茶を勧めながら、多くのことに気を使ってくれた。夕食のもてなしも受けた。彼はトルコの有名な作家オルハン・パムクがこのホテルに泊まって小説『雪』を書いたのだと自慢げに言った。そのパムクが私にこのホテルを紹介したことを知って、ずいぶんと驚いた顔をしていた。私はカルスで『雪』の韓国語翻訳者であるという事実を隠し、その地の人々と茶を飲んで対話を交わした。小説の中に出てくるスパイのようにである。

　私はその地を離れる飛行機の中で、自分がパムクのようにカルスを深く感じることができなかった理由は、小説のように雪が降らなかったからだと自慰するしかなかった。パムクの一冊の小説が、宗教のように私をカルスへと自発的な巡礼の旅に誘い、聖地巡礼を終えた巡礼者が神に対する屈強な信仰心を抱いて帰って来るように、カルスを離れる飛行機の中で彼に対する驚嘆の心はますます大きくなっていった。告白するが、小説の最後の部分では、私もパムクと同様に涙を浮かべてしまった。はじめから最後まで白黒フィルムで撮影した、しかし白が圧倒的に優勢な映画のエンド・クレジットが上がっていた。

（Nana Lee, "Çalkantılı Çağdaş Türkiye Tarihi, İhtilal ve Aşk Üzerine Bir Şiir," *Varlık*, 2006.10. 但し日本語訳はハングル原稿を底本とした。）

わたなべ・なおき　一九六五年東京生。一九八八年慶応大学政治学科卒。一九九八年韓国・東国大学校大学院国語国文学科博士課程修了。武蔵大学人文学部准教授。韓国近現代文学・思想。主要業績に『韓国の近現代文学』（共訳、法政大学出版局）、『思想読本・韓国』（共同執筆、作品社）など。

トルコにおいて、「モダニズム」はどのように受容され、いかなる文学に結実したのか?

アフメト・ハムディ・タンプナルとトルコ・モダニズム

オルハン・パムク(1)

Orhan Pamuk

澤井一彰=訳

近代トルコ最大の文学者のひとり、タンプナルの作品の分析から、トルコ文学史におけるモダニズムとの葛藤をたどり、伝統とモダンの中間地点に、独自の文学的可能性を探る。パムクとトルコ、パムク作品とトルコの関係を考えるうえで恰好の文学論!

モダニズムとは何か

モダニズムとタンプナル

今日のお話の主題はアフメト・ハムディ・タンプナル[*1]とトルコ・モダニズムです。モダニズムを一つの基準として、アフメト・ハムディ・タンプナルの作品のいくつかの基本的特徴を検討することを私は目指したいと思います。アフメト・ハムディ・タンプナルが私に教えてくれたものが何であるのか、あるいはタンプナルのトルコ文学やトルコの小説における注目すべき、また独創的な位置というのが何であるのかを説明するように言われていたならば、私は「モダニズム」をテーマにしてお話しすることはなかったでしょう。モダニズムは、我々がタンプナルの作品の精神を理解するための適切な鍵というわけではありません。私の話の主題は、実はこれなのです。しかしここではトルコ・モダニズムについて我々は話をしているわけですし、またこの概念を、ここ五〇年のトルコ文学の、とりわけ革新主義の側面を理解するために用いているわけです。もし私の意見を求められるならば、「モダニズム」の概念というのは、我々が開かなければならない扉を開くことができるような、適切な鍵ではありません。しかし一方で、鍵であることには変わりはないわけですし、またここのところ非常に頻繁に用いられてきた概念でもあります。この概念でもって、我々が求めるような扉を開くことが仮にできなかったとしても、少なくとも、なぜこの概念が十分なものではないのかをお話しする際に、我々は非常に多くのことを検討することができるでしょう。

＊1　Ahmet Hamdi Tanpinar（1901-1962）　オスマン朝とトルコ共和国期の小説家・詩人。一九二三年イスタンブル大学文学部を卒業し、一九三九年に同大学教授となる。一九四二―一九四六年にはマラシュ選出の国会議員としても活動。代表作『心の平安 Huzur』『月にいる女 Aydaki Kadin』（未完）。

近代性と、文学のモダニズム

我々が生きている時代は、自らの意味をさがし求め、自らを過去に照らして検討し、定義する際に、学問や芸術において生じるいくつかの革新を、その時代を決定づける特徴であるとしました。そして、この特徴を、すなわち革新を、我々が新たな時代、あるいは時期——何と呼んでもいいわけですが——、に入ったという徴《しる》しや兆《きざ》しとして理解しようとしたわけです。こうして、学問、技術あるいは芸術によって、我々は過去から、あれやこれやというかたちで切り離されてしまいました。この断絶が、あるいは革新の総体が、より肯定的なかたちで迎え入れられたきらめきがもたらす熱狂が存在していました。我々が生きている今日、あるいはそれに近い時期と関係付けられるこの熱狂や革新の源泉が、ラテン語に起源をもちフランス語によって世界中に広められた言葉でもって「近代」と呼ばれたわけです。

この意味において、言葉の最も広い意味を取るならば、ここ数世紀の産物や人間の構造は、そのすべてが近代であると言うことが可能なわけです。私がたった今、話をしているマイク、私が着ている服、あなた方がここで文学の集まりのために集まっているということ、部屋の扉、窓、そのライター、この私の眼鏡、おおよそ全てが、この意味において「近代」なのです。これら全てのものの、組織の、あるいはこれらの延長である言語の間で形成された状況をも、我々は「近代性」と呼んでいます。我々のすべては、あれやこれやのかたちで近代性の一部なのです。

しかしこのことは、我々の一人一人が近代主義者（モダニスト）である、という意味にはなりません。この言葉の一般的な使い方においては、我々がこのようになるためには、近代的なものや近代的な手法あるいは秩序に対する我々の特別の愛着と肯定的な態度が必要であり、近代的であることを首尾一貫したかたちで自らのものとすることが必要なのです。

一方で、文学におけるモダニズムという言葉からは、私が問題にしている概念が指し示すものとはまったく違うもの、すなわち文学のある特定の潮流が思い浮かびます。つまり、二〇世紀初頭に広まった、とりわけ第一次世界大戦後にはっきりとしたかたちをとるようになったある文学的手法、道筋あるいは感性が描き出す独特の文学理解。文学においてモダニズムと言えば、まず頭に浮かぶ名前とは、ジョイスであり、リルケ、ウルフ、カフカ、フォークナー、プルースト、トマス・スターンズ・エリオット、ヴァレリーあるいはベケットといった人々です。

トルコにおけるモダニズムの受容

私の意見を述べるならば、我が国においては真の意味でのモダニズムは成立しませんでした。我々は、一般的に「近代」という言葉を「父親から引き継いだものではないもの」とか「伝統的ではないもの」とかいう意味で用いてきました。また、しばしば「西洋的なもの」という意味でも用いられてきました。たとえば「非常に近代的（モダン）な男というものは、妻が他の男と踊るのを許すのだ。」などと昔は言ったものです。この用語法は、日常生活から文学にいたるまで浸透しました。新しく興味深いテーマや主題や手法が、時として文学作品で用いられた際に、その作品が近代的であると言われてきたのです。あるいは、これは大きな誤りというわけではないかもしれません。しかし、モダニズムというのはまったく別のものなのです。

文学においては、モダニズムとは、ただ伝統的なものへの対抗だけではなく、一般的に、社会的精神や社会集団の雰囲気といったものから遠ざかるものだと私は理解しています。モダニストの文学は、伝統的文学の最も強い側面である「象徴性」の関係をもぎ取ってしまいました。もはや文学は、真実を象徴してはおらず、文章は人生の鏡ではなくなってしまったのです。人生に対してなされたある活動、自らによる、自らの構造による別々の宇宙は、新しい世界となったのです。モダニストの作家たちによって生み出されたテキストは、現実に存在する世界を反映するものではなく、法則や神秘が説明される場所でもなかったのです。モダニストの文学的活動は、人生それ自体をありのままに捉えるためになされる文筆活動ではなく、それ自ら、それ自身によってなされる、その意味をそれ自体の内部に転換させることによって生じる、そういうひとつの営為なのです。

もちろんこれは、我が国で一般的な言い方があらわす意味において、モダニストたちが「浮世離れした」という意味にはなりません。ジョイスの『ユリシーズ』あるいはウルフの『ダロウェイ夫人』が、どれほど真実の生活の舞台によって満たされているかを、あるいはこれらの小説において、ダブリンやロンドンの色彩や文字や香りが、その持てんばかりの力をもって、どれほど強く感じられるのかを知るためには、数ページをちょっと斜め読みすれば、それで十分でしょう。文学作品の創造者と文学作品に用いられる生活との関係の近しさ、あるいは直接性は、最初から脇に押しやることができるほど意味のないものではありません。しかしこの関係は、我が国のように読書の習慣が発達せず、読書というものが、ある理論を述べたりあるいは意味をもとめたりする努力以上に、鏡や双眼鏡を覗きながら自分の人生が見せてくれなかったものを、生活に慣れ親しんだものの内にかいま見るものとして理解されるような文化的枠組みにおいては、多くの場合、まったく異なった解釈や反応へと道を開くことになるのです。すなわち、難解で、複雑な、内部構造の豊かな、その力の源を構成に求めるようなテキストを、「浮世離れした」ものであると思い込むことに。

文学的な意味でのモダニズムの、我が国における最初の理解の形態がこのようなものであるとするならば——ただし、これは我が国にのみ特有の現象ではなく、我々と同様の読書や思考の慣習をもつ他の地域においても、たとえばかつてのソヴィエト連邦やエジプトにおいても見られることですが、——もうひとつの一般的な理解は、モダニストのテキストの背後にある手法や技法に必要以上の重要性を与えるというものです。

モダニストの小説に頻繁に用いられる技法や手法あるいは表現の方法について若干述べておきましょう。認識の経過あるいは意識の流れと呼ばれているものは、その起源が遙かダダにまで遡る、コラージュと並列手法、長い文章、あるいは、これらにつながる語り手と呼ばれる中心の拡散と多様化、および、これもこれらにつながることによって思い起こされる意識の分裂、あるいはまた、語りの時間が我々の知る自然な時間の流れからそれて、あるときは未来に、またあるときは過去へと移動するという跳躍を用いること……。真の意味におけるそれぞれの「創造」すなわち、それぞれの知的創造性の模範であるこの革新にたよる者や、それらを発展させてきたモダニストの作家たちは、これを行う際に、それぞれが生きた時代の精神をも参照し、またその手法の背後にはフロイトやベルクソンあるいはアインシュタインの見解が存在することを暗示してきたのです。新しく、光り輝く、まったく試みられなかったような表現の手法を発展させてきた文学者たちは、正当的な探索の手法の範囲内において、このような種類の助けに、すなわち知識の、哲学の、あるいは既によく知られるようになった手法の助けに、頻繁にたよってきたのです。

トルコの状況に類似する周辺諸国においては、西洋の影響下に継続されようとしている文学生活における、この種の中心的権威の性格と伝説とによって支えられた文学手法の理解というのは、ある種の魅了されたような、またある種の敬意のような真剣さの内部に存在したのです。我々は、そのテキストに喜びを見出すことよりも、むしろ、それらの権威に魅了されてきたのです。これもまた、私が先ほど述べた文学的創造と手法の、子どもっぽい、遊戯的な、あるいは皮肉的な側面を我々が見逃し、それらを、人生に対してなされたある種の営為としてみることよりもむしろ、人生をよりよく真似たりコピーしたりするために発展させられた各々の技法として我々が捉えることに道をひらくのです。タンプナルが『ユリシーズ』に着想を得て執筆した『月にいる女』という小説は、このことの好例です。この小説は完成しなかったわけですから、私の評価においても、もちろん多少のわりびきはしなければなりません。

モダニズム文学とは何か

私が前面に打ち出したいと考えるモダニストの作家たちや小説家たちの側面は、作品の内部構造の豊かさと緻密さです。この構造やこの密度、あるいは書物が世界にではなく、自らの諸要素に絶え間なく関連付けを行うということが、あまりにも基本的な特徴であるために、我々がこのような小説を他のものから容易に判別することに道をひらくのです。ここでは、より深いところに存在する文学的創造は、新しい態度の発見であるのです。「文章を、その内部の豊かさの可能性を、そしてその前に広がる創造性の地平を、これほどまでに愛しているために」と我々のモダニストの小説家は言っているかのようです、「人生を直接に関連付けるなどということは、私の心が承知しないのだ」と。

モダニストの小説家たちは、小説の中心や全体性を一種の霧のカーテンの後ろに隠してしまっているかのようです。このようなテキストにおいては、読者は、ただ偶然の見せかけ上の一部が、それ自らの間において交わしたささやきによって、あるいは一種の関係によって、先ほど私が述べた複雑な構造の網の性質について思考することによって、ようやくその全体性に到達することができるわけです。世界の全体性や意味、あるいはこの意味の認識というものは、モダニストの小説の内部には存在しないのです。我々は『ユリシーズ』を読んでいます、あるいは『城』を読んでいます。しかし世界がどうなっているのかを、どのような場所であるのかを、これらの書物は我々に直接に語りかけることはしません。我々は書物を閉じ、それから直感的知覚によってこの知識に到達しようとするのです。モダニストがテキストの反応を感じた小説においてはというと、たとえばゾラは、実はそれほどその背後に隠すことをせず、まるで父親のような優しさをもって、我々の耳に真実の何であるのかを少しずつ示すのです。我々はそれほど過剰に感じようとしたり考えたりする必要はないのです。ゾラのテキストは、父親が我々の手をとって、我々に「さあ見なさい、この建物を。そして考えてごらん」と言っているのに似ています。その建物の意味を、おそらくは、非常にはっきりとは言わないでしょうが、考えさせてはくれます。ジョイスのテキストはというと、我々をその建物の壁にぶつけるようなものです。テキストは、遠くから微笑みながら見つめ、我々はそれに対してたった一人、とり残されるのです。

この私が申し上げた特徴から、モダニストの小説家たちの明確な振る舞いや態度は、文学の内部におけるはっきりとした戦略を彼らが自らのものとしたものであると見てとれるのです。モダニストたちは、人生を象徴するテキストをつくりだすことを欲せず、人生の全体を反映させることを拒否しながら、実際には人生に対抗する態度の内部に入っていったのです。社会集団に対して、社会に対してある種のことを行ったのです。彼らの間で彼らが発展させた倫理は、テキストの複雑性や、閉鎖性や、神秘を簡単に売り渡すようなテキストをつくりださないことや、世界が何であるのかを、世界の性質が何であるのかを、——ある基準において——知らないかのように振舞うことや、ある基準において世界の複雑さに対して魅了され、戸惑っているかのように振舞うことに耐えるものなのです。しかし一方では、強力な願望によって、世界を一隅から捉えながら、そこから直感的な詩へと、全体へと到達しようという意志を示しつつ、モダニストたちは、彼ら自身以前の散文の作家たちに比べて、より深い努力を示してきたのです。

これは、少しばかりドイツやイギリスのロマン主義から学んだ振る舞いだと言えます。すなわち芸術というものは、社会に奉仕し、社会を養い、社会に何ものかを提供し、何ものかを教える教育の手段ではないのだ、ということを彼らは語るのです。そうではなくて、芸術というのは、社会に対する一種の対抗手段、人間の中にあると考えられている感情や知覚を強力な願望によって表現する手段、さらには一種の実存の様式、特別な、特権的な、知覚によって飾り立てられたある種の豊かな内面世界、あるいは進歩した生活様式であるという考えを我々に広めるのです。

今日、一般に広く受け入れられ、魔法をかけられたかのような伝説を創り出したのは、モダニズムの産物ではありますが、しかし実は、モダニズムからも断絶してしまった「偉大な」、「自らを犠牲にする芸術家」という概念の正当性は、まずロマン主義から得られたものなのです。ロマン主義者は、少しばかり危なく、少しばかり見下された、社会のはじに取り残された創造者たちでした。モダニストたちはというと、ロマン主義者たちから得たもの、すなわち、自らを苦しめ、社会に反抗し、社会に奉仕せず、さまざまな麻薬やアルコールとの関係もまたこの態度に由来する、自らを苦しめることを好むという芸術家のイメージをまず二〇世紀の最初の一五年において再び明確にし、話題にし、抵抗したのです。一九五〇年代以降、世界におけるアカデミズムの爆発によって、アカデミズムが、とりわけアメリカにおいて力をもって以降、モダニズムは二〇世紀の文学の基盤をなす礎石のうちのひとつとして認められるものとなったのです。もはやモダニズムは、文学の基本的原則のひとつとなり、文学博物館の不可欠の一部となるにいたったのです。モダニストたちには、ロマン主義者たちになされたような鼻であしらうような態度も示されませんでした。モダニストたちは今日、最も正当性を獲得した、最も尊敬される二〇世紀文学の礎石たちなのです。我々すべてが知っているように、世界において、ただアングロサクソンの国々だけではなく、ジョイスの著作やカフカの著作は、すべての大学においてのみでなく、高校でも教えられています。この意味において、今日モダニズムは、実際には組織された文学イデオロギーの一部というだけでなく、組織されたイデオロギー世界の一部であるとも言うことが可能なのです。モダニズムはこの意味において、歴史の内部に入り、歴史をつくり、自らの記念碑をつくりあげ、博物館を設立したのです。そしてもはやモダニズムは、我々の頭の中の世界像の、そのイデオロギーの幻影の一部であり、より多くの場合には、それそのものなのです。

これらのテキストを読んだ人たちなら、実は私が何を説明しようとしたのかを、よりよく理解できるでしょう。これらの書物が、すべてトルコ語に翻訳されていればよかったのに、我々みんながこれらすべてを読んでいたならばよかったのにと思います。残念ながら翻訳はされませんでした。『ユリシーズ』が、いつトルコ語に翻訳されるかなど、誰が知っているというのでしょうか。トマス・マンは多少のものが翻訳され、ヴァージニア・ウルフもいくつかが翻訳はされました。しかしプルーストはいまだにほとんど知られていません。

タンプナル『心の平安』を読む

『心の平安』のモティーフ

それでは、タンプナルがどれほどモダニストであったのか、彼が書いたものがどのような基準でもってモダニストのテキストであるのかを見ていきましょう。どれほどモダニストの振る舞いや倫理に入り込んでいったのかを、タンプナルが何を行ったのかを、簡単にお示ししたいと思います。このような場合に私が好きな方法というのは、作家を象徴するようなテキストのごく一部を見つけ、取り出してみることです。それをいま読みますので、その後で、この議論に関係するものを示したいと思います。皆さんご存知のように、タンプナルの最も素晴らしい小説のひとつは『心の平安 Huzur』です。この小説はイスタンブルを舞台とした恋愛小説です。こんなことは申し上げるまでもないかとは思いますが。それではまず『心の平安』から二箇所を読んでみましょう。ひとつめは、『テルジュマン』紙による「一〇〇一の基本作品」シリーズ版の二五八ページ。『心の平安』の終りに近いところなのですが。一節を読みますので、どうぞ作品をお楽しみください。「ただ、ここでだけではなくて、世界のどこであろうとも、すべてのランプの光の下で……」、作品を楽しんでくださいという意味で申し上げたのです。といいますのも、私は読むのが下手なものですから。

ただ、ここでだけではなくて、世界のどこであろうとも、すべてのランプの光の下でこれに似たようなことは起こるものだ。アデモールはそそっかしかった。このために、本当についていないのだった。最もよい願いからでさえも、一群の意味のない悲しみが生まれるのだった。悲しみと、小さな悲しみとが……。彼はため息をついた。「スアドは今晩、何かを行うだろう。ただ、私がこのことを考えることは、危機を準備するようなものだ。政治というのは、そもそもこういうものではなかっただろうか？　恐怖と防衛の努力、その見返りはというと……まるで音楽においてそうであるように……そして最後には黄金の嵐のようなフィナーレ……」突然、トルコ風の音楽の中で目覚めさせられた精神の状態から、彼の考えが西洋音楽へと移ったことに、彼自身も驚いた。「何と奇妙なことか……二つの私の世界が存在している。まるでヌーランのように、私は二つの宇宙の、二つの愛の真ん中にいるのだ。ということは、私は完全体ではないのだ！　あるいは我々すべてがこうなのだろうか？」

おそらくは、タンプナルはこのパラグラフを書きながら、こう考えたことでしょう。「よし、小説のモティーフの要約になった」と。小説にはこういうことがあります。あるテキストを書く際に、小説家というものは、多かれ少なかれ、小説を構成する本質的な要素が、このような本質から、それ自身には語らせることなしに、ある瞬間、一人の主人公の言葉や思考にひっかかる可能性があることを、すなわち小説のモティーフの真髄にかかわる、小説を構成する基本的なテーマの衝突にかかわる言葉の本質からこぼれ落ちることを感じ取るのです。ここで重要なことは、タンプナルが自らの叙述の外に出ることによって、この状況を意識していたということです。

タンプナルの典型的文章

さてこの本のもっとはじめのほうから、もう少し長い箇所を読んで見ましょう。そして、この箇所にもう一度戻って、いくつかの文章からタンプナルがどのようなことを行ったのかをお話ししたいと思います。

そのために、たびたび自らに問いかけるのだった。「僕たちはお互いを愛しているのだろうか、それともボスポラス海峡を愛しているのか?」時として、熱狂や幸福といったものを、古い音楽がもたらす興奮であると解釈して、「この古い魔法使いたちは、僕たちをその手のなかで弄んでいるのだ……」と考え、ヌーランを、それらのものとは別の考えに、すなわち、ただ一人彼女自身、彼女自らの美しさの中に捜し求めようとしていた。しかし、(愛やボスポラス海峡や古の調べの)結合は、そう思ったほど表面的なものではなく、ヌーランが彼の人生に突如として現れたことによって、彼自らの中に昔から存在した、魂の大きな部分を占めていたものに光をあて、その心をつかみ取ってしまったために、もはやイスタンブルであろうと、ボスポラス海峡であろうと、古の調べであろうと、あるいは愛した女性であろうと、それらをお互いに切り離してしまうことはできないのであった。というのも、ボスポラス海峡は、その過去によって、少なくともいくつかの季節において、ひとりでに調整した日の時間によって、非常に生き生きとした想い出が物語るさまざまな美しさによって、準備された人生の枠組みを彼らにもたらしたのだった。古の調べはというと、それほどに厳しい秩序の中のなかにはあるけれども、嵐やバラの雨をまき散らす狂騒によって、人に暗示される全生涯を通じてのただ一つの考えや、唯一の情熱の獲物の虜となる考え、そして暖炉で燃えて灰となり、まあ再び燃えて再び灰となるために蘇るという考え、そして、お互いを非常に古い、まるで忘れられた美しさの中に探し求め、見つけ出す楽しみによって、このできあがっており、どのような可能性にも応じることができるほどに豊かな人生の枠組みを満たすように誘い、これをなしうる道を示し、これを生きるために心の底から彼らの心構えを整えさせているのであった。

その上で、我々の古い音楽というのは、人間をなきものにし、あるいはある驚嘆の感情で消耗するような芸術ではないのである。聖者の魂をもつ、そして謙虚なすべてのそうした音楽の名手たちは、芸術の頂点がどれほど高いものであろうとも、人間の生活の内に居残り、またそれを我々と共に生きることに喜びを感じていたのである。

　こうしてヌーランは、ミュムタズのために、その記憶にしっかりと結び付けられたこの二つの助けのおかげで、すべての古く美しく根本的なもののはかない存在として人生に戻り、それを生きた神秘的な被創造物は、時間を自ら自身とその美しさにおいて打ち負かす法則を見出したのだった。彼女がすぐそばにいること、彼女を膝に抱き抱えること、愛することは、彼女を若い女性という存在を超えた力にしたのだった。

　まさに、この夜、彼の思考においてミュムタズをこれほどまでに狂わんばかりにしたものは、若い女性が自らの想像力において得たこの物語と宗教の諸相であった。

　ミュムタズは、ヌーランの愛によってある種の文化的昇天（ミラチ）を経験したことを、ネヴァキャール〔トルコ古典音楽の一種〕のナクシュ〔その飾り〕と音階（チズギ）が常に変化するアラベスクにおける、ハーフズ・ポスト[*1]のラスト[*2]調の民謡（セマーイー）やメロディーにおける、あるいはデデ〔イスラーム神秘主義における行者〕の唸り声がその人生から少しもなくならないかのような巨大な風における、その別々の様相を、同一の神の考えに覆われた変化のように見たということを語る時、この大地と文化の本当のつくり手たちにある意味において近づき、そしてヌーランのはかない存在は真に、ふたたび誕生する奇跡となったのである。なぜなら我々に属する、遥か我々の先祖たちに由来し、その練達はもっとも肌とつながりが深い、我がトルコ民謡〔トゥルキュ〕においてさえ、少なくとも血の着いた好色な夢のかたちで繰り返される愛の様式は、恋人に全宇宙が集まることを欲するからであった。イスタンブルの、コンヤの、ブルサの、クルシェヒルの聖人たちと、民衆のトルコ民謡が語るエフェ〔西アナトリアの山賊、義賊〕やダダシ〔東アナトリアの山賊、義賊〕の恋は、子供の頃に耳を傾けた、いつのことなのかなど忘れ去られた年月の中から生まれるあの豊かな、情熱と熱望によって、自らを消耗させる必要に満たされた旋律の、ビンギョルやウルファ訛りの、トラブゾンやルメリのトルコ民謡の血塗られた刀の冒険を、この愛の様式によって一つのものにしているのであった。

*1　Hafiz Post（-1693/94）十七世紀に活躍したオスマン朝の作曲家。

*2　オスマン音楽〔トルコ古典音楽〕におけるマカーム〔旋法の体系〕のひとつ。

「愛」と「文化」を入れ替える

典型的なアフメト・ハムディ・タンプナルのページを皆さんにお読みしました。イスタンブルの文化を中心に据え、アナトリアをイスタンブルから眺める、非常に多彩なトルコ＝オスマン文化や音楽を実に楽しみながら味わいながら知っていたアフメト・ハムディ・タンプナルが非常に多くの愛の舞台において行ったように、愛と芸術とは非常に繊細に、かつ巧みにその位置を変えながら、明確なある雰囲気をつくりだした、そういうページを私は読み上げたのです。

それほど過剰なものではないにせよ文章の複雑性が、すこしずつかたちをなす状態になるというアフメト・ハムディ・タンプナルの文章の構成、構造そして機知に富んだアフメト・ハムディ・タンプナルの言葉。これらは、ひとつの論理に従う、理性的な、そしてある意味を直接指し示す文章であることよりもむしろ、それら自身を構成するいくつかの特別な言葉と小さな構造がそれ自らの間で——まるで一枚の絵画において色彩の斑紋が生じるように——構成された、山のように積み上げられた関係によって我々に感銘を与えるのです。タンプナルの彼の文章への支配力は、ここではそれほど強力なものではありません。しかし、文章を構成するのは、諸要素や単語あるいはタンプナルの機知に富んだ言葉が隣同士に来ることと、これらの並列。オスマン朝の絵画にあるように——山積みが重要なのです。

それでは、再び最初に戻りつつ、この文章を読み進みましょう。タンプナルが何を行ったのかを、その態度がどのようなものであったのかを示したいと思います。ただ、私が最初に読み上げた長いパラグラフは飛ばしたいと思います。

これは、基本的なアフメト・ハムディ・タンプナルの位置の変換です。二人がお互いに愛し合い、それから愛と文化とが場所を変える。アフメト・ハムディ・タンプナルにおいては、謙遜とともに行われるある種の博物館めぐりにおいて、ひとつひとつ見られ、知られ愛されるオスマン文化の諸要素は、愛と少しずつその場所を入れ替えるのです。このようにして、主人公たちはただお互いによって魔法をかけられるのではなく、彼らが歩いたボスポラス海峡、オスマン音楽、彼らの家で目にする古い家具などによってもまた魔法をかけられるのです。語り手や読み手は、愛の周辺を一種の光輪のようにとりまくこれらのもの、——皮肉に述べるならば——この文化的逍遥の諸要素によって取り囲まれているのです。こうして、愛は我々の頭の中において、あるかたちで、古い文化の細目や無くなったこの文化が消え去る際にかわりにその場所に現れたものに対する知的対抗として置かれるのです。愛はこうして文化的な位置の変換の秘密に、文化的な位置の変換の驚きに咽ぶのです。こうして、さらに主人公たちの間での緊張は、新たな局面を獲得するに至るのです。これこそが、アフメト・ハムディ・タンプナルの最大の特徴なのです。

三人称と一人称のはざまで

さて、この最初のパラグラフの後は、こちらを見てみましょう。テキストでは誰が話し、何を話し、我々に何を示し、どのような権威によって話しているでしょうか？　我々にいくつかのことを示す際に、実は何を暗示しているのでしょうか。最初の長いパラグラフにおいて、タンプナルは愛と文化の位置を変えました。私が申し上げたように、論理によって文章を支配することは重要ではありませんでした。山積みにしたイメージこそが重要であったわけです。さて、これらすべての考えを述べた後に付け加えます。「その上で、我々の古い音楽というのは、人間をなきものとし、あるいはある驚嘆の感情で消耗するような芸術ではないのである……」

　さて、我々はこの問いと向かい合うことになります。ここでは誰が会話しているのか？　すぐに我々は答えを出すことができます。ここでは語り手が話しているのだ。なぜなら、これは三人称によって語られる小説であるから。あるいは、著者が話しているのだ。しかし著者にしてもアフメト・ミトハト・エフェンディ[*1]のようには話しはしません。つまり読者に向かって「ちょっとお待ちなさい。さあ、あなたに知識を与えましょう」などと言って、我々の音楽についての評論を書くわけではありません。なぜなら著者の、語り手の意識は、主人公、すなわちヨーロッパ人たちがプロタゴニストと呼ぶミュムタズに非常に近いからです。しかし、我々は以下のことに確証を持てません。ではミュムタズがこのように考えているのか、そうでなければアフメト・ハムディ・タンプナルがこのように考えたのか？　いいえ、タンプナルの語り手は、この二つの間にある場所からその思想を語っています。このように言っているわけです。「その上で、我々の古い音楽というのは、人間をなきものとし、あるいはある驚嘆の感情で消耗するような芸術ではないのである……」かりに、これがただミュムタズの考えであったならば、――ここでアフメト・ハムディ・タンプナルはこれに少しアフメト・ミトハトのように介入します――このように書いていたでしょう。「その上で、我々の古い音楽というのは、人間をなきものとし、あるいはある驚嘆の感情で消耗するような芸術ではないのであった……」この場合、我々はここでミュムタズが考えたのだという結論を出すことができたでしょう。なぜならば、三人称で語る著者は、主人公の考えを過去形に変えて語り、主人公がこのように考えたということを暗示しようとしたであろうからです。

＊1　Ahmet Mithat Efendi（1844-1912）作家。ミトハト・パシャの庇護を受け、ルセやバグダードで新聞記事の執筆などを行う。一八七三年ロドス島に流刑となるもアブデュルアズィズの崩御によってイスタンブルに戻され、宮廷の修史官となる。

続けましょう。「聖者の魂をもつ、そして謙虚なすべてのそうした音楽の名手たちは、芸術の頂点がどれほど高いものであろうとも、人間の生活の内に居残り、またそれを我々と共に生きることに喜びを感じていたのである。」

　我々とは誰でしょうか？　ここでの根本的な問いは、この「我々」が誰であるのかということです。アフメト・ハムディ・タンプナルは、語りに干渉しています。すなわち、語りが、主人公の意識をたどることを放置しているのです。アフメト・ハムディ・タンプナルは主人公と自らとを分離しつつ「我々」に言及しているのです。すなわち語り手であるタンプナル自身もまた現れているのです。さらにこれを、ジョイスが『ユリシーズ』のひとつの章において一八世紀のイギリスの作家たちのパロディを行う際に書いたようにはしないわけです。ここでのタンプナルは、主題の高揚によって「我々」としたわけです。ここでは、このように言うこともできたでしょう。「聖者の魂をもつ、そして謙虚なすべてのそうした音楽の名手たちは、芸術の頂点がどれほど高いものであろうとも、人間の生活の内に居残り、またそれを民衆と共に生きることに喜びを感じていたのである。」しかし「我々と」といいつつ、アフメト・ハムディ・タンプナルは、彼の小説において常に行ってきたように、まったく偶然などではない、ひとつの概念を間に差し込んだことになるのです。

さて少しその点に立ち入ってみましょう。アフメト・ハムディ・タンプナルは社会的人間です。一人の小説家として、彼がその中で生きる社会的責任の全体を魂で感じていた一人です。直感的にその社会とそういうかたちで同一化するので、小説を書く際でさえも、——今は、そのようにしたのか、しなかったのかを言っているわけではないのですが——スタンダールでさえもしなかったようなかたちで主人公と読者との間に入り込むのです。さらに、この点においては彼自らが、タンプナルとして彼の全体とともにそこにいるわけです。まったく文学的皮肉のない、責任ある一人の社会的作家の真剣さによって。「我々」というひとつの言葉に、これまでまったく説明されてこなかった、しかし、おそらくは小説全体の生命を通じて、その特徴を捜し求める、そういう「我々」に、すなわちその本質に言及することの重要性は、こういうことなのです。

内面世界の語り方

続けましょう。「こうしてヌーランは、ミュムタズのために、その記憶にしっかりと結び付けられたこの二つの助けのおかげで、全ての古く美しく根本的なもののはかない存在として人生に戻り、それを生きた神秘的な被創造物は、時間を自ら自身とその美しさにおいて打ち負かす諸法則を見出したのだった。」

さあ、また別の大事なところにきました。愛する主人公は女性を見て、彼女にボスポラス海峡の、そして古い音楽の美しさを見出す。状況を要約する語り手が言うように「彼女に芸術の」すなわち、この古い、なくなってしまった、すべての伝統的芸術とそれ自身の「内面世界の諸法則を見出した」のです。ここで私の注意を引くのは、皆さんにも指で示そうとしたことなのですが、ある内面世界や自らの芸術の諸秩序や諸法則から、アフメト・ハムディ・タンプナルが彼自身をその時、語りのその時点において、意識的に後退させ、語り手の内面世界や語りの諸法則に言及していることです。このことに、以下のために皆さんに注目していただきたいのです。ここでは、アフメト・ハムディ・タンプナルは、モダニストの小説家が行うように、芸術や主人公たちの内面世界の複雑性には言及してはいません。この複雑性を示すテキストもつくりだしません。逆に、一九世紀の作家のように、はたまた修辞技法に凝ったゲーテのように、たえず何らかの法則を見出し、その法則の間にある調和を見出そうとつとめるのです。世界の複雑さを美しく描き出し、そこにある種の秩序や法則を見出そうとする習慣――何となれば条件反射のようなもの――が存在するのです。さらには、このことを、いくつもの概念を用いて行うのです。

続けましょう。「まさに、この夜、彼の思考においてミュムタズをこれほどまでに狂わんばかりにしたものは、若い女性が自らの想像力において得たこの物語と宗教の諸相であった。」さて今ふたたびここで、女性が、主人公が空想において得た、この物語あるいは何であれ宗教的な特徴や宗教的な呼びかけを、アフメト・ハムディ・タンプナルは我々に自らのテキストによって示すことはしません。彼は我々に、それがこのようであったということをただ語るのです。ミュムタズの頭の中でヌーランの宗教的な物語が光に曇ったことを、ある状態を獲得したことを我々に語っているのです。ジェームズ・ジョイスのようなモダニストの作家であれば、このような状況においては、この物語が、その本質が平行的である、しかしそれを象徴はしない、それを反映させない複雑な構造を創り出したことでしょう。我々は、この数ページを読んで本を閉じた際に、ミュムタズの頭の中にある、彼の恋人が獲得した特徴と同様なものを我々が読み取ったことを、作者がそれを我々に指で指し示すようなことはしなかったことを、しかしこの点から出発しつつ、ある構造を作り上げたことを感じたことでしょう。かりに我々が我慢強く読んだならば、注意して読んだならば、愛される女性の諸相においてあきらかになる物語と宗教の特質とによって関係付けられた構造が存在することを、作者の目的がここにあることを考えたことでしょう。しかし、作者はこれを――いくらか大げさに申し上げましょう――まったくもって自明のこと（これが見えないなら盲人にならなければならないほど）として語らなかったと我々は考えたことでしょう。「まさに、この夜、彼の思考においてミュムタズをこれほどまでに狂わんばかりにしたものは、若い女性が自らの想像力において得たこの物語と宗教の諸相であった。」モダニストのテキストにおいては、我々はミュムタズをそれほどまでに狂わんばかりにしたものを見るはずでした。ここではどうかというと、アフメト・ハムディ・タンプナルは、もともとモダニストではないために、基本的には一九世紀の小説家であったために、愛と愛される女性の間にある関係の性質を我々の手元から取り上げて、我々にまるで父親であるかのように「さあ見なさい子供たちよ。これはこうだ。彼らの間にある愛の関係はこうだ」と語っているのです。

「我々」の創造

さてこれから私が読み上げる文章のために、皆さんに少し準備をしてもらいたいと思います。少しばかり、タンプナルの作家としての戦略について皆さんにお話ししましょう。タンプナルは、これから愛に言及します。これから我々を——分かるように大げさに話しているのですが——ある博物館の中に引き入れます。また、その博物館については、我々の大多数よりも多くの知識をもっています。その博物館をめぐるなかで、彼がその知識に、身につけた態度に、すなわち彼が過去の文化に由来するものごとに、芸術的対象に示す敬意や、謙遜を含む驚きに、我々もまた彼とともに親近感を抱き、敬意を示し、またこの敬意によって我々は魅了されるのです。今から読み上げる文章は、こういった雰囲気をかもし出すものです。このようにして我々を魅了したものは、ミュムタズとヌーランの愛へと乗り移り、そしてこのようにしてその愛は、月並みな愛よりもさらに深い、さらにしっかりとした、豊かな状態へと到達するのです。

ミュムタズは、ヌーランの愛によってある種の文化的昇天（ミラチ）を経験したことを、ネヴァキャールのナクシュと音階（チズギ）が常に変化するアラベスクにおける、ハーフズ・ポストのラスト調の民謡（セマーイー）やメロディーにおける、あるいはデデの唸り声がその人生から少しもなくならないかのような巨大な風における、その別々の様相を、同一の神の考えに覆われた変化のように（突然に神秘主義へと移行した——オルハン・パムク註）見たということを語った時、この大地と文化の本当のつくり手たちに（突然に、これ以上にないほど民族主義的観点に移行した——オルハン・パムク註）ある意味において近づき、そしてヌーランのはかない存在は真に、ふたたび誕生する奇跡となったのである。

さてこの後の文章は、次のような表現で始まります。「なぜなら我々に属する」——この「我々」とは誰なのでしょうか？　トルコ人、オスマン人、イスタンブルに暮らす人々、このテキストがつくりあげられることを欲する民族、文化、環境、これらはすべて自明です……。この「我々」という音を聞くや、また「我々」という音を耳にするたびに、我々は「我々」であろうとしはじめるのです。これをタンプナルがつくりだしている。つまりは、博物館のひとつひとつの諸要素である「我々」もまた、「我々」という考えをつくりだすのです。このテキストは、このとき突如として、ただ二人の間にある愛を語ることから抜け出し、その愛を監視し、その愛についてその耳に何事かが語られる我々を、すなわちひとつの社会集団を描写するのです。アフメト・ハムディ・タンプナルもまた、この社会集団のすべての精神的重荷を背負っています。この社会集団の、ある意味においては宗教的導師、あるいは道を示す者として。あらゆる問題のために苦痛を受ける。我々皆のために良きことを考える。しかしながら、すべてこの態度のゆえに、この父親のような教師的態度のゆえに、彼はまったくモダニストの作家ではないのです。モダニストというのはテキストをつくりださないのです。我々の感受性の強さの向上や、我々の過去を知ること、あるいはその過去を見据えながら文化を定義する際に我々を定義すること、我々にとってこれらすべては小説が進行するにしたがって出現するのです。このようにして、我々はヌーランとミュムタズとの愛のために進むにしたがって、彼らの中に生きる音楽やボスポラス海峡やその環境を知るとき、実はゆっくりゆっくりと遙かなる深みから、ある文化の、民族の、あるいはもはやそれを何とおっしゃろうとも、空想的なひとつの世界が出現するのです。

読みましょう。「なぜなら我々に属する、遙か我々の先祖たちに由来し、その練達はもっとも肌とつながりが深い、我がトルコ民謡（トゥルキュ）においてさえ、少なくとも血の着いた好色な夢のかたちで繰り返される愛の様式は、恋人に全宇宙が集まることを欲するからであった。」（肌と最もつながっているものであると言いたいのです。）

このことは言っておきたいと思います。アフメト・ハムディ・タンプナルは、ここで定義を行う際に、基本的な礎石となるような文化的枠組みをつくりだしているのです。しかし、これを行う際に、「我々」と言いながら、その文化が定義するある民族に呼びかけているのです。その呼びかけによって、それをあきらかにしています。この態度によって、ただその社会の人間というだけではなく、その人間であるところの社会のイデオローグでもあるのです。社会に対して、社会があるいは社会集団が象徴するものに対して怒りを覚える、社会の外にいる人間、すなわちモダニストではないのです。社会に対して覚えた怒りによって、あるいは社会が彼に与えたものに対して感じた激しい力によって、社会に対して困難な、理解されるのが難しいテキストをつくりだす、そういう人間ではないのです。社会との関係はというと、教師やイデオローグであるという関係なのです。残念なことにアフメト・ハムディ・タンプナルは、この数行においては、アフメト・ミトハト・エフェンディのような収集家であり、コレクターであり、またある種の道徳や文化の教師であるかのようなのです。続けましょう。

「イスタンブルの、コンヤの、ブルサの、クルシェヒルの聖人たちと、民衆のトルコ民謡が語るエフェ（西アナトリアの山賊、義賊）やダダシ（東アナトリアの山賊、義賊）の恋は、子供の頃に耳を傾けた、いつのことなのかなど忘れ去られた年月の中から生まれるあの豊かな、情熱と熱望によって、自らを消耗させる必要に満たされた旋律の、ビンギョルやウルファ訛りの、トラブゾンやルメリのトルコ民謡の血塗られた刀の冒険を、この愛の様式によって一つのものにしているのであった。」もはやこの言葉は、誰が語ったものであるのか、まったくはっきりしません。かりに著者のからかい好きな性分によって、ある一九世紀の作家の声を真似ているのでないとするならば。ここではアフメト・ハムディ・タンプナルが他のところにまして発言しています。おそらく、皆さんは、この箇所は彼の創造性の低い瞬間であると言うかもしれません。否。むしろ典型的な箇所です。彼が語った愛を偉大な文化に結びつけるために、このとき最後の力を振り絞ってもう一度アクセルを踏んでいるのです。トラブゾンの人々を、またルメリの人々を、ミュムタズとヌーランの愛に、この愛を仲介者としてつくりあげようとした文化的枠組みに、ある文化の、民族の視点に結び付けているのです。

タンプナルのジレンマ

さて、これらすべてを説明した後に、私が第一にお話ししたいことは次のことです。すなわち、かりにさきほど私が述べましたモダニズムの定義が正しいならば、アフメト・ハムディ・タンプナルはモダニストではありません。これはタンプナルを理解するために重要な点ではないとも考えることができます。重要なのはモダニズムを知る一人の社会的人間であったという彼のアイデンティティです。このジレンマの諸問題を、彼の散文における態度からあきらかにすることもまた重要です。

アフメト・ハムディ・タンプナルを我々にとって、これほどまでに価値があり、これほどまでに例外的で、これほどまでに偉大にしているものとは、彼がこれほどまでに教養があり、これほどまでに上品で、これほどまでに感受性が鋭く、またこれほどまでに博識であるということなのです。また、アフメト・ハムディ・タンプナルをアフメト・ミトハトから分かつものは以下のようなものです。アフメト・ミトハト・エフェンディは、社会のある種の百科事典的な教師でした。アフメト・ハムディ・タンプナルはというと、感受性の鋭い、文化的な、鋭敏な、そういう種類のアフメト・ミトハト・エフェンディであると我々は言うことができるでしょう。すなわち、アフメト・ミトハト・エフェンディは、社会のあらゆる種類の特徴や、社会の核心を非常に容易に看破することができると思い込み、権威主義的なかたちで判断を下す一方で、アフメト・ハムディ・タンプナルは、自らの知識の限界を過剰なまでに疑い、社会について与える判断においては慎重であり、文明を変えるすべての諸問題によって頭がぼんやりしており、自らのもろさに気付いており、そしておそらくはこのもろさから耽美的な味わいを引き出し、二つの世界の間にいることを重視し、そしてどんなことがあろうとも、この意味においてアフメト・ミトハトが発する権威主義的な声に至らない、しかし一方では、この社会のあらゆる重荷をその双肩に荷い、社会のために書き、また社会の一部である、そういう作家。その文章によって、社会に対抗する態度をとらない、社会に奉仕する、複雑なテキストをつくりだすかわりに、社会のあらゆる諸問題の豊かさを描写することを、すなわち博物館を描写することを第一に考える一人の奉仕者のアイデンティティが我々の眼前に立ち現れるのです。奉仕者としてのアイデンティティは、モダニズムの基本的な態度や基本的な振る舞いのうち、モダニストのテキストをつくりだす倫理や態度に適合するものではないのです。アフメト・ハムディ・タンプナルを麻薬で頭がいかれておかしくなった、誰も彼にも怒りで毒づき、熱くなる男として我々は考えることはできないのです。この私が申し上げたことを、もう少し一般的なイメージでもって説明しますと、アフメト・ハムディ・タンプナルを、背徳の思想と打ち解け、サタンと協力するような人間として我々は考えることはできないのです。

彼が先ほど自らも古い音楽の名手たちや、古い聖人たちに言及する際に、「我々の古い音楽というのは、人間をなきものにし、あるいはある驚嘆の感情で消耗するような芸術ではないのである。聖者の魂をもつ、そして謙虚なすべてのそうした音楽の名手たち」と言ったことを思い出しましょう。アフメト・ハムディ・タンプナルは、聖人の魂をもつ一人の奉仕者であることを欲し、また謙虚な名手となることを欲しているのです。モダニストたちのサタン的な狡賢さ、社会に反抗すること、あちこちで謙虚さを拒否すること、世界を挑発すること、その力をただつくり出したテキストのそれ自らの内部に戻ることから奪うこと、ただ——さらには、表現主義者たちが行うように——自らの内面世界を外部に表出し、自由を求めるような態度とその振る舞いが暗示するようなテキストを、彼の著作において、彼の著作の全体性において捜し求めることは、無駄な努力に終わることでしょう。

モダニズムなきトルコ

トルコにおけるモダニズム経験

さて、これまで私が語ってきたことを要約する必要があるでしょう。モダニズムがなんであるのか、モダニストの小説が何であるのかを、自分の考えで説明しようとしてきました。アフメト・ハムディ・タンプナルのごくわずかな一部分から出発して、なにゆえにモダニストに数えられないのか、なぜに私が彼をモダニストとして認めないのかをご説明しました。

これほど断言口調でお話しした後ですから、この上は反抗をつづけて、我が国においてはモダニズムが実はまったく存在しなかったということを繰り返したいと思います。小説においては、私の意見を申し上げるならば、モダニズムは生じなかったのです。我が国においては、モダニズムを知悉する作家たちがいたのです。

彼らはそれらを読み、モダニズムを知悉しつつ、なにがしかのことを行い、書いたのです。しかし、彼らが行ってきたことは、まったくモダニズムではなかったのです。モダニストの文学の風は、ついぞ我が国において――強力なかたちでとすら言いません――吹かなかったのです。へーゲルはあるとき「ミネルヴァの鳥は、出来事が生じ、終わった後に、夜半に飛び立つ」と言いました。すなわち、歴史の、あるいは生じて終わったものの意味は、すべてが生じて終わった後に言葉となり、理解され、語られる。我々のモダニズムとの関係というのは、実はこのつながりにおいて――からかって言うのですが――へーゲル主義者の関係なのです。我々のモダニズムは、我々の内部で経験されることはなかった、それを内面化し、その激しさと怒りとを感じることはなかったのです。モダニズムは、西洋においてはすべての激しさでもって創造者の側によって経験される一方で、我が国の創造者たちが創設した共和国は、未熟な左派社会の諸問題と、よい意図をもつ教師的な態度とにかかわっていたのです。モダニズムが経験されようとした時、それは彼らにとって過激な、あるいは奇異なものとして捉えられたのです。理想主義者の教師たちは、西洋のサタン的な魂を見ることを欲しながらも、おそらくはその全体を見ることはできなかったのです。モダニズムを、博物館を創設し、百科事典を書いた後に我々は学び、そしていまとなって、おそらくはこの五、六年来のことですが、その状態でもって、過去に我々自ら行ってきたことを理解しようとしているのです。我々自らをモダニズムの鏡に見出そうとしているのです。私にしてみれば、経験しなかった人生が、存在しない投影を無駄に探し出そうとしている誤った鏡です。モダニズムの光が、我々の過去にも投げかけられたのだと、我が国においてもこういうものが行われたのだと、そうしたがっているのです。この背後には、「もしも我が国においてモダニズムがもっと影響力をもっていたならば」という種類の欲求が存在しています。しかし、そうはならなかったのです。

創造者と社会との関係

我が国のような国や文化的ジレンマに由来する創造者は、モダニズムの基本的テキストと比較し、モダニズムの影響下に入り、――あるいは、より進んで――モダニストになろうと、すなわち少しばかり社会の魂から遠ざかろうとして、この社会の魂から離ざかることを自ら可能ならしめる創造者の自由の可能性を、意識的に自由に利用しようと決めたとき、あるジレンマと向き合うことになるのです。一方でサタン的であることが、社会の魂から離れることが与える可能性を経験することを決定するわけです。しかし他方では、自らをなす材料や、内部に由来する文化的ジレンマにたち戻ったとき、その顔には、あのサタン的な光がもはや残っていないことを感じるのです。顔を知らない者たちに何かを教えようとする者は、一人の教師の魂のこもった顔に変化するのです。

すなわち、他の文化や他の環境から学ばれ、身につけられた、そういうマスクを我々がつけて、顔を我々自身の文化に向けた時に、そのマスクはほとんどの場合、サタン的性質を失い、この人間的な教師の性質を帯びるのです。トルコ・モダニズムの、あるいは我々に似た国々における（パキスタン・モダニズムあるいはエジプト・モダニズム、ときとしてラテンアメリカ諸国のモダニズムにおいても）モダニズムの根本的な問題はこれなのです。創造者は社会を敵に回しては、自らの精神世界の自治を最後まで押し通すことはできないのです。なぜなら敵に回そうとした世界との関係は、一瞬にしてふたたび教える者と知らない者との関係に戻ってしまうからです。我が国において、モダニズムの不在、あるいはモダニストの風が強く吹かなかったことの原因は、モダニズムを我々が学べなかったこと、あるいは理解できなかったことではないのです。問題は、作家と読者との間にある所与の伝統的関係を打ち壊すことができなかったということであり、それが変化しなかったということなのです。モダニズムの風を西洋において五臓六腑にしみわたらせた作家たちが、自らの文化に戻るや否や、自らを一人の社会的人間として感じることというのは、ひとつの社会のパーツであることからどうにもこうにも逃れようがなかったことや、最終的には、あれやこれやのかたちで、自分を取り巻く多くのもののために、自分をアフメト・ハムディ・タンプナルのように一人の教師の状態で発見することなのです。その人がどれほど繊細でどれほど細かく、またどれほどの経験を積んでいようとも、これはこうなのです。

モダニズムという誤った鍵

モダニズムの鍵は、革新主義者のトルコの小説を理解するのには役立ちません。鍵といった場合、私は何を言おうとしているのか？　実は、理論的枠組み、理論的手法というものは、著作を理解するために、それらを読み解くために、それらの一体となったものや総体を、それらが自らの間でつくりだした声が暗示するものを、より深いところで理解することに我々が到達するために役立つものです。さまざまな理論は、社会について我々が語ることに、あるいは世界について我々が語ることに役立つものです。しかし、さまざまな理論は、常に一般的に通用する方法というわけではありません。ひとつのことを理解するために、良い鍵は存在します。悪い鍵もあるでしょう。私にはこのように感じられるのです。すなわち、モダニズムは我々の文学のためには、誤った鍵であると。我々の小説のためには、ますます悪い盲目の鍵であり、また盲目の錠なのです。レッシングもまた一八世紀の中頃に「我々は近代人である」と自らを語りました。しかし、それは古代ギリシア人と比較したためにです。近代というためには、自らを進歩したものであると考えるものです。我々がこの意味をモダニズムという言葉に与えるならば、すべてのものがモダニズムであるという状態になるでしょう。近代的な作家たちと我々は言い、そうなり、そして終わる。しかし、モダニズムと言った際には問題はまったく異なるものとなります。我が国においては、はっきりしていようと、いなかろうと吹き去ってしまった、もとより基本的な著作も十分に翻訳されず、その影響もトルコ文学に伝わらなかった一つの潮流。

二つの世界のあいだにとどまる

タンプナルについてなされなかったことに触れて、テーマを使い果たしてしまいたくはありません。しかし、BİLARにおけるこの長いセミナー・シリーズ「モダニズムとトルコ文学」でありますので、私は言うべきことを言いました。理解された方々は理解されたでしょう。さて、すこしばかりは、タンプナルについて語る際に、彼が行ったことを肯定しつつ、我々が理解する道筋を開くことを可能にするであろう正しい理論的な鍵に思いをめぐらせてみたいと思います。

タンプナルを私にとって貴重な人に、彼を私にとっての教師に、地平線を開くものに、例外的なものにしているのは、はじめから私が申し上げているように、ジレンマを、つまり一方で博物館の創設、すなわち「過去の我々の文化」の博物館を権威と壮麗さでもって創設する願いを、他方では実は『ユリシーズ』をフランス語訳で読んで、「西洋はこういうことを行っている、我々は何をしているのだろうか」という考えを、彼の中において熟練した技巧と痛みとでもって、一緒に抱え込んでいたということなのです。少し前にこの小説から読み上げた一ページに、二つの世界双方を知悉する「まるでヌーランのように、私は二つの宇宙の、二つの愛の真ん中にいるのだ。ということは、私は完全体ではないのだ」と言う、言い得る――これをアフメト・ミトハトは絶対にしなかった、というのも彼はすべてを知っていたので――この不明瞭さの痛みを感じ、しかしこの痛みを美しさに変えて、この痛みが与えるジレンマの上へ上へと勇気をもって上がりながら、一つの世界をつくり得るタンプナルの諸問題を、私もまたそのすべてを自分の中に感じているのです。タンプナルは、創造者の世界の重心を、この二つの世界の真ん中に据え置くことによって、二つの世界双方の豊かな諸要素を、身体を伸ばし伸ばし集めることができるであろう、またそれらを著作に定着させることができるであろう、そういう地点を発見したのです。今日、単純なまでに一元論的にすべてをひとつの源に、ひとつの要因に要約し、説明しようとしたことが幻想であることは、もはやおそらく理解されたことでしょう。アイデンティティと文化の定義の不在についても。二つの世界の間に優柔不断すなわち不安定に残された、しかしこの不安定さをひとつの様式に転換しながら、決断力すなわち安定とともに自らのものとしたタンプナルは、実は、彼が経験した環境やその環境の可能性について言うならば、現代の多くの者たちよりもずっと賢明かつ決断力をもって行動していたのです。二つの世界の間に自らを据え置きながら、二つの世界双方から選択しつつ有益なものを得ることができていたのです。アフメト・ハムディ・タンプナルを我々が理解するための道筋を開く鍵とは、この選択したものたちを、並列する際の独自の様式なのです。

原注

（1）　著者であるオルハン・パムクが、BİLARにおいて「モダニズムと文学」というタイトルのもとに開催されたセミナーで行った講演を自ら文章化したものである。（『デフテル』誌による註）

編集部付記

日本語訳にあたり読者の便宜のために、原文には無い小見出しを付した。
＊1、＊2は訳注を示す。

Pamuk, Orhan. "Ahmet Hamdi Tanpınar ve Türk Modernizmi". *Defter* 23 (1995): 31–45.

さわい・かずあき　東京大学グローバルCOE「共生のための国際哲学教育研究センター」PD研究員。一九七六年大阪生。東京大学大学院博士課程単位取得退学。論文に「16世紀後半におけるイスタンブルへの人口流入とその対応策」（『日本中東学会年報』二三―一、二〇〇七年）。

トプカプ宮殿のゴシック柱の前で
（Thomas Allom, *Istanbul und der Bosporus*, 1986, E.B.-Verlag Rissen より）

トルコ特有の神秘主義的イスラームがパムク作品に与えている影響とは?

神秘思想で読み解く『わたしの名は紅』

岡田明憲
Okada Akinori

おかだ・あきのり　マズダ・ヤスナの会代表。一九四七年東京生。インド・イラン学、文明学。著書に『ユーラシアの神秘思想』(学習研究社)『死後の世界』(講談社)『ゾロアスター教』(平河出版社)他。

オルハン・パムクの代表作ともいえる『わたしの名は紅』は、一般に歴史小説あるいはミステリーの分野に属すと見られているので、それを神秘思想で読み解くなどといえば意外に思われるむきもあるであろう。しかし、しばしばパムクのこの作品と比べられるU・エーコの『薔薇の名前』は、カバラ的記号論のコスモロジーとして読むことが可能だし、またエーコの作品のきっかけに、オカルト的な占い道具であるタロットをテーマにしたイタロ・カルヴィーノの物語があったことを忘れてはならない。

パムクに大きな影響を与えたフランツ・カフカについても、神秘思想との関連を指摘するのは可能なのだ。例えば『変身』の背景にあるのは輪廻説だといわれている。輪廻説はヒンドゥー教や仏教のものとして有名だが、西洋の神秘思想の伝統にも存在し、ピタゴラスやカタリ派はその例である。そのような輪廻説をカフカが信じていたのは確実で、彼の日記にも「生まれる以前のためらい。私は輪廻の初めの位置にも未だ達していないのだ」という文がある。

そのカフカのKを想起して、『わたしの名は紅』の主人公の名前をカラとしたようだが、これは単なる思いつきである以上に、カバラ的なゲマトリアの手法とも解せる。そして、パムクがこの小説の舞台としているイスラムの伝統にも、神秘文字(Fawātiḥ Al-

Surat）の説が存在するのである。パムクがこの事実を知った上で、この小説の文中でA、L、Mなどのアルファベットを使った可能性は十分考えられる。ちなみに、この三文字はアリフ・ラーム・ミームのアラビア文字に相当し、『コーラン』の「牝牛」の章の冒頭に出ている。

トルコ文化と神秘思想

　パムクの作品を読み解く前に、トルコの文化と神秘思想の関係を概観しておく必要があるだろう。何故ならパムクは、新しい世界文学の旗手として評価される一方で、一般にはトルコを代表する作家と見做されているからである。そのトルコは、われわれ日本人にとってと同様に、西洋人にとってはエキゾチックな文化をもった国との先入観が支配的なのである。そして、その文化における神秘思想の意義などという点に関しては、不可解なイスラームを扱う際の小さなテーマに過ぎないのである。

　しかし、そもそもトルコの文化をイスラームと考えること自体が問題なのである。もともと中央アジアに起原を有するトルコ民族の歴史的伝統に今は目を閉じて、専ら現在のトルコ共和国の領土であるアナトリアに限っても、そこには古くから東西の文化が咲き乱れ、爛熟期の文化の特徴ともいえる神秘思想が陸続と現れては消えていったのである。それは決して、イスラーム期に限られるものではなかった。またオスマン朝のたてまえであったシャリーア（イスラーム法）の精神からは、しばしば矛盾、逸脱と見做されるべき性質のものが少なくなかったのである。

　『わたしの名は紅』の舞台となっている絵画芸術の世界そのものが、本来イスラームの教えとは相容れぬものであった。唯一神アッラーは具体的な形姿を持たず、偶像礼拝を禁じるイスラームにあっては、絵画や彫刻に対して否定的な態度をとるのが教徒の義務であり、芸術家は冷遇されるべきが筋である。しかし実際には、多くの優れた絵画が描かれ、現在までイスラーム美術として遺されている。それは制作者たちが、本音の部分でイスラームの教えに反して、仕事をしたからに他ならない。

　しかし、この宗教のたてまえに反する仕事は、しばしば危険をともなった。それについては、それとなく何度も、このパムクの作品でも言及されている。それ故、この危険を避けて安全に仕事をするために、画家は王侯貴族や富裕な商人の庇護を求め、宗教的規制が及ばぬ特権階級の私物に表現の場を見出したのである。イスラーム美術に特徴的な装飾性は、かかる事情に由来している。

　宗教よりも世俗的なテーマを扱いながら、そこに芸術的な可能性を追求した時、画家たちは既成のイスラーム的通念を脱する必要に迫られ、イスラーム以前の異教の伝統に影響されていく。特にササン朝ペルシアの芸術は、好んでミニアチュールの世界に再現される。その顕著な例が、バフラーム・グール王の狩猟図であり、いくつもの類似作品のあるこの狩猟図の起源は、ササン朝の磨崖浮彫なのである。そして、この磨崖浮彫のイデオロギーは、ゾロアスター教的なものであった。

ゾロアスター教的なものの影響は、他の方面からも窺える。『わたしの名は紅』の文中に何度も出てくるフィルドゥスィーの『王書』である。イスラーム期に最も多く制作された絵画写本のテーマは、この『王書』に関連するものであるが、『王書』自体の原形は、ゾロアスター教的な中世ペルシア語の歴史書なのである。またゾロアスター教と敵対したマニ教の影響も、セルジューク朝のミニアチュールに見られる。マニ教の開祖であるマニ自身が、天才的な画家であったと伝えられているのも、忘れてはならないだろう。

ゾロアスター教やマニ教以外にも、アナトリア地方は、ペルシア起源のミトラ教の流行したことで知られている。キリスト教以前のローマ帝国で最も隆盛を極めたこの密儀宗教は、この地方からローマの軍人によって、西方世界に伝えられたのである。また『聖書』のマタイ伝で有名な東方の三博士の伝説も、おそらくこのミトラ教のマギと呼ばれる聖職者に結びつくものと言われている。この様に東からの文化的影響を受ける一方で、アナトリアは西の文化にも強い絆を持っていた。

そこにはギリシアの植民都市があり、そこで初期のギリシア哲学者たちが活躍した。またローマ帝国の時代には、ストア哲学の研究が盛んで、その独特の宇宙観に結びついた天文学的終末論の流行も見られた。この地方はイスラーム以前の長い時代において、ペルシアでなければローマの勢力圏であり、それ故に中世イスラーム教徒がルームと呼んだ地だったのである。

そのようなアナトリアへ移住したトルコ民族は、既に中央アジアにいた時代にイスラームに改宗していた。しかしその改宗にあたって力があったのは、イスラームの正統派が最も重視する法学的教義ではなく、しばしば異教的傾向を見せたスーフィーたちの神秘主義なのである。それは、トルコ民族の古来の信仰であるシャーマニズムの神人合一体験が、イスラーム神秘主義のファナーと呼ばれる忘我体験に通じるからであった。

かくてトルコのイスラームは、イランのようにシーア派を国教として正統派のスンニに対立こそしなかったが、神秘主義的傾向を濃厚に持つものとなっていった。そしてこれと並行して、聖者崇拝などに見られる、土着の信仰との習合も進んでいったのである。そんなトルコの神秘思想の伝統を示すシンボル的存在が、旋舞教団として有名なメウレウィー教団の忘我の舞い（サマー）である。この教団の開祖はペルシアの偉大なスーフィーであるルーミー（一二〇七〜一二七三）であり、彼の名はルーム、すなわちローマに由来したトルコの地を指している。そして教団の本拠地であるコニヤは、古くから東西貿易の中心地であった。

作品の中の神秘主義

メウレヴィー教団への言及は、パムクのこの作品の中にもある（藤原書店版三一頁のメヴレヴィ）。ただそれは、頑迷な説教師の言葉の中で批判の対象としてである。また同じ個所には、今はもうトルコで消滅した、仏教の影響を受けたとされる神秘主義教団、カランダリー教団の名も挙げられている。文中では、これらの神秘主義教団が異端として攻撃されているが、無論それはパムクの意見ではなく、この作品の登場人物の一人の説でしかない。ただ同じく異端者として名指しされているイブン・アラビーについては、いささか解説をしておく必要があるだろう。

「預言者ムハンマドの時代にこういうことを言う宗教集団があったであろうか？　この集団の指導者イブン・アラビーは、異端のファラオが信仰者として死んだと宣言して自ら罪人になった」（以下パムクの引用は、和久井路子訳の藤原書店版による）と、こう『わたしの名は紅』に出てくる。そのイブン・アラビー（一一六五〜一二四〇）は南スペイン生まれで、セビーリャで教育を受け、その後東方に移住し、シリアのダマスカスで死んだ大学者で、イスラーム神秘主義を大成した人物である。

イブン・アラビーの思想は、「存在の単一性（ワフダ・アルウジュード）」説と呼ばれるもので、そこでは宇宙の一切の現象が、心的なそれも含めて、超越的単一者である神の自己開示としての象徴と考えられた。そして、人間は神の属性の全てを有すミクロコスモスであり、神は人間のうちにおいてのみ、自らの完全性を意識するのだと彼は主張した。それ故に人間は本来完全なものであり、神と宇宙との仲介者であるとされ、それを証しているのがムハンマドなのである。

イスラーム神秘主義の理論的帰結ともいわれる存在単一性説は、しかし著しく新プラトン主義的であり、その汎神論的性格から、もはや否定されるべき何ものも存在しないことになる。その結果、イスラームと異教との区別もなくなり、パムクが文中に書いているように、「墓地にいって嘆願して死者たちから助けを乞ったりしている。聖人といわれる人の墓石のところに行って偶像崇拝者のように石を拝んだり、木に布切れを結んだり、何か願い事が実現したらお礼に動物の生贄を捧げるなどという」（同三一頁）ような民間信仰に逆戻りすることにもなったのである。

作品中で否定的な役割を担わせられる登場人物の言葉としてでなく、作者自身の芸術観の代弁者とも見られる名人オスマンの語り口にも、神秘主義の影響が見出せる。例えばジャーミー（一四一四〜一四九二）の「魂の闇夜」への言及である（同三九二頁、ただし、ジャーミと記されている）。彼の本名はヌール・ウッディーン・アブドル・ラフマーンで、ペルシアのホラサーン地方のジャームに生まれたのでジャーミーと言われた。サマルカンドに留学し、そこでイスラーム神学や法学を修める一方で、哲学や文学にも精を出した。そして九年間の留学を終えた後、ヘラートに戻り、そこのニザーミヤ学院で教えた。

ジャーミーは優れた学者であったが、それ以上に神秘主義の大詩人として有名な人物である。その彼と神秘主義との縁は、彼が五歳の時にまで遡る。幼いジャーミーは、父といっしょに一人の聖者を訪ね、その眼差しに魅了されたのである。後年に彼自身がこの出会いを回想して、聖者の眼差しの恵みで、神秘主義教団との結びつきができたのだと述べている。その神秘主義教団は、現在もその伝統を絶やさずに存在している、ナクシュバンディー派であった。この派ではメウレヴィー流のサマーを禁じ、黙誦による心のジクル(「思念」、「想起」の意)を重んじた。

「魂の闇夜」は、パムクのこの作品では不信心の喩えとして出てくるが、ジャーミーの神秘主義叙情詩も恋愛の形をとった信仰の発露なのである。「君こそ私の命」や、「君こそ私の心」と詠った直後に、「闇夜に光を求める」とか「闇夜を照らす」といった表現をとる。彼の代表作とされる『ユースフ(旧約聖書のヨセフ)とズライハー』でも、ユースフは神のたとえであり、美女ズライハーは修行者とされ、この作品のテーマは神秘主義的な神人合一の体験にあるとされている。

さて、眼差しの恵みでジャーミーは神秘主義の道に入ったが、パムクを読む我々としては、この神秘主義を専らイスラーム的な文脈で考える必要はない。何故なら、眼差しの神秘そのものからして、それはスーフィーの特権ではないからである。すなわち、イスラーム以前のペルシアの宗教であるゾロアスター教には、吉眼と凶眼の教義が伝えられていた。そこでは人々に幸運をもたらす吉眼が、メシア的救済者の恵みの一つとして説かれているのである。ジャーミーにとっての師の眼差しも、このような魂の救済をもたらす吉眼だったわけである。

ゾロアスター教的な言説は、『わたしの名は紅』の冒頭から見出せる。「わたしは屍」と称するその章は、死後四日目から始まっている。同様にゾロアスター教の聖典『アヴェスタ』の死後の運命を説いた章では、死者があの世に旅立つのは死後四日目なのである。それ故に、パムクのこの作品で殺人犯が、「殺してから四日すぎて、やっとすこし慣れてきた。」と言う時(同三六頁)、彼は死者のあの世の旅立ちに応じるように、この世に生きる者たちの隠された真実に気づく。それが「イスタンブルの通りを四日も歩けば、目が知的に輝いている者や顔に魂を映す影を宿すものはみな密かに人を殺しているのがわかる。」という文に表現されているのである。

スーフィズムの象徴

『わたしの名は紅』の背景にある神秘思想は、決してイスラーム神秘主義に限られるものではないが、しかし歴史ミステリーと銘うたれているのだから、先ずはやはりその舞台である当時のイスラーム世界の伝統に従って考えるのが良いだろう。そうすると、文中の個々の言葉が象徴としての意義を有することとなる。例えば恋人は神の象徴であり、男女の愛は神への信仰を意味する真実の愛の比喩に転ずる。そして、恋人の身体の各部分にも、特別な意味が与えられ、それによって神秘主義的解釈が可能となるのである。これがスーフィズムの象徴主義と言うべきものなのである。パムクのこの作品も、このような手法で読むことができる。例えば「わたしはシェキュレ」の章にある次の文だ。

> ……カラの顔がとても無邪気で子供っぽい。ちょうどその時、ピンクの口を子供みたいに開けるのを見たら、思わずそこに乳房を含ませたように感じた。わたしの指を彼の首の後ろや髪の中に入れている間、カラは頭を乳房の間に深く埋めて、子供たちがしたように乳房を口に入れると幸せで目をつぶる……。（同二一七頁）

　恋人の顔は神の顕現の象徴と解される。それは虚妄の現象界のヴェールを取り去り、霊智の門の扉を開く瞬間である。そして、子供の小さな口は、神性の微妙な表現を示し、乳房は神の知恵の泉だ。指は理解力であり、首は神の性質を知って霊的修行者が鼓舞されること、髪は神の実在の象徴である。頭は神意そのものであり、それのみが運命を決定する。この様に置き換えられた文は、男女の恋のときめきの描写であることを止めて、修行者が体験した神を語るものとなるのである。

　しかし、この様に一つ一つの語を置き換えるのは、象徴を各々が指示する意味が限定された記号に化すことに通じ、本来象徴のみが持つことを許される融通性、流動性を犠牲にする危険性をはらみ、読者の創造的な意味喚起力を奪うこととなり、当の文章そのものを陳腐な暗号解読に類するものに委ねることになりかねない。それ故、われわれとしては、このような手法に頼ることなく、象徴を見る（読む）ことによって想起される、記憶の深層レベルに注意を向ける必要があるのだ。この様な態度によって、魂の変容が起こるのである。

　そのような象徴として、色の意義は大きい。ゲーテの『色彩論』を繙くまでもなく、色は定量化できず、固定した存在としての分析を許さない。それは一種の有機体であり、見るものと見られるものの関係において、常に変容・生成するものである。形と色は日本の密教でも重視し、曼荼羅の象徴図として表現されるが、その意味では色の方が形よりも根源的である。ゲーテも「眼は形を見るわけではない。もっぱら色が浮かびあがらせるものを見るのだ」（『自然学論集』）と言っている。その色をスーフィーたちもまた重視する。そう考えると、本書の題名である『わたしの名は紅』

の紅が、そもそも何を意味しているのかと問われなければならなくなる。

色の話は種々の個所に出てくるが、この作品の題名と同じ「わたしの名は紅」の章では、それ自体がテーマとなっている。そこで色はわかるものではなく、感じるものだとされている。さらに、色は目が触れることであるとも述べられる。つまり視覚は触覚でもあるのだ。さらにそれは、他の個所で「叫び声の色」（同四〇頁）とあるように、聴覚化することもできる。否それは、嗅覚や味覚すらも含めて、五官の全てで感じる存在そのものの象徴なのである。それ故に紅も「指先で触れると鉄と銅の中間で、手のひらにのせるとやけどする。味を見ると塩漬けの肉のようで満腹感がある。においを嗅ぐと馬のようなにおいがする。花の匂いでは、薔薇ではなく、雛菊に似ている」（同二九〇頁）と説明されるのである。

スーフィズムにおける存在は、究極的には神の創造に結びつくが、我々の中にあっては、イデアと感覚の出会う場で現象となる。その現象は外から与えられるものでなく、内なる魂から生じるものだとされる。そこで、存在のリアリティに近づくためには、我々は魂への帰還を要求される。これが想起ということの本来の意義である。その想起を促がす契機が象徴であり、パムクのこの作品の紅なのである。そして、この紅は他の有らゆる色よりも強力であり、全ての象徴に勝る象徴として、存在のリアリティーを喚起することができる。この章の末尾の文、「わたしが『在れ』と言うと、世界はわたしの血の色になるかのようです。見えない者は無視するとしても、至る所にわたしは存在するのです。」は、このことを証しているのである。

このような紅が見えない者とは、単なる盲目の人を指しているのではない。盲目であろうと、この紅は感じることができるのだから。否、盲目の人こそが、「紅がどんな色で、どんな感じかを知っている」のである。先の触れて味わって臭いをかいで紅を説明する文は、そんな盲目者の言葉なのである。結局それは「悪魔に魅入られた者や冒涜者や信心のない者は、アラーの神の存在を否定するのに神は見えないから信じないと言う」（同二九〇頁）のと同じように、見ようとしない者には見えないわけなのである。

ニザーミーと『王書』

「何千回も描いた、ヒュスレヴがシリンの窓の下に来た場面」（同六五頁）といわれる『ホスローとシーリーン』はペルシアの詩人ニザーミー（一一四〇〜一二〇九）の代表作である。彼はロマンス叙事詩を得意としたが、『神秘の宝庫』のような神秘主義の作品もあり、『ホスローとシーリーン』においても彼の神秘主義の造詣の深さを窺わせる文にこと欠かない。特にホスロー王の問いに対する名匠ファルハードの答えは、イスラームにおける愛の神秘主義が如何なるものであるかを示す例として、これ以上のものは中々ないと言える。

「何処より来たか」という王の問いに、ファルハードは「愛の国から」と答える。そして、その愛の国の人たちの買うものは苦痛で、売るものは魂だと述べる。この答えに王が「魂を売るのは不道徳ではないか」と言うと、ファルハードは「愛する者に、怖れるものは存在しない」と返す。ここには苦痛による魂の浄化と、善悪の価値観を超越した愛の真実が語られている。スーフィーは、神という真実の恋人を愛する瞬間から、苦痛にとりつかれる。そして、苦痛を通して神と出会い、その恋人の抱擁の中で歓喜を感じる。しかしその歓喜は長く続かず、彼は再び苦痛の生活に戻って神との再会を望む。こうして神秘的愛が深められていくのである。すなわち、イスラームの神秘主義者は愛の苦行者なのである。そして、かかる苦行を修めるには、世間からは狂人と見做されても怖れぬ、絶大な勇気が要請される。この勇気によって、彼は相対的な善・悪の世界を超越し、絶対の愛の世界に参入するのである。

しかし、この愛の神秘主義は世俗の男女の恋愛とは異なった次元でこそ可能であり、世俗のそれは比喩でしかない。せいぜい師弟の愛において、この神秘主義への入口が見出せる程度なのである。ところがニザーミーは、神の愛を求める神秘主義者として出発しながら、世俗の愛の世界に大転回を遂げた詩人なのである。そして、そこには美しい女奴隷との出会いがあったと言われている。この女奴隷によって真の愛と官能的陶酔の一致を知った詩人は、以後その作品に天上の愛よりも地上の愛を描くことになる。『ホスローとシーリーン』は、そんな奴隷女の面影をシーリーンになぞらえた作品なのである。

パムクの『わたしの名は紅』の場合も、主人公は地上の恋に陥ったが故に天国から追放され、恋ゆえの流罪の長い年月を送らねばならなかった（同六二頁）。しかしニザーミーのように、男女の愛こそが追求されるべきものとして描かれているのが、この作品なのである。「わたしはシェキュレ」の章で、主人公の男女が、『ホスローとシーリーン』（文中ではヒュスレヴとシリン）のことを話した子供の頃を回想した後に、抱き合う場面をその一つの例証としてここに掲げておく。

> 抱き合った。とても嬉しくて罪の意識を感じなかった。蜜よりも甘い、甘美な思いで、うっとりした。もっと強く抱きしめた。口づけを許した。わたしも口づけした。接吻している間、全世界が甘い闇の中に入ったように感じた。誰もがわたしたちのようにお互いに抱き合うといいと思った。愛がこのような物だということを微かに覚えている。舌をわたしの口に入れた。彼のすることの全てが気に入った。あたかもわたしたちと一緒に全世界が至福の光の中にのみ込まれてしまったかのようで、何もいやなことを思い出せない。（同二

三二頁）

『ホスローとシーリーン』と並んで、イスラームの写本挿絵の題材として数多く取り上げられたのが、フィルドゥスィー（九三四〜一〇二五）の『王書』である。本書でもこの『王書』への言及は何度も見られる。しかも、人々にあまり知られていない場面と述べる（同五五九頁）ような部分の引用さえあるので、パムク自身がかなりこのペルシアの国民叙事詩を読んでいるのは確かである。ところで、この『王書』は、イスラーム以前のゾロアスターの二元論的世界観の強い影響下にあり、一元論的な汎神論への傾向を見せる神秘主義とは異質の思想的背景を持っている。広い意味でそれは神秘思想の重要な一潮流ではあるが、イスラーム神秘主義の本流とは対立する。パムクのこの作品の面白さは、この様な相対立する神秘思想の二潮流が、織りなすアラベスク模様にある。

『王書』の底流をなしているのは、ペルシアとトルコの闘争であり、それが光と闇、善と悪、生と死、恩寵と運命などの象徴としての役割を担わせられて展開する。この『わたしの名は紅』でも、恋と殺人、賢者と愚者、目明きと盲人、説教師と異端者など、相対立するペアが色どり豊かな物語を展開していく。そしてこの相互に対立するものが、有らゆる色彩の究極にそれがあるのと同様にして、光と闇の二元に吸収されていくのである。ただ注意すべきは、フィルドゥスィーでは二元闘争が、結局は善の悪への勝利をもって終る、倫理的な価値観の枠組の中で語られているのに対し、パムクの場合は、この価値観そのものを超越した美的なものが問題になっている点である。そして、この点にこそ、先に述べた神秘思想の二潮流の合一が実現されるのである。

盲となって見る紅

常識的には相容れぬ光と闇。しかし、この両者が一つになる世界は確かに存在し、そこから色彩鮮やかな現象が展開する。その秘密を神秘家や芸術家は知っていた。ただ、この秘密を語ろうとすると、日常の言葉はほとんど役に立たず、狂人の戯言との区別がつかなくなる。それ故に賢者は黙し、あえて愚者を装う。そして日常の喧騒を避け、ひたすら沈思黙想すれば、やがて外なる世界への扉が閉じられ、五官の一つ一つが失われていく。神秘家が体験する現象は、魂の内から生れて来るもので、五官を通じて外から入ってくるものではない。芸術家も真に鮮やかな色彩を見るためには、己れ自身がそれを創造しなければならないのを知っている。だとすれば、盲こそが見ることができ、聾こそが聞くことができると言ってもいい。否、我々は真に見るために、あえて盲とならねばならないのだ。

パムクのこの作品の中でも、「一番いい絵は暗闇で描かれたものだ」とか、「真の細密画師は描き続けて盲になる」といった記述が見える（同四二、四三頁）。その盲になった細密画師にして、はじめてアラーの神がご覧になった馬の絵を描くことができるのである。何故なら、その馬とは俗人が日常眼にする馬ではなく、馬のイデアそのものであるからなのだ。その美のイデアを、新プラトン主義の開祖プロティノス（二〇四～二六九）は、自己自身の魂を見ることによって、見ることができるのだと説いている（『美について』）。

魂を見ることができるためには、肉眼を閉じて霊眼を開く必要がある。そのために神秘家は瞑想修行するが、その究極にあるのが、霊魂の肉体からの離脱である。それは、インドのヨーガ行者が「独存（カイワルヤ）」と呼ぶ、エクスタシーの体験である。またこの霊魂の離脱は、死の瞬間にも生じるものと信じられている。これに関しては、『わたしの名は紅』の中にも記述がある。それによれば、肉体を離脱した魂は、しばらくの間強い光の中で震えた後で、天使に導かれて天国へ上昇する。この上昇の過程で、魂は過去と未来が同一の宇宙の中で現象化してくることを理解するのである。それをパムクは「全てのものを驚愕と賛嘆で初めて見たが、同時に、あたかも見るものが記憶から出てくるようであった。」（同三五一頁）と表現している。

この宇宙の現象の全ては、未来から来て現在に生じるようでありながら、実は既にかつて存在したものであり、記憶の海から浮かび上がって来るのである。それ故、この世の出来事は、あたかも夢のように感じられる。夢とは、己れの記憶の世界への旅であるから。そしてその夢は、しばしば未来を予言する。何故なら、記憶の海は、宇宙に起こる一切の出来事が既にそこにある、天国と照応する広大な魂の鏡の謂いでもあるのだ。仏教の唯識哲学では、この記憶の海を阿頼耶識《あらやしき》と呼び、それが転じた清浄智を大円鏡に喩えているのである。

フランスの大文学者ラブレー（一四九四～一五五三）は『ガルガンチュアとパンタグリュエル』の中で、「正しく夢を見るならば、魂はいつも未来を予言する」と言っている。それは魂が睡眠中に天界に昇り、この魂の故郷に帰ることによって、本来の神的自己が顕現するからである。彼は「この時、天から下界を見下ろせば、そこには過去と未来の全てがある」とも述べるのである。『わたしの名は紅』の天才画家は、この天国への帰還を盲になることによって果たす。それ故、名人オスマンは、「細密画師の質は盲目と記憶を語る時にわかる」と言うのである。そして次のような、注目すべき見解が語られる。

絵を描くことは闇を思い出すことである。絵に対する熱意を示し、色や見ることが闇から来たことを知っている偉大な名人たちは、アラーの神の暗闇に色によって戻ることを願う。記憶のない者はアラーの神も覚えていないし、その闇をも。

全ての偉大な名人たちの絵は、諸々の色の中で時を越えたあの深い闇を探し求める。（同一二四頁）

このように語った後に名人は、『ラシドの歴史』の著者であるミズラ・ムハンマド・ハイダル・ドゥグラトの言を引用し、「盲目の細密画師の記憶がアラーの神に到達したところには、絶対的沈黙、幸福な闇、そして空白の頁の無限さがあるのである。」と述べている。この盲目者のみが知る、悪魔や罪悪の入れない至福の闇は、しかし、魂が肉体を離れて上昇する過程で見る色の極致として体験されるものでもある。それ故にスーフィーたちの修行では、師は弟子に対し、先ず特定の色への精神集中を命じるのである。それを通して魂は変容し、宇宙のエネルギーと呼応することでオカルト的な力も発揮できる。しかし、この色の瞑想の最終目的は神人合一であり、闇の体験なのである。

『わたしの名は紅』を神秘小説として読むなら、この色の瞑想と似た効果を体験できる筈だ。その紅は確かに血の紅であり、殺人の美的情景と切り離せない。しかし、それが故にかえって、深層意識のダイナミズムを触発させる。そこに更に性のエネルギーが呼び起され、男女の愛の神秘行の扉が開かれる。その果てに、全てが色で作られ、全てが色であることを知る。全空間、全時間がそこにあり、神が近くにおられることを理解する。この瞬間に全てが真紅となり、自らが血だらけの姿で神の前にいるのである。

ベイオウルからのイスタンブルの光景
（Thomas Allom, *Istanbul und der Bosporus*, 1986, E.B.-Verlag Rissenより）

「近代」という苦しみを正面から描くパムク文学を、日本人はいかに受け止めるのか？

東からの問いかけ

【パムク文学とは何か】

河津聖恵
Kawazu Kiyoe

かわづ・きよえ　詩人。一九六一年東京生。京都大学卒業。著書に詩集『夏の終わり』『アリア、この夜の裸体のために』（ふらんす堂）『河津聖恵詩集』（思潮社）、詩論集『ルリアンス』（思潮社）。

すぐれた文学は、人間の魂に潜む矛盾を、正確には人がそれによって魂に気づく矛盾を、あらゆる手段を駆使して探り出すだろう。「魂」と言ったのは、私たち「東」の者はより深く生きようとすれば、なかんずく国民あるいは民族に固有の「文学」というジャンルにおいて深まろうとするならば、「主体」などという整理された中心にとどまることはできないからだ。魂とは何か。私たちは他人の魂はもとより、自分の魂ですら知りつくし得ないで死ぬ。あるいはそれが存在することすら知らないまま？「魂の観察者は、魂のなかにはいってゆくことはできない。がしかし、魂の縁を歩いて、魂と接触することはある。この接触から生ずる認識は、魂もまた自分自身のことを知らない、ということである。だから魂は永久に未知のものであるほかはない。これは、魂以外にも他に何か存在するものがあるのであれば、そのときはたしかに悲しいことであろう。しかし、他には何ものも存在しないのである。」（カフカ「八つ折判のノート」〔辻理訳〕から）ここで言われる「永久に未知の」魂の存在のために文学はある。魂の美しさと矛盾を生き生きと捉え、私たちに生の可能性を拓くものとして。すぐれた世界文学とは、自他の魂の最前線を想像力によって感受し、叡知と勇気によって刺激し鼓舞するものだ。

オルハン・パムクは「魂の縁を歩いて」というよりはむしろ華

麗に「駆けって」魂の存在の縁（淵）のありか、様相、光と影を探る。現在という困難な時代において、東西をつらぬく文学というものの思考と感受の歴史を担う旗手である。あるいは今がどんな時代であれ、「ペンの力」こそが「憂愁」を乗りこなし、人間固有の土地を拓くという希望を与える騎手でもある。私たちはその「力」を継ぐように読もう。そして言葉に驚き、感動するという文学の原体験を思い出そう。一見文学の敗退とみえる現在にあっても、言葉（筋と表現と思考と歴史意識等）の総力を挙げれば、このような鮮やかな勝利をかちとることができるのだから。

パムクの世界は私たちの魂をわくわくさせるが、もちろんエンターテイメントではない。例えばある一つの事物や事柄を叙述するときに、経時的な説明や修飾がつくくどくどしさ。事態のなりゆきや登場人物の関係を正確に把握するには、章をまたがり繋ぎ合わせる努力が要る。恐らく大まかな見取り図を基に、書きながら考えているのだろう、筋として無理な点さえある。商業的レベルでもっと読みやすい整合的な作品に仕上げえたろう。だが魂の真実を誘うように伝えるには、アクロバットも矛盾も必要なのだ。『わたしの名は紅』で「人がいつ何を考えているかは自分ですらわからない……わたしはこう思う――時々あることを口にする。その時はそう思ったのがわかるが、わかった瞬間にはその反対が真実だと信じている」と女主人公は口にするが、パムク文学のアクロバットは、そうした魂の不随意な「真実」を追い続けるためにこそある。彼の言葉と想像力は、生きた「真実」の使者としての怖れと喜びのまま駆ける。東と西、中心と辺境、近代と非近代といった外在的な矛盾を、一つの魂の内的矛盾として生きるその筆は、ときに即興的にモダン・アートのようにかろやかに優しく舞い、ときに深遠な心眼を持つ映画監督のように、世界の空漠を静かに捉える。

パムクを読む私たちは、それぞれの場面や言葉によっていききと鼓舞されるが、鼓舞してくれるその力は、実は読もうとした私たち自身の欲望、想像力が本来持つ生命への渇望、全ての人と悩みや悦びを語り合いたかった魂の深みから来る。パムクの世界では、「私の話を聞いて、あなただけに打ち明けるから」と、数多の魂が囁く。耳傾ける私たちはその囁きを聴き届けようと、いつしか自分自身の生き方を共鳴板にする。文学の本来の驚きがここにある。私たちの生き方がそこに参加しなければならず、参加できるという悦びが。人々の魂に私たちの魂は共振れし、あらたな知恵を共に探ることができる。パムクの小説は読み手が読みつつ、小説のまなざしに読み手の生が読まれるという、相互浸透の場である。いつしか我々の生は別な生へ明け渡されている。魂は、歴史的、政治的、宗教的な問いかけの前にふるえている。パムクは『環』21号（藤原書店。のち『父のトランク』所収）の、佐藤亜紀氏との対談で述べている。「歴史的な知識を求めているのでも、逃避を求めるのでもない三番目の種類の読者、歴史的な要素が作品の中でどう機能して、どういう構造、運動をつくり出していくのかに目を注」ぐ読者の必要を。小説という世界の大きな可能性を拓いたこの同時代の作家は、もはや書き手ではなく、読み手の可能性とは何かを問いかけるのだ。

現在、世界は暴流のように変転している。しかしだからこそ魂のグローバリズムへと開かれたいという衝動は高まっているだろう。とりわけ私たち東の者は、偉大なものに触発されたいのだ。そんな今、遠いトルコの苦悩を魂の内側から知るならば、私たちの（私たち自身にも隠された）苦悩も勇気づけられるだろう。パムクの登場はこの国の苦悩と不思議に連動している。作家は、東と西、非近代と近代、辺境と都市、宗教と無神論、民族とグローバリズム、魂と肉体、男と女……大小様々な二律背反（相互反転する力動的な背反）に引き裂かれる苦悩を、「苦悩だ！」と叫ぶ魂のありかを伝えようとするが、叫びは苦悩以上のものとして私たちに深く届く。イスラム文化やトルコ史や恋愛の煌めき（女性の魂が凛と描かれている！）によって、苦悩さえ鈍い黄金に荘厳されているからだ。

『わたしの名は紅《あか》』

9・11の三ヶ月後に完成された『雪』が、現代を舞台に世界の行き詰まりと可能性を果敢に描くのと対照的に、『わたしの名は紅《あか》』は行き詰まりの歴史的初発点を甦らせる。トルコの現実を下地にした前者で降る雪が接地する底として、後者の歴史的時空はある。前者で惨めに終結するクーデタの三日間の雪は、現代の転変を象徴するかのようにすぐに溶ける。だが後者では遙かな歴史の闇の中で凍てついている。

小説の舞台は、欧化という未曾有の時代が始まったが、いまだイスラムと前近代の不可知な謎を秘めた十六世紀末オスマン帝国。イスタンブルでの九日間の出来事が、何人もの語り手の口を借り物語られる。人々はイスラム文化が交易や戦争によって直面した西洋文化に、みずからの自恃を揺らがせられだしていた。細密画師たちも、遠近法による絵画（肖像画）の流入に抗しようとしつつ、その魅惑に抗いがたさをすでに実感していた。その背景にはトルコ並びに西アジアに、当時に拘わらず宿命として連綿と絡みつく戦争がある。騎馬の蹄の轟きを忘れられない、人々の死への不安がある。

語り手は「わたしは〜」と章立てされた、それぞれの登場人物である。その中にオルハンという子供が出て来る（この物語は、じつは母シュキュレの語りきかせであると最後に分かる）。『雪』でパムクは、子供のように幸福を夢見る詩人Kaを分身として描くが、ここでは子供時代の幸福と重ね合わせ、東の幼年時代の終わりを描こうとしたのか。神と事物と恋愛と言葉が、最後の生を色鮮やかに生きた時代。ときめきと不安が人々の魂を躍動させた時代。「わたしは〜」というそれぞれに与えられた章の中でだけ、人（または事物）は秘密を話す。歴史の闇の中に消えていく、それぞれに欠陥としての「個」（西欧の完全なる「個」と対する）の悦びと哀しみを、読み手にだけ語る。くすくす笑いや涙とともに。縦横無尽に人間のいとおしさをかき立てる、パムクの筆運びは絶妙である。

　西欧では不死を勝ちとるための手段として、人々は身分に拘わらず肖像画を描かせていた。そこにもまた西欧の不安があるのだが、ヴェネツィアとの交流を通じ、細密画師たちだけでなく当時のスルタン・ムラト三世さえその不死の方法に魅惑される。肖像画で「私」は不死となるだけでなく、唯一の「私」となりうるから。肖像画への挑戦こそ西への威嚇となると感じたスルタンは、大名人オスマンに皇子割礼の儀式の「祝賀本」の作成を命じる一方、エニシテ（原義は叔父。主人公カラのおじ、という設定であるが、この名で他の絵師からも慕われている。細密画の専門家ではなく元外交官であり、名人オスマンの宿敵）にイスラム暦一千年目に合わせ、外国使節団への贈り物として秘密の写本を作らせる。依頼の内容は、物語はエニシテに任せ、ただ一つ「ヨーロッパの名人の方法で肖像画を描かせたい」、だが偶像崇拝を恐れ「写本の中の一頁としてこっそり入れなければならない」ということだった。その二年前ヴェネツィアで肖像画を見てから、その魅惑について深い洞察を得ていたエニシテは、恐れながらも歓喜しつつ承諾する。そしてオスマンの工房の細密画師である優美、オリーブ、コウノトリ、蝶（これらはオスマンが子供の頃つけた愛称で、彼らは名人の下で兄弟のように学んだ）にそれぞれ好きな題材を選ばせ、工房の仕事の後各自の家で描かせる。かれらはどんな凍てつく深夜にも絵を見せに彼のもとへやって来る。それがどんな写本となるのか知らされず。戦禍や写本への世間の関心が薄れたがために臨時収入は有り難かったのだ。だが作成を秘密裡に進めるうちに、エニシテの瀆神の噂が伝わり始める。そんな中で第一の殺人が起こる。保守的宗派とも関りがあり、伝統的な様式絵画への職人的態度（アラーが見たように描く。絵師の個性は技量と神秘として絵に溶けこむ。それに対し「様式というのは個人的な痕跡を遺すことになる失敗」である）を尊重する優美が殺される。犯人が描いた秘密の絵（ラストで明かされる）を見て彼を責めたために。不吉を感じたエニシテは、写本の作成を止めようとするが、ふいに自分の死を予感し写本の完成を再決意する。この最初の殺人の三日後エニシテの義理の甥であり、十二年前娘シェキュレに恋したために追放されたカラが戻ってくる。エニシテはかつては細密画の手ほどきもしたカラに、写本の物語を作るように命じる。戦争から帰らない夫を待つシェキュレは、夫の弟ハッサンとカラの間で揺れ動くが、夫の死を夢に見た後（夢見は公の宣告よりも信じられた）、廃屋でカラと逢い引きをする。しかしその間に家では第二の殺人が起こる。エニシテが自身の予感通り殺されたのだ。悲しみにくれる以上に結婚を夢見る二人は、父の死体に寝巻きを着せ後見人に仕立て上げ、式を挙げてしまう。翌日になってカラは「今朝亡くなった」と礼拝を司るイマムに告げ、エニシテの死を布告させる。そしてスルタンの勘定方長官にも知らせに王宮に行く。そこでエニシテの死が殺人であることを打ち明ける。そして細密画師たちに疑いがかけられる。兄弟のように仲も良い代わりに、嫉妬心も強い画師たちに犯人がいるのだと（ここには兄弟憎悪が人間感情の根底にあるというコーランの厳しい人間観がある）。世間にもエニシテは殺されたという噂が広まる。スルタンの部門で起きた不祥事は班全員が罪を負わなければならないのだった。オスマンを助け、三日以内に犯人を探さなければ拷問が始まることになる。そんな折、優美の死体のポケットから水で滲んだ馬の絵が出てくる。二人はそれをヒントに残された九枚の写本（命じられたのは十枚だが、最後の一枚は犯人がエニシテの家から盗んだ）の中にある見事な馬の絵に注目する。「その絵がわしらにも絵を描きたいという興奮を目覚めさせる」ような、だが遠近法ではなく昔の手法で描かれている馬。しかし物語のない挿絵だけでは、馬が何を伝えようとしているのか分からない。しかしオスマンは鼻孔の奇態に気づく。細密画師たちは「侍女の方法」として知られる隠れた「署名」（目立たない細部に何かを描く、たとえばいつも同じ耳を描くとか）を、無意識裡にしてしまうのだが、その「奇態」もまた犯人の署名だった。そこで彼らは細密画師たちがこれまで描いた写本から、同じ「署名」を見いだそうとする。それと同時に疑いをかけられた三人の細密画師に馬の絵（馬は元来遊牧民族であったトルコ民族にとって特別な存在らしい）を即興で描かせる。だがその三枚の絵からもヒントは何もない。そこで窮余の一策として、オスマンは遙かな歴史に手がかりを求めようとする。「署名」が個人的なスタイルではなく、伝統的な様式から生まれたかもしれないと推理したのだ。そこでスルタンに宝物殿に入らせてほしいと願い出る。残り二日の猶予を与えられたカラとオスマンは、宝物殿で写本の巨大な歴史に目を通し、署名探しという本来の目的を超え、アラーが見たかの如き素晴らしい光景を満喫する。あるいは「細密画を描き才能を見せ、盲目になった、何千もの細密画師の深い悲しみ」と、写本が略奪によってやってきた歴史の残虐性をも感じる。カラが眠り込んだ後、オスマンは伝説の『王書』を眺める。頁をめくる微かな音に畏敬というよりも悲しみを感じながら。結局目的の「署名」を持つ馬は見つからなかった。その代わりヘラトの昔の名人細密画師ベフザトが完璧さに至った時、他の工房の求めに応じて自分の細密画を汚さなくても済むように、自ら盲いにした針を献上品の中に発見する。そしてオスマンもベフザトの生き様に魅せられたかのように、針を目に突き刺していく。『王書』という「この世で一番美しい絵を見て、アラーの神のご覧になられた世界を思い出そうとすることほど美しいことがあろうか」という、細密画師の正統かつ究極の望みに身を任せて。あるいは美から邪悪を排するために。翌朝カラはある写本に鼻孔の切られた馬、問題の写本と同じ奇態を発見する。それは蒙古の馬だったが、その手法を知っている者は「オリーブ」だった。オスマンは野心家の「コウノトリ」だと推理する。誰が犯人か迷うカラは、三人の家を家捜しをする。そしてついに第58章で犯人が明かされるが、犯人が最後の一枚に描いたものは……。

「屍」や「木」や「犬」や「金貨」まで語り出す五十九の章を破線のようにはぐれては繋がれる粗筋は、かろうじて以上のようだ。これはアラビアン・ナイトの血脈を引く「物語」か、それともやはり話者が延々と語るドストエフスキーの「小説」に比すものか。一体何系か!と問うてはならない。「私は、本質的にトルコの作家であり、この言語の中に住んでいます。言語が私なのです。」(『環』27号、ノーベル賞受賞後のインタビュー。のち『父のトランク』所収。前掲対談では「トルコ人作家」と評されることへの違和感も漏らすが、受賞によってそれもかなぐり捨てたようだ。)ここで注目したいのは、「言語が私なのです」という筋力あるくだり。これは、みずからの言葉のすべては、トルコの言語、歴史、国家という「辺境」から、世界へ根を探りつづけて見出した文学あるいは言語という奇跡的な織物の、一文様にすぎないという謙遜と畏敬の態度、そして一文様であろうとする自負の姿勢ではないか。それは犯人探しのために馬を描かせられた登場人物たちの、次のような語りも思い起こさせる。「すばらしい馬の絵を描く時、そのすばらしい馬にわたしはなるのだ」(「オリーヴ」)、「すばらしい馬の絵を描く時、すばらしい馬の絵を描く別の細密画師にわたしはなるのだ」(「蝶」)、「すばらしい馬の絵を描くことで、やっと自分になれた」(「コウノトリ」)。パムクは「七歳から二十歳まで絵かきになることを考えていて結局絵かきにならなかった」(前掲対談)という。だから彼の手の運動系は、描くことと書くことを弁別しない。「今でも紙とペンでやっているわけですが、筆をもてあそぶこと、驚きを感じること、紙に対して勇気を持つこと、それらは絵でも文でも同じことではないかと思います。」(同上)絵を描き、絵となること、絵を描く別の画師となること、やっと自分になること——それは作家においては言語を書き、言語となる、言語を書く別の作家になる、やっと自分になるということ、つまり作家としての生命の無上の希求を意味する。パムクの技量や発想が西の多くの作家を凌駕するのは、そうした生命の希求を基にした「直観」に支えられているからだ。例えば「わたしたちは絵の具や技巧や熱意によってアラーの神がわたしたちに『見よ』と言われたことを思い出す。知ることは見たことを思い出すことだ。」というオリーブの言葉は、東には世界を「知る」以前に、世界を「見よ」という闇から光への促しがあることを意味する。パムクはそのように「文学」から呼ばれた。その声は作家を励まし、ときに比類ない描写や断言へ向かわせる。パムクにとって、書くことは「紙に対して勇気を持つこと」なのだ。「空白」ではなく「紙」、そして「戯れ」や「不安」ではなく「勇気」。そう、この作家には他者との関係に魂を揺らめかそうとする紅の勇気がある。
ある時は激しく、ある時は繊細にいとおしく、古きイスタンブルの人々やさまざまな事物の光と影を生きる勇気とは、また「誇り」だ。東の誇り。同じ東のわが国で聞かなくなって久しいその響き。

この「物語」に登場する者たちはすべて誇り高い。男も女も寡婦も老人も、人殺しも行商女も金貨も犬も木も馬も。変動する時代の不安の中で、かれらはいずれ消え去る者としての自覚の下で、決然とした誇りを持って、精いっぱい現在の私たちに語りかける。たとえば恋愛のときめき。カラとシェキュレの、ヒュスレヴとシリンの絵によって喚起されていくそれは素晴らしい。「物語にあるような本物の高貴な恋が生まれる時間」のみずみずしさがそこにある。あるいは写本から盗まれた一枚の絵に描かれた一本の木は、「わたしは一本の木ではありたくないのです。木の意味でありたいのです」と切実に呟く。じつはコーヒーハウスの咄し家の語りだが、この言葉は人間の孤独の真因をも語っている。つまり私たちはどんな物語の中にあるか分からないから、孤独なのだという真実を。金貨は「この愛のない時代にこれほどまでに愛されることは、われわれ全ての喜びだと考えます」。何かアラーの力に導かれるように犯行に及ぶ殺人者の微妙な心理吐露も、天井に蝋燭が揺らめく影を描くように読み手に訴えかける。ちなみに私はエステルという男女のつなぎ屋であるユダヤ人の行商女が、とても好きだ。みずからは読めない手紙によって全てを知り、それを読み手にだけ語る……厳しくも慈愛にみちたそのまなざしは、人間の奥深さを感じさせる。そしてやはり咄し家の言葉ではあるが、「死」の華麗で酷薄なイスラム神秘主義にもとづく自己描写にもうっとりする。

しかし、もっとも誇り高いのは、表題にも言揚げされた「紅」だ。それは私たちの国の玩具みたいな日の丸のとぼけた赤などではなく、秘薬を作り出すごとき秘法で、生みだされる色だ。闇から生まれた最も生死に関わる色。歴史の血なまぐさい場面にも、祝賀や伝説のさまざまな場面にも「わたし」はいる。そしてここぞとばかりその誇りを私たちに語り止めない。「わたしは紅であることでとても幸せです！　わたしは燃えています。わたしは強力です。人はわたしに気づかずには居られません。そして抗うこともできないことも知っています。」「生きることは見ることです。わたしは至る所にいます。生命は私と共に始まります。そして全てはわたしのところに戻ってきます。わたしの言うことを信じなさい。」そう命じる生命の法のような「紅」は、この「物語」の各所に顕れるが、最も美しいのは殺されたエニシテの昇天のシーンにおいてだ（皮肉にもエニシテを殺す凶器となったインク壺にも紅インクが入っていた）。さすが細密画師の昇天だけあって、彼はその記憶を全開しめくるめく色彩の幻想の中に入っていく。そしてすべてが色であるという世界の真実を知る。やがてアラーの近くとなり、「短い間に全てが真紅になった。この色の美しさが、わしの心の中に、全世界に満ちていた。」つまり紅は東の誇りであり、その誇りの深処にある神の放つオーラなのだった。

「誇り」というものが支えるパムクの歴史的想像力＝イマジナルな筋力は凄い（「イマジナル」とは仏語で「蛹」を意味するが、蛹が羽化するかのごとき「想像する筋力」を意味すると考えて頂きたい）。ポリフォニック－エクリチュール（筋力としてのエクリチュール）とでも言ったらいいか、みずからも古きイスタンブルのざわめきや闇や光となって生きてしまう。通りの乞食や乞食の飲むスープや食われる菓子にまで現成する。だから読者も内側から同苦し同感しうる。読む私たちにもこの「物語」の全貌は把握しがたい。「私たちはどんな物語にいるのかしら」と語り手たちはそれぞれに、細密画に描かれた人物のように、片目は書物の中の世界を、もう片目は私たちの方へ目配せするが。しかし同苦し同感してしまうがために、私たちにも分からない。だが分からないからこそリアルなのだ。そのリアリティを、パムクは想像力の即興に任せることによって獲得した。前掲対談で「どうやって当時の人々に自分のことを語らせられるか（中略）十八世紀、十九世紀なら兎も角、十六世紀の人間が一人称で語る、その語り方、そのときに見えてくるもの、一口で言うとフレームの中に入ってくるものがどうしてもわからなかったんです」という佐藤氏の発言に対し、パムクは「自分でも同じような恐怖心があります。私の部屋の壁に、十六世紀にイスタンブルの市役所が書いた、イスタンブルで売っているすべての物の値段がこうあるべきというリストが貼ってあるんです。私は、あなたのように当時彼らのフレームに何が入ってきたか心配になったときは、そのリストを見るといろいろなものが見えてきました」と述べている。「見えてくる」——これもまた（東の）絵画的素質だ。細密画師たちの、西欧の画家のように遠近法に従って見る物を描くのでなく、見えてくる物を描くやり方。数々の写本の記憶によって見る、つまり魂の奥底《おうてい》で見る神秘的視力。これは愛の力だ（「イブン・アラビーが、愛は見えないものを見えるものとする能力であり、見えないものを絶えず傍らに感じたい欲求だと言っている」）。リストの物品名と価格から食物の匂いや湯気、そこに立ち騒ぐ市場の人々の声やざわめきを愛し、見ようとすること。パムクのまなざしに読み手のまなざしを重ね合わせることは、未知の想像力を薫発することであり、歴史が民衆の切実な願いによって動かされていく現場に立ち会うことである。

『雪』

一九九〇年代初め、辺境の町カルスでは市長が殺され、少女の自殺が続いていた。ドイツから帰国した詩人Kaはイスタンブルの新聞に頼まれ、事件を取材しに来る。かつて思慕したイペッキが夫と別れたことも誘因だった。暗く汚れた絶望的に貧困なカルスは、イスタンブルの裕福な一角で育った詩人にとって、「雪が無言でこの世の果てに降っているかのよう」な孤独な町だった。少女たちの中で最もKaがその孤独感に共振したのは、スカーフを取らないため登校を禁じられて自殺した少女テスリムだ。スカーフを取らない決意──取る決意ならば全世界にも理解される。しかし西欧化あるいはグローバル化したシステムへ辺境の少女たちは理解されがたい孤独な姿で反抗していく。教義と自殺、孤独な決意と自殺という矛盾は痛ましくも思考を誘う。

　カルスはアルメニア、ロシア、英国、トルコの諸国の支配を被った激動の歴史をくぐり抜けてきた。だが「西欧化派の時代」の古き良き日々も今は遠く、冷戦時代にソヴィエトとの通商が減り、税関が封鎖され、金持は出て行き、政府から忘れられ、アルメニアとの抗争の結果、貧困、衰退、不幸を露呈していた。イスラム原理派、穏健派、世俗派、コミュニスト等、政治における諸党派が争う渦中、ドイツから来た詩人は奇妙に歓待される。到着した日、自分が書いたこともない「雪」という詩を、アタチュルク信奉派の劇団で朗読することになっている。Kaはドイツでドイツ語を拒み、四年間詩が書けないでいた。「体がドイツ語に逆らった。そしてついに純粋さと魂を維持できた。」私もまた詩の書き手の一人として、Kaは正しい詩人だと思う。Kaが沈黙していたのは、詩人は母語がなくては決して生きていけないからだ。異国には沈黙が満ちるが、詩人にとってそれは詩を生み出す母胎ではなく、ただ母語のない深淵であり、カルスに降る大きな雪片は、詩人が四年間に湛えていた孤独に、与えられる母語、予感される詩片の幻だ。

　大学時代の学生運動の仲間であった美しいイペッキとも久しぶりに出会う。恋もまたこの物語のモチーフだが、イペッキもその妹カディフェも恋愛に幻想を抱かない誇り高い女たちである。いきおい求婚したKaを、イペッキは「あなたはいい詩人になるだろうといつも信じていたわ」という祝福で包み込む。この小説は政治とともに詩を一つの敬すべき中心とする（Kaの具体的な詩作品は登場しないが）。不思議なことに詩人である彼に、人は真情や悩みを打ち明ける。すぐれた小説は詩を無視しないのだ。語り手である「わたし」＝パムクは「詩も、哀愁もわからない」が、雪を見上げる親友Kaの魂に同一化している。歴史を叙述する使命を持った小説家の緊張はそのときふいに途切れ、放心する。文学は宗教への素直な畏敬と詩への愛をもたなくてはならないと私も思うが、この「政治小説」がすぐれているのは、大きくその点にあるだろう。詩的宗教的放心と叙述の緊張はいきいきとしたリズムを作《な》していく。

　イペッキとの再会時、間近で校長（スカーフを着けて登校することを少女たちに禁じていた）が撃たれる。事件後Kaは熱心な宗教高校生ネジプに出会う。彼はKaを自らが心酔するカリスマ〝紺青〟に会わせることになるが、このネジプの緑の目、〝紺青〟の紺色の目は意義深い。目は（『わたしの名は紅』の細密画師の目も）パムクの世界の小さな心臓部だ。Kaはこの若者に惹かれ「一瞬、この世を彼の目で見ようとしている自分に気がついた」。人を信じることは、その人の目でこの世を見ることなのだ。この「まなざし」の対極としてか、小説では白黒テレビが向ける虚無的まなざしが頻繁に出現する。パムクの小説が放つ様々な「まなざし」は、東と西の間でいまだ真に交わされ得ないそれをも意味する。

Kaは、ネジプやカディフェの純粋な信仰心に魅せられて、神の存在を予感する。ネジプの「神がいないのならば、天国もないということになる。それなら、貧乏人が耐えるこの苦悩の意味は何か？　わたしたちは何のために生きているのか、これほどの苦しみに耐えるのはむだなことだろうか？」という問いは、この小説の動因である。カディフェも人間的な信仰者だ。彼女はスカーフを取らないという、決意という人間的な感情を大切にしつづける（この小説の中で一番生き生きして描かれているように思う）。

夕方、新聞がKaの朗読を予告したスナイ劇団の公演が始まる。だがKaはホテルにとどまり、イペッキ姉妹とその父トゥルグットと夕食をする。ここに同席するカディフェの親友ハンデも魅力的だ。彼女によれば、スカーフを取る（＝神がいなくなる）ことは、自分の体を所有できなくなる（＝商品化される）ことであり、少女たちの自殺の真意が「無垢と純潔でありたい」という切実な思いにあることを教える。「今の状態に戻れないこと、それに戻れないことが怖いのです。人間は、本当はこのことのために自殺できます」。だからカルスにおいて女たちが切実に求めるのは、「今のままでいること！」それは敗北の静寂を耐えて生きる諦念と決意を意味する。

テレビで名が告げられ、Kaは国民劇場へ向かい、悲惨なクーデタへ巻き込まれていく。原理主義者をカリカチュアライズする劇の展開に、ネジプたちが煽られ騒ぐと、舞台に兵士が現れ観客に向けて発砲を始める。ネジプは美しい目を撃ち抜かれて死ぬ。芝居と現実、夢と現、正気と狂気のはざまでクーデターは成し遂げられる。そして「革命」の夜は明け、外出禁止令の出た町に、惨劇を吸音し無化するように降り続く雪。出口のない時間。何件かの殺人事件が雪に埋もれ、民謡が朗々と流れる。軍のトラックがホテルにいるKaを連れに来る。盗聴により〝紺青〟と会っていたと知られていた彼は、〝紺青〟を仲介した者が囚えた者の中にいないか、警察本部や各所で確認させられる。病院の死体置き場で変わり果てた姿のネジプに再会したKaは、口づけをするが、そのことで軍に疑われつづける。

廃屋に設けられた革命本部では、スナイが待っていた。「革命」は、地方巡業で目の当たりにしたアナトリアの憂愁が身に染み、心身ともにうらぶれた彼が、雪による通行止めをチャンスにと、旧友とラクを飲みながら思いついた投げやりなものと分かる。だがＭＩＴ（国家情報局）と警察の有能な職員はうまく事を運んだのだった。歴史と芝居は「同じ材料で作られる」とスナイは言う。彼もかつては「未来がヨーロッパであることを信じた」が、今はただ宗教勢力を抑え、「この世界が崩壊するのを」阻むのみだ。軍の支配にもまた未来がない。スナイは芝居の非現実感を借り、突き進んでいく。また他方でKaは〝紺青〟からクーデタに反対する声明を、西に伝えてほしいと頼まれる。〝紺青〟を代表とするイスラム主義者、クルド人、社会主義者の、「三者会談」の声明文が出来る。どの陣営もじつは西に恋慕していた。「我々はヨーロッパ人にはなれない！」という「恐怖につながる憂い」の中で。やがて〝紺青〟は捕えられるが、スナイはカディフェが劇場で髪を出すならば、恋人である彼を釈放するという。しかし一度釈放された〝紺青〟は結局隠れ家で銃殺される。

　大団円は、舞台でカディフェとスナイの、自殺をめぐる危険な問答で始まる。「全ての自殺の本当の理由は、もちろん、誇りです。少なくとも、女はそのために自殺します。」スナイはすでにみずからの銃殺のニュースを明日の新聞記事に頼んであり、カディフェを挑発しつづける。スカーフを取れと唆すスナイと、髪を出してから首を吊るというカディフェ。欧化主義であれ原理主義であれ、カルスで女たちは理解されず、居場所がないことを彼女は訴えるが、ついに見事な髪を晒す。おまえが嫌悪する俺を撃て、とスナイから渡されたピストルで彼を撃ち殺したカディフェは、終幕後逮捕される。「革命」のあっけない終結（二、三時間後、カルスに通じる道路が全て開通すると、この町の小さな〝軍のクーデタ〟を壊滅すべく行動をとった軍隊はカルスの町になんらの抵抗もなく入った」）。責任がこまごまと追及され多くが逮捕される。こうして「三日間にわたる、西洋化主義、アタチュルク信奉者の大義名分でスナイ・ザーイムとその仲間が実行した激しい暴力」的事態は終息する。カディフェは殺人ではなく不注意による過失の罪で済み、半年で釈放され、ネジプの親友ファズルと結婚する。「革命」をめぐる物語はこれで終わる。ドイツへ戻ったKaは四年後何者かに銃殺される（小説半ば二十九章で、その痕跡をフランクフルトで追うパムクのまなざしが、魅惑的に語られる）。最後の一章は、カルスを訪れたパムクの後日談だが、さらに貧しさへ向かう町へ作家が流す涙で、エンディングとなる。

　この小説は、クーデタ＝政治というモチーフ（それは原理主義というモチーフと相即する）に、文学（という魂の最前線）が擦過したとき何が生まれるか、魂はどんな共振をするか、を試みた壮大な実験作である。憂愁と幸福、誇りと敗北、都市と地方、西と東、全人類とエスニック、宗教と無神論、放心と緊張、孤独と親密、革命と自殺、男と女……それら無数の二極のあいだでふるえる詩人の魂をプリズムに、私たちは片隅に生きる人間たちの絶望、憂愁、希望を鮮やかに感じ取っていく（たとえ絶望であれ、「ペンの力」で鮮やかに表出されれば、深い希望の核となるのだ）。原理主義者にも元コミュニストにもクルド人にも民族主義者にもテロリストにも、夢想の西あるいは幸福への儚い恋慕があり、人の命が蝋燭のように吹き消される歴史というものへの悲しみがある。そうした魂のいきづきが、錯綜する粗筋を通し皮膚に雪が滲むように、読み手に伝わってくる。『わたしの名は紅』と同様、それぞれの登場人物が語る真実の素晴らしさが魂に響く。

「賢くて不幸な者のみがいい詩を書くことができるのだ」(ネジプ)
「幸せでないことは、人生に対して、わたしを守ってくれる」(Ka)
「二度と会うことがないことが確かな人々に、全てを語りたい」(カディフェ)
「わたしたちよりも、より深い苦悩、貧困、虐げられることの中で生きている人たちのことを、わたしたちはどこまで理解できるのであろうか?」(パムク)
「われわれは馬鹿ではないのだ! 貧しいだけだ」(クルド人の青年)
「兄弟たちよ、君たちは一人ぼっちではない」(〝紺青〟のヨーロッパへの声明)
「人間は、人生で、危険な時のみ集中できます」(ハンデ)

魅惑的な描写も効果的だ。Kaが朗読のために国立劇場へ向かう雪の街路の美しさはまるで世界が世界を見ているような深遠さであり、ネジプが語る「神のいない光景」はまざまざと心に刻まれ、二十九章でパムクが亡きKaに同苦するフランクフルトの場末の夜景も読むだけで目が湿るものだ。それらはすべて魂の深さをまっすぐに伝える。

パムク文学と私たち

パムク文学が、同じ東の私たちにつげるものは何か。単純な言い方だが、それは、文学を決断したのならば、何をも恐れるな!ということだと思う。政治であれ、宗教であれ、歴史であれ、東のコンプレックスであれ、文学の筋力を鍛えるために抱き寄せてしまえ。魂の真実と奥行きがさらに言葉のただなかから見えてくるだろう——どの頁からもそんな「文学」の声がきこえてくる。

たとえば『わたしの名は紅』で、名人オスマンが言う「アラーの暗闇」は、魂の真実を探索するパムク文学の母胎をも示唆するようだ。盲目になっても、あるいは盲目になればこそ、細密画師たちはアラーの見た光景を見うるという。「失意と怒りの中で目が見えなくなった」オスマンによれば、「盲目であることは沈黙である。(中略)細密画の一番深い所はアラーの暗闇の中に現れるものを見ること」なのだ。この「アラーの暗闇」とは、イバン・イリイチの言う「ラハム」(キリスト教の「慈愛」のセム語の語源で、「愛の状態にある子宮」。『生きる希望』参照）でもある。そのような東の子宮的心眼をパムクは生まれながらに持っている。イスラム教的な家庭ではなく、進歩的な家庭に育ったにも拘わらず、いやそうだからこそ、歴史にも政治にも新鮮に入り込むことができた（やはりイリイチに、歴史がいまだ手を浸けうる新鮮な水だという言葉があった）。私たちの国にも、そのように「見えてくる」小説は生まれないか。もし生まれるならば、そのとき過去や現在の人々の生命を言葉のただなかで甦らせる方途は何か。華麗かつ野蛮で宗教的なイスラムの過去と現在は、想像力をかきたてる魂の宝庫だ。だが薄い現在だけが揮発するようなこの国の私たちにも、まだ「文学」の力は残されている。私たちもまた魂のグローバリズムに触発され、何かをもとめようとしている。日本の歴史の土壌あるいは現在の深層に、思考と言葉の力で薫発しうる種《ネタ》は眠っているはずだ。多くの書物が刊行されてはすぐに店頭から消え、文章はますます緩まり、記号たちは白い闇にぽっかり開いた口を隠そうともしない。しかし文学があるかぎり、私たちは飢える。言葉にならない思いを忘れることなどできない。深い影がほしい！　エニシテがヨーロッパ絵画に見た「悪魔的深さ」でもある影が。影とは、ヨーロッパ人にとって死を固有なものとしてあらしめたいという激しい願いから生まれた。細密画師にとって影は悪魔でもあり、しかし同時に人間というものの深さ、謎、無へ踏み込む勇気であった。

私とは何か、自分自身とは何か。だが「個人的」な問いかけならばもう誰にも響かない。『私の名は紅』で殺される直前の、犯人の叫びを想い起こそう。「俺たちもヨーロッパの影響で、思うままに全ての欠陥や個性で絵を描いて、スタイルを持つようになったとしても、自分に似た何かにはなれるが、自分自身にはなれない」という苦渋の問いかけ（これはまさに問いかけだ）を。今この国の誰の身の内でも、この現在を創り出してきた近代を撃ちうる問いかけ。私たちは本当は何者なのか。私たちもまた「自分に似た何か」にならないために、あるいはなろうとするがために、近代的にいまだ苦しんでいる。ならば浅い苦悩の、さらに下方を感じよう。未知の地面、東から遙かへ拡がろうとする魂の内皮を想おう。東から問いかけてきたパムクに、私たちの東も問いかけるために。答えることはできなくとも、隘路を、いやゆたかな根を世界へと張りめぐることはできる。

小説全七作と随筆集一作、そして刊行が間近に迫るノーベル賞受賞後第一作を速報！

オルハン・パムクの作品世界

和久井路子
Wakui Michiko

わくい・みちこ　中東工科大学（アンカラ）現代諸語学科勤務。神奈川生。リハイ大学で博士号習得（外国語教育）。訳書に『イスタンブール』『父のトランク』『雪』『わたしの名は紅』（藤原書店）。

『ジェヴデト氏と息子たち』

オルハン・パムクは子どもの時から絵を描くことが好きで、将来は画家になることを考えていた。イスタンブル工科大学の建築学科の三年生だった二十二歳のとき、大学をやめて小説を書くと母親に宣言する。それから部屋に閉じこもって書くことに専心する。四年かかって書き上げた最初の小説『ジェヴデト氏と息子たち』は一九七九年にミッリエト新聞の最優秀小説賞を得たものの、長すぎるし、売れないであろうとの懸念から一九八二年まで出版されなかった。一九八三年にトルコの文学賞としてはきわめて権威のあるオルハン・ケマル小説賞をあたえられた。著者は後年、二〇〇四年十一月に『わたしの名は紅』の日本での翻訳出版を機に初来日した際に、この本は三十カ国以上で出版されたと言ってさわがれているが、自国で最初の本を出版するのに八年かかったことに比べればたいしたことではないと笑った。その後で、その次に困難だったことは日本語版を出版することだったと付け加えた。

『ジェヴデト氏と息子たち』を書くとき、パムクはある一族の物語を書きたいと思ったという。彼が子どものころ住んだアパー

『ジェヴデト氏と息子たち』原書

トの隣には、その後取り壊されたが、かつてはオスマン帝国の高官のものであった屋敷があり、彼の父親とその一族はその大きな屋敷に大家族として住んでいたという話は、パムク自身も子ども時代を通じて何度もきかされていた。後にその隣の土地に建てられた新しいアパートで子ども時代を過ごすのであるが、隣のアパートからその屋敷を眺めては、その屋根の部分を上から眺めただけではあったが、一九三〇年代にそこで暮らしていた人々の生活をあれこれ想像するのだった。そうして見たこともない人々のその時代の生活の細部に想像力をはせたことがこの小説を書き始めるきっかけとなったという。さらに一九三四年ごろの人々の生活をよく知るために鉄道雑誌のコレクション、古い新聞、ゴシップ本、当時の社交界が描かれている小説類、古文書、回想録などを大いに読んだという。こうして書かれた『ジェヴデト氏と息子たち』は自分の一族の小説でもあるが、同時に想像力の生み出したまったく知らない家族の物語でもある。いうまでもなく、そこにはトーマス・マンの『ブッデンブローク家の人びと』の影響もあった。

この本はイスタンブルの裕福な一族の三世代にわたる物語である。そこには著者の父方の祖父とその息子たちである彼の父親と伯父たちの姿も描かれている。パムクの祖父は、トルコ共和国の初期の一九三〇年代に鉄道事業で財を成した人で、その富はその死後、息子たちが次々と新しい事業に投資しては、そのほとんどに失敗して目減りしていったものの、尽きることはなかった。彼らは最初はオスマン帝国の高官が所有していた石の建造物である大きな屋敷に住んだが、後に隣接する土地に新しく祖父自ら建てたアパートで、それぞれの階に父方の祖母、伯父、叔母の家族などが住むことになる。ジェヴデト家と違ってパムク家には商業をしたり店をやっているものは誰もいない。しかし家での生活、たとえば祝祭日の特別な正餐、ベイオウルやマチカへの外出、日曜日に子供たちを自家用車に詰め込んでボスフォラス海峡沿いのドライヴに出かける習慣、家族内の諍い、隣近所との付き合いなどは自分の周辺からとったという。本の中の若い登場人物の中には、サルトル、カミュに影響された二十代のころのパムク自身の姿も投影されている。彼の父親も一九五〇年代に実存主義にかぶれて、妻子をイスタンブルにおいてパリに行ってしまい、ガリマール社より出たサルトルの初版本を集めたりしていた。『ジェヴデト氏と息子たち』はすべてこれらのことから影響されて書きたいと思った作品であった。またこれは青年トルコ党から始まる共和国の最初の五〇年間にわたるイスタンブルを描きたいという著者の思いの総括であったという。

パムクによればジェヴデト氏の物語は、ある意味では失敗の話ということになる。つまり一族は最後には金持ちになるが、初期に目指した崇高なる理想のいずれをもあきらめたからである。

『無言の家』

二作目のこの作品は一九八三年に出版された。トルコで「マダラル賞」を、そのフランス語訳は一九九一年に「ヨーロッパ発見賞」を与えられた。一人は歴史家、一人は左翼の活動家、もう一人は金持ちになることを理想としている三人兄妹が彼らが育ったイスタンブルの郊外の海辺の町に父方の祖母を訪ねていって、そこに滞在した一週間が書かれている。祖父が七十年前に政治的な理由でイスタンブルから遠ざけられてその地に来て、そこに建てた家で、祖母の九十年間の思い出の詰まった過去がゆっくりと開かれていく。祖父が東と西の断絶を一瞬にしてなくすことが出来ると考えて百科事典を書いていたことを思い出す。家で無言で世代の間の架け橋をつとめていたのは何であったのか。庭の塀の外では若者たちの行動が繰り広げられている。

この作品を書くきっかけのひとつは、母方の祖父が祖母に宛てた書簡であった。母方の祖父は、二〇世紀初め法学を学ぶためにドイツに留学した。出発前に祖母のニクファルと婚約させられる。祖父はベルリンで法学を学ぶ間に、イスタンブルにいた婚約者に数多くの手紙を書いた。これらの手紙の雰囲気は、作品の中でセラハッティン氏が妻のファトマに講義するのに似ている。たとえば、「ここでは女性に参政権を与えることが議論されている。貴女はどう考えるか。女性の権利についての貴女の考えは。ヨーロッパにはこういうものがある、ああいうものがある、どう思うか」といった調子であった。祖母の反応たるや、無関心というか、「それは罪深いこと、禁じられていることですわ」といった類であったのがパムクにはわかる。彼女はこの小説に出てくるファトマのように、紙や書物が好きでない、むごいまでに現実的な人であった。二人の間の幸せでない関係を想像したとき、著者は『無言の家』を書き始めていたという。小説の中の若者たちの行動、自動車のレースとか、誰かのところに集まって酒を飲むとか、ディスコに行くとか、浜辺に集まって時間つぶしをするなどは、一九七〇年代にイスタンブル郊外の避暑地バイラムオウルの海辺で自身を含めて友人たちの間で行われたことであったという。それぞれの父親から借りてきた車で競い合い、車を傷めたもののそれほどは悪気のなかった若者たちを、この小説を書くとき著者は懐かしく思い出したという。

『無言の家』原書

パムクの小説の中では若い読者の間で最も好まれたものといわれている。著者自身の青年時代にむすびついていたからと思われる。人は若いときにはいろいろなものを感じとることができること、しかしある程度齢を重ねるとそれらを人生そのものとして見ることができるという二面性を扱ったという。若さの痛ましさとは、人間関係に二面性があることを見ること、そしてそれに対して何かしなければと思うものの何も出来ないことである。しかし後にはそれらのことを当然のことと受け入れることだと著者は言う。この小説の中に出てくる若者はいずれも自分であったという。それぞれが青年時代のその折々の自分を反映しており、著者は懐かしみながらそれらを書いたと語っている。

この作品でパムクは独特の文章の様式を確立する。言葉を工夫することによって、思考の構造に並行する文の構造を考えて、ひとつの文の中に異なる時間を入れることに努めたという。言語や様式に新しいことを加えようとする作家は、この国では「わけがわからない」とか「理解に値しない」とかいわれて軽蔑される。これには作家のせいで読者が読むのに苦労したことが歓迎されなかったためもあるだろうと語っている。しかし小説をモノトーン化するあの不快な〝と考えた〟〝と考えた〟の羅列から救われたという。彼の目的は、登場人物の意識の中で起こったことと並行して語る言語を作り出すことだった。自然主義者が混み合う市場の様子を描くように、意識の中で起こるすべてを紙の上に映し出すつもりではないという。

『白い城』

一九八五年に出版された『白い城』はパムクの名を国の内外に高めて、『ニューヨーク・タイムズ』紙はその書評欄で「東方に輝く星現れり」と大きく扱った。この作品は西欧のめぼしい言語に翻訳された。

一七世紀にオスマン帝国の海賊によって捕らわれたヴェネチア人がイスタンブルに連れてこられる。天文学、物理学そして絵画がわかると考えられたこの奴隷は、同じようなことに関心を持つトルコ人の学者によって買いとられる。この二人は奇妙なことに姿かたちも似ている。奴隷の買主はこの奴隷からヴェネチアを、西の知識を学ぼうとする。この二人、主人とその奴隷はお互いを識り、理解し、自らを語るために、イスタンブルの風光明媚な金角湾を眺める薄暗い、がらんとした家で、ひとつのテーブルの両端に座って語り合う。物語、冒険談、思い出は、ペストが猛威をふるったイスタンブルの通り

『白い城』原書

に、幼帝の空想の庭園に、動物たちに、信じがたいような武器の製造に二人をいざなう。そしてついに「なぜ自分は自分であるのか」という問いに至る。物語が昼から夜に移行するにつれて、影は次第に位置を変えていく。

小説を書く面白さについてパムクは、新しい小説を書くたびに、新しい形態、新しい会話形式を工夫できることだといっている。この作品で、小説の形態、語る様式を前の二作に対して変えるべく努めたといっている。『白い城』は前の二作に似ていない。作品の長さ（他の彼の作品に比してかなり短い）、雰囲気、テンポなどはヨーロッパでヌーヴェルヴァーグ言われるものに近いといえる。

この小説では確かに歴史が語られている、しかしそれは歴史を語るためではない、物語を語るための歴史なのだ。この物語の時代はそれより三、四十年前でも、あるいは百年後でもかまわなかったのだ。歴史小説というと、その時代の広い意味での社会問題を扱い、それをドラマ化して取りだすものが期待されるが、『白い城』はその種の作品ではない。この小説で語られたことは、ある歴史上の時代の問題を語るためではなくて、ある物語をより生き生きと語るために歴史上のある点に持ってこられたのである。

『黒い本』

一九九〇年に出版された『黒い本』はイスタンブルで書き始められたが、その大部分はコロンビア大学で博士論文を書く妻とともにニューヨークに滞在した間に書かれたものである。主人公のガーリプはイスタンブルの弁護士である。幼馴染であり、伯父の娘であり、友人でもあり恋人であった妻のルーヤの行方がわからなくなる。雪の降る晩この妻を捜しに出かける。彼が子どものころから愛読した親戚の新聞記者のジェラールのコラムが、彼を方向付け、同行する。コラムの記事はイスタンブルの裏通りや、歴史の片隅に彼をつれて行く。

『黒い本』原書

『黒い本』ではパムクの特徴である長い文章が特に顕著（時にはひとつの文章が一ページにもわたることがある）であるが、それについて彼は自分の周囲に起こる目くるめく町の渾沌、歴史、今日の豊かさ、躊躇い、エネルギーから出てくるように思われるという。この本は、イスタンブルについて全てを一瞬にして語ることが出来るようにとの思いから書かれたという。『千一夜物語』をイスタンブルで実現しようとしたものでもあるとも言う。イスタンブルを自分が見て、生きたものとして書きたいと思った、その神秘の尽きないところとして。この本を書いているとき、西洋の批評家たちが、『ジェームス・ジョイスがダブリンにしたことを、パムクはイスタンブルにした』というだろうことがわかっていたという。事実そう言われたが、ジョイスのようだと主張するつもりはない。町の歴史に対する敬愛とその全てに対する愛という意味であるという。これは彼個人のイスタンブル百科事典であると言う。自分の心はこの町にある。そこから東方の物語の伝統に、神秘主義の問題に、メヴラーナやシェイク・ガーリプにいたるのであると。

『黒い本』で、長年したいと思っていたコラージュの手法を小説に適用したという。これは歴史上のこと、将来のこと、現在のそれぞれ異なる時に属する、互いに関係ないように見える出来事を、一緒に並べることによってしかるべき意味を感じさせる良い手段である。小説では、コラージュは物語の平面的なモノトーン性をさけさせて、それに第三の次元を与えるという。

パムクは、彼の作品はすべてその前に書かれた作品の中から、その中の細部、あるいはその中の一文から生まれたといっている。たとえば、『ジェヴデト氏とその息子たち』の中に出てくる若い世代からある意味で『無言の家』が生まれた。その中に出てくるファールクから『白い城』が生まれた。『白い城』の中の幻想的雰囲気と、歴史的場面や神秘的な青い夜とも言える闇の中から『黒い本』が生まれたと言う。

この後、『黒い本』の一部から映画の脚本『隠された顔』が書かれる。この映画はアンタリヤ映画祭で、最優秀映画賞と最優秀脚本賞を与えられる。

『新しき人生』

この作品は、後に『わたしの名は紅』となる作品を書いている途中で書かれた。ある時、オーストラリアの文学フェスティヴァルに招待されたパムクは、その晩滞在していたホテルの庭でパーティがひらかれたが、長い飛行機旅行の疲れを理由に欠席して、ホテルのバルコニーからそのざわめきを聞いていた。遠くで行われているなにかを端の方から眺めることは、人生を眺める文学者の態度を象徴しているという。その晩寝床に横になってから寝つかれずにいる時、幸せなこと、なにかいいことを書いたら神経の高ぶりが収まると考えて、鞄の中にいつも持っているノートの空白のページをあけて、「ある日ある本を読んでわたしの全人生が変わった！」と書いた。この文章は長年の間パムクの頭の中にあったもので、この文章で始まる小説をいつか書きたいと思っていたという。その晩ホテルの部屋で、『新しき人生』の最初の段落を書いた。そして『わたしの名は

『新しき人生』原書

紅』を中断して、心の中に湧き出すままに書いて二年で完成させたと言う。

一九九四年に出版されたこの作品はトルコで空前のブームを引き起こした。人生、比類なき瞬間、死、文学、事件の秘密、子ども時代の絵本、現れたり消えたりする天使、ダンテやリルケの詩に触れる。出版社には「ある本」に対する問い合わせが殺到したという。いうまでもなくそれは実在しない。

『わたしの名は紅』

この小説は、一五九一年のイスタンブルでの、雪の降る九日間の出来事である。この時代はトルコの細密画芸術が本家のペルシャを凌ぐ域に達した時代である。十六世紀の半ばにオスマン帝国は経済的にも文化的にも円熟期に至り、バルカン、北アフリカ、中東にまたがる大帝国はその繁栄を享受するものの、そろそろ問題も出てき始める。レパントの海戦で西に対する最初の敗北を体験するのもこの時代である。イスラム暦の一千年目にあたる年を記念してスルタンは細密画の祝賀本の作成を命ずる。命を受けたエニシテはこの本に西洋画の要素をとり入れようとする。彼は以前イタリアで見たルネサンスの絵画の手法が忘れられない。しかし町ではイスラム原理主義者の行動も盛んで、西洋画の手法を取り入れることは危険を極める。その中で殺人事件が起こる。細密画の手法が犯人解明の手がかりになる。

『わたしの名は紅』原書

この作品は五十九章からなる全ての章が一人称単数形によって語られる。語り手は人間に限られない。著者によれば、この作品は忘れられてしまった細密画に対する、過去の芸術に対する挽歌であったという。二つの文明が出会うと必ずそのどちらかが失われる、その失われた側の哀しみを描きたかったという。細密画師は規範の通りに描くべく一生を費やす、そして最後には盲目になるが、その時は見ないでも描くことが出来るようになっているという。絵師の忍耐、研鑽は文学者のそれにも似ているのだ。

この作品は「国際IMPAC・ダブリン文学賞」をはじめ多くの国で文学賞を獲得し、パムクの名声をゆるぎないものとした。

『他の色』

一九九八年に出版されたこの本は、この二五年間に書かれた評論、随筆、新聞記事、インタヴュー、自身のためのノートなどからなる。子ども時代の思い出、好きな作家、紀行文などもある。

『他の色』原書

『雪』

二〇〇二年に刊行されたこの作品は著者の最初で最後の政治小説だと言う。

四十二歳の詩人のKaは、十二年年前にイスタンブルで出していた新聞に載せた他人の記事のせいで有罪判決を受け、ドイツに亡命した。今回母親の葬儀のために十二年ぶりにイスタンブルに戻って来たのであった。友人の紹介でトルコの北東の国境に近い町カルスでの取材の仕事が与えられる。その仕事を引き受けた理由として、イスタンブルがあまりにも変わってしまっていたので、経済的にも、文化的にもトルコで一番立ち遅れているカルスに行ったら、イスタンブルでは見られない子ども時代の思い出に出会えるかもしれないと思ったためだと言っているが、真意は、学生運動をしたかつての仲間である美貌のイペッキが、同じく仲間で詩人であった夫と離婚してカルスに住んでいるからであることに気がついている。大雪で全ての交通が遮断されて町が孤立した三日間の出来事が書かれている。その町でKaはその四年間どうしても書けなかった詩が、あたかも誰かが耳元でささやくかのように湧き出てくるのを体験する。これらの詩が、また降りしきる雪がどこから来るのかと考える時、神の問題が出てくる、彼は無神論者のはずであったが。

『雪』原書

『雪』は一年半かかって書かれ、九・一一の三ヵ月後に出版された。イスラム過激派をめぐる情勢を予言したとも言われ、内外で評判となった。イスラム過激派を知るために、著者は彼らの新聞を長期にわたって購読したと語っている。この本は世界的ベストセラーであった『わたしの名は紅』を凌いで、今までに百五十万部売れたと言われる。

『イスタンブル』

二〇〇三年末に刊行された。二十二歳までの自伝とその背後に見えるイスタンブルの町が描かれている。しかし「五歳の子どもの目を通して、五十歳の作家が見ている」と語っているように、単なる自叙伝ではない。それとともに、ネルヴァル、ゴーチエ、フロベールなどがこの町について書いたものをも考証している。彼にとってイスタンブルは華やかな観光地ではなくて、かつての栄光が瓦礫と化した憂愁の漂うところである。本文に沿って置かれた二〇九枚の白黒写真と一八世紀の銅版画も趣きを添えている。

『無邪気さの博物館』

今年の春に刊行されるといわれている。著者はこの作品の構想をこの十年来暖めてきたという。二〇〇五年末に完成の予定といわれていたが、例の裁判沙汰がはいってしまい、結局その件は当局側の取り下げという形で解決したのであったが、オクラホマ大学での講演で語っているように、元の空想の世界に戻ることは容易ではなかったという。二〇〇六年十月にコロンビア大学の申し出を受けて講座を持つことになり、大学の提供したアパートに調度を整えて、翌朝からこの作品を完成させるべく机に座る準備を整えたその日の早暁、ノーベル文学賞受賞の電話で起こされ、その後の一年間は目の回るような騒ぎの中に立たされることになったために完成されなかったものであるが、ついに今春には完成を披露できるとのことである。

この小説には政治も歴史もないという。物語は一九七五年から今日に至るもので、イスタンブルの山の手といわれるニシャンタシュが舞台である。家柄も学歴も申し分のない主人公の将来は嘱望されていたが、彼は遠縁の貧しい娘に恋をしてしまう。しかも彼の思いは報われない。恋が非常に深く憑かれたような状態になった場合、しかもそれが一方的で報われない場合の、その人間の中に起こる崩壊とそれに対する必死の抗い、憑かれたような苦悩の三十年間が描かれているという。パムクは恋と博物館の関係についてこう語っている。いずれも保存と関係がある。人は博物館に、その価値を認めた、愛する品物を蒐集し、手にとり、保存し、できれば後世にまで残したいと思う。なぜその品物がそれほどまでに価値があるのかと考えたとき、その思いは恋と通じるものがあるという。パムクはもともと博物館が好きであったが、その思いを本にしたいと思ったという。

この作品の完成を発表すると同時にイスタンブルに自分の博物館を開くとのことである。最後の作品を書いている間、世界中の数多くの博物館を見て回った。その中で、パリのギュスターヴ・モローの博物館に強い印象を受けたという。生前に自分の家を博物館にした芸術家の、その生活を感じさせる博物館の様子に感銘を得て、イスタンブルで、自分の仕事場を含めた博物館を作って開放することを考えている。

トルコ文学のなかのオルハン・パムク

オルハン・パムクを生んだトルコ文学の系譜とは？

勝田 茂
Katsuda Shigeru

かつだ・しげる 大阪大学世界言語研究センター教授。一九四八年京都生。大阪外国語大学大学院修了。トルコ語学、文法。著書に『トルコ語文法読本』『オスマン語文法読本』（大学書林）他。

ディーヴァーン詩文学の確立

モンゴル高原を故地とした遊牧トルコ民族は、ユーラシア大陸を西方へと移動する過程でイスラムを受容し、やがてその文学活動もアラブ・ペルシア詩文学の強い影響を受けて発展した。一三世紀ルーム・セルジューク朝（一〇七五—一三〇八）ではメヴレヴィー教団の開祖ルーミーのペルシア語による神秘主義詩、そしてユヌス・エムレのトルコ民族固有の韻律とトルコ語による神秘主義詩が一般民衆の心を捉えた。オスマン朝期に入って、スレイマン・チェレビの預言者生誕詩『メヴリディ・シェリーフ』、ユースフのロマンス詩『ヴァルカーとギュルシャー』、クル・メスートの翻訳説話『カリーラとディムナ』など、テーマ、ジャンルの多様化が見られた。オスマン帝国の最盛期には宮廷を中心にペルシア語詩の強い影響を受けて、ディーヴァーン詩文学が確立され、一六世紀には詩聖バーキーやフズーリーによって古典期が築かれた。また、一八世紀のチューリップ時代を代表する抒情詩人ネディームはペルシア詩の模倣を脱却すべく現世的な愛や快楽を詠んだ。一方、散文の世界では一七世紀の大旅行家エヴリヤ・チェレビの『旅行記』が特筆に値する他、昔話、英雄説話、聖人伝説などが口承文芸という形式で一般民衆の間で語り継がれ根強く保持された。しかし、西洋近代の衝撃以前のトルコ文学、とりわけ書承文学にあってはディーヴァーン（詩歌集）に象徴される詩文学が主流であったことを確認しておきたい。

小説の誕生

詩文学を核としたトルコ文学であったが、オスマン帝国（一二九九—一九二二）の再編成を意図したタンズィマート期（一八三九—七六）にはヨーロッパ文学、とりわけフランス文学から新しい刺激を受けた。新文学ジャンルである小説（Roman）が導入されたのである。それは、一八六二年フランスの作家フェネロンの『テレマックの冒険』が翻訳されたのに端を発し、以降『レ・ミゼラブル』（一八六二）、『ロビンソン・クルーソー漂流記』（一八六四）などの代表的作品が翻訳された。やがていち早く近代トルコ物語文学の父アフメト・ミドハト（一八四四—一九一二）はイソップ物語やトルコ固有の小話に素材を得た『物語の教訓』（一八七一）を著したが、これは内容的には教訓小話類の寄せ集めで、小説とはほど遠いものであった。翌年にはシェムセッティン・サーミー（一八五〇—一九〇四）がトルコ文学史上最初の小説と位置づけられる『タラートとフィトゥナトの恋』（一八七二）を発表、また思想家ナムク・ケマル（一八四〇—八八）は『覚醒』（一八七六）を著し、小説ジャンルでの創作活動の先駆けとなった。一九世紀末から二〇世紀初頭にかけて『科学の富』誌を舞台に活動した「新文学派」の文士たちはフランス文学に傾倒して芸術至上主義を掲げ、その表現手段としてアラビア語・ペルシア語の語彙や語法を多用した高尚なオスマン語を好んで用いた。それは伝統的な文章語の使用であり、時流と逆行する動きであったが、新しい文学ジャンルである小説をトルコ文学に定着させる点では、次代の要求にこたえるだけの土壌を提供したといえよう。

トルコ主義の実践

一九〇八年青年トルコ革命によって、政治活動とともに文学活動も新たな転換期を迎えた。それはオスマン帝国の衰退過程にあって、多民族国家を統合していたイスラム主義からトルコ民族を核とするトルコ主義によるアイデンティティの模索であり、文学表現におけるオスマン語から民衆口語を基盤とした平易なトルコ語による文章語の確立であった。

バルカン戦争、第一次大戦で敗北したオスマン帝国は、ムスタファ・ケマル（一八八一—一九三八。後のアタチュルク）率いる民族解放戦争の勝利で、一九二三年トルコ共和国へと生まれ変わった。建国の父アタチュルクは、新首都をアナトリア（小アジア半島）のアンカラへ移し、イスラム的過去と決別し西欧の諸制度を取り入れた「世俗国家」建設に着手した。一九二八年には聖典コーランに象徴されるアラビア文字（オスマン文字）を廃しローマ字表記の新トルコ文字を導入した。

民族解放戦争に決定的勝利を収めた一九二二年は、トルコ共和国を代表する作家が時代を先取りする形で作品を発表した年でもあった。女性作家ハリデ・エディプ・アドヴァル（一八八四―一九六四）は『試練』で、アナトリア戦場における自らの実体験を踏まえて、従軍看護婦アイシェをめぐる二人の戦士の愛の葛藤を通して祖国愛を力強く訴えた。レシャト・ヌーリ・ギュンテキン（一八八九―一九五六）は『みそさざい』で、新任女性教師フェリデが閉鎖的なアナトリア農村で悪戦苦闘する姿を理想化して描き、多くの若い女性読者の心を魅了した。『試練』と『みそさざい』がアナトリアを舞台にした作品であったのはトルコ文学史上画期的なことであった。というのは、帝都イスタンブルは政治・経済・文化の中心であり、そこで生まれ教育を受けた作家、知識人にとっては、アナトリアは未知なる世界であり興味・関心の対象外であったからだ。アナトリア農民および農村社会に対するネグレクトは、文学のみならずトルコ社会全体の問題としてその是正が求められていただけに、作者の鋭い時代感覚を読み取ることができる。

ヤークプ・カドゥリ・カラオスマンオール（一八八九―一九七四）は、トルコ共和国建国一〇周年を迎える一九三二年『よそ者』を発表する。そこでは、アタチュルクが新生トルコ共和国の建国理念として掲げた「トルコ人」アイデンティティが、アナトリア農民に全く浸透していないことに対して警鐘が鳴らされる結果になった。彼らは「トルコ人」ではなくて、イスラム教徒だったのである。

アナトリアからの発信

一九五〇年に入ってトルコ文学は新しい局面を迎えた。それはアナトリア農村出身の青年教師マフムト・マカル（一九三〇―）の『トルコの村から』が契機となった。農村部に開設された「村落教員養成所」に学んだマカルは、生活者の立場から農村の厳しい現状を時には誇張を交えて赤裸々に綴った。そこにはイスタンブル出身の既成作家の視点からは見えてこない、現場からの発信による衝撃力があった。アナトリア農村からの発信は、その後、「村落教員養成所」出身作家ファキル・バイクルト（一九二九―九九）やターリプ・アパイドゥン（一九二六―）らの精力的な活動によって一層の活気を帯びた。アパイドゥンのデビュー作『黄色いトラクター』（一九五八）では、農村社会における近代化の象徴たるトラクターの導入をめぐる父子の確執、調停役としての教師の存在、揺らぐ父権などが、実にリアルに描かれている。「村落教員養成所」出身の作家たちには、アナトリア農村の立ち後れを何とかして社会に訴えようとするひたむきな使命感がただよっていた。

ケマル御三家

アナトリア南部アダナ地方の口承文芸に造詣の深いヤシャル・ケマル（一九二三―）は、一九五五年『痩せたメメド』を発表、村の絶対的支配者である地主に母親も恋人も奪われた少年メメドが山賊の頭になって執念の復讐をする義侠的山賊の姿を描く。好評を博した同書は、その後、続編として『痩せたメメド2』（六九）、『痩せたメメド3』（八四）、『痩せたメメド4』（八七）が発表されている。精力的な執筆活動によってトルコ国内外で数々の文学賞に輝いたケマルは、かつてノーベル賞候補に幾度となくノミネートされ、オルハン・パムクが二〇〇六年に受賞するまでは最有力候補であった。トルコ文学の質の高さを世界に認知させるのに大いに寄与し、今なおトルコ共和国を代表する作家であるのは議論の余地はないだろう。

ヤシャル・ケマルと同じアダナ出身のオルハン・ケマル（一九一四―七〇）は、様々な肉体労働の経験を活かし、アダナの綿花畑や工場で働く労働者やイスタンブルの片隅の貧困者層の置かれた境遇を社会主義リアリズムの視点から描いた。紡績工場の労働争議を扱った『ストライキ』（一九五四）、一九五〇―六〇年代におけるイスタンブルでの建設ラッシュの現場で働く出稼ぎ労働者を描いた『異郷の鳥たち』（一九六二）など、多数の作品がある。

ケマル・タヒル（一九一〇―七三）は、一九三八年騒乱罪で逮捕され、一九五〇年民主党政権発足時の恩赦で釈放されるまでの一二年間、獄中生活を強いられた。初期の作品『村のせむし男』（一九五九）では、障害者として生まれた村人が、様々な差別や偏見を克服して村の導師から名士へと上昇した内容が描かれている。晩年の大作『母なる国家』（一九六七）は、オスマン朝樹立をめぐって、オグズ・トルクメン族の英雄エルトゥールル、オスマン朝の創建者オスマン、息子オルハンの功績が、独自のトルコ主義的歴史観を通して理想的に描かれた作品である。

一九五〇年代から六〇年代にかけては、農村部から都市部への人口移動が急速に進んだ時期でもあった。イスタンブルをはじめ、都市の周辺部には農村社会から切り取られた形で新たなコミュニティが形成され、そこで暮らす人々の厳しい生活、失業問題、貧困が新たな社会問題となるとともに文学のテーマとして扱われるようになった。

イスラム国にあって無神論者を公言して憚らなかったアズィズ・ネスィン（一九一五―九五）は、その辛辣な風刺で通算五年におよぶ獄中生活を強いられたが、生涯を通じて軽妙なユーモアと鋭い社会風刺は衰えることがなかった。短編『フィル・ハムディ』（一九五六）、『大鍋の儀式』（五七）では、ずさんな警察組織をコミカルに揶揄し、『人々は目覚めている』（六九）では、都市に形成された一夜立て居住区（ゲジェコンド）が、ある男を監視する刑事たちによって活気づく様子をコミカルに描いた。死去する直前に自選しておいた短編集『あなたの国にはロバはいないのですか?』(九五)では、ロバの背に掛けられた織物に目のくらんだアメリカ人を手玉にとる村人のしたたかさが実にユーモラスに描かれている。ネスィンは、国家権力や権力者の理不尽さや横暴に対して果敢に立ち向かい、つねに社会的弱者の側から独特のユーモアを交えて発信した現代版ナスレッディン・ホジャ(トルコの代表的な笑い話の主人公)であった。

女性作家の登場

一九六〇年以降のトルコ文学史で特筆すべきことは、女性作家の登場であろう。建国の父アタチュルクは、女性の社会的地位の改善・向上を社会改革理念として掲げた。伝統的な一夫多妻制が廃され、男女同権が法律で保障され、世俗的な教育機関での男女共学の機会が与えられた。さらに女性の参政権が認められ、一九三四年には一八名の女性国会議員が誕生した。たしかに、共和国初期においてすでに女性作家ハリデ・エディプ・アドヴァルが活躍していたが、彼女はむしろ例外的な存在であった。トルコ文壇に女性作家が本格的に登場するには少なくとも、一九五〇年以降における民主主義の成熟、都市化、教育制度の充実、識字率の向上などの社会的変容のプロセスを経なければならなかった。このような社会的状況を背景に登場した女性作家によって、既成の男性作家の視点からはこれまで反映されなかった女性の価値観や感性が提示されることになった。

ネズィヘ・メリチ(一九二五—)は、イスタンブル大学トルコ語・トルコ文学科中退後、小学校の教師を経て、夫とともに文芸誌の出版に従事する。若い女性や母親の内面的な孤独感を描写するのに秀でている。代表作『海賊の袋小路』(一九六一)では、幼なじみの友人同士である職業婦人と専業主婦それぞれの立場を異にする孤独感や人生観が、作家自身がコメントを加える新奇な形式で語られる。

アダーレト・アーオール(一九二九—)は、「女性作家」というカテゴリーで一括りされるのを嫌い、あくまでも「作家」であることにこだわる個性派作家である。アンカラ大学フランス語・フランス文学科を卒業後、アンカラ放送局で劇作家として多くの脚本を手がけた。一九七一年にアンカラ放送局を退職後、小説執筆に専念する。『私の思想の可憐なバラ』(七六)では、ドイツ帰りの出稼ぎ労働者の変容ぶりをドラマティックに描いている。『ある婚礼の夜』(七九)では、一九七一年三月一二日の「書簡によるクーデター」の不穏な時代背景のもと、ブルジョワ層の価値観の揺らぎ、不安感、自己嫌悪感などが描かれている。

ヒュルザーン(一九三五—)は、幼くして孤児となった自らの境遇から、社会の底辺で苦しむ女性や若い娘、没落したブルジョワ層の女性たちを描いた。短編『無料の寄宿生』（一九七一）では、若くして未亡人となった女性が看護婦として身を立て、娘が小学校教師になることに夢を託した母親のひたむきな姿が描かれている。

セヴギ・ソイサル（一九三六―七六）は、ドイツ人を母親に持ち、一時期アンカラ大学とゲッチンゲン大学で考古学および演劇を学んだ。デビュー作『歩み』（一九七〇）では、結婚生活のなかでプラトニックな愛の形を確かめようとする新しいタイプの女性を描いたが、わいせつ性が問われて裁判沙汰にもなった。社会問題にも関心が高く、自らの拘留や拘禁の経験をも踏まえて書かれた『夜明け』（七五）は、七一年三月一二日の「書簡によるクーデター」の時期の世相を反映した一種の歴史小説である。

ラティーフェ・テキン（一九五七―）は、女性作家という立場を逆手にとって、むしろそこから生じる女性の感性や意識を大きな利点として活かした。最初の小説『愛すべき大胆な死』（一九八三）は、基本的には農村部から都市の一夜立て居住区へ移り住んだ一家を扱っているが、昔話や説話の語りの技法を駆使したファンタジー的世界が組み込まれ、作品の非現実的要素やプロットにおける因果関係の欠如をめぐって話題となった。

ノーベル賞作家オルハン・パムク

一九八〇年代はトルコ社会にとって一般に「九月一二日」で想起される軍事クーデターによる幕開けとなった。軍事政権の発足、大量の左派・右派の活動家・知識人が逮捕されたり公職を追われたりし、その後の総選挙に勝利したオザル母国党政権が誕生した。

オルハン・パムク（一九五二―）の最初の小説『ジェヴデット氏と息子たち』（八二）が諸般の事情で三年越しで出版されたのは、軍事政権下で民政移管への準備が着々と整いつつあった時期にあたる。本書はデビュー作としては異例の六〇〇ページを越す大部な作品であり、トルコで権威ある「オルハン・ケマル小説賞」を獲得した八三年を契機に書評が書かれ注目されるようになった。オスマン帝国末期の一九〇五年から一九七〇年にいたる七五年間から切り取られた時間の断片のなかで社会および価値観の変容がムスリム商人一家三世代の精神を通して実に詳細に描かれる。実験的叙述の試みとして、テクスト内で展開される時間と読者がそれを読む時間とが比例するようにページ数が巧みに計算されており、また細部にわたり凝った描写はいかにも「針で井戸を掘る」パムクの忍耐強さと繊細さが窺える。

第二の小説『静かな家』（八三）では、イスタンブル近郊の海辺の田舎町に住む九〇歳の祖母を訪問した三人の孫たちがともに過ごした一週間が描写される。とくに一九七一年、八〇年の二度のクーデターのショックが若者にいかに受けとめられたが一人称で語られる。若者が登場するため、今なお同世代の若者に愛読されている。

第三作目の『白い城』(八五)は、前二作品とは一線を画す試みとして、一七世紀のオスマン帝国を舞台にベネチアの捕虜奴隷とその主人となったオスマン人学者との心理描写を通して西洋と東洋、近代化と伝統を基調に主人公のアイデンティティが模索される。これはまた、パムク自身がはじめて自分のスタイルを見つけたという作品であるが、おそらくそこにはイスラム文化を再認識する経緯があったのだろう。

第四作目の『黒い書』(九〇)では、主人公ガーリップが、初恋の相手である失踪した妻ルーヤーを雪のちらつく冬にイスタンブルをかけずり回って探す。その探索には親戚の新聞記者のコラム記事が重要な手がかりとなる。謎解きのストーリーは複雑な枠物語の形式で展開され、あたかもイスタンブル百科事典を渉猟するかの様相を呈する。内容の難解さゆえに、三四編の書評論文を収めた『黒い書をめぐる論考』(九二)が出版されている。

第五作目の『新しい人生』は、有名な書き出しの一節「ある日、私は一冊の本を読んだ、私の全人生が変わった」ですっかり読者を引きつける、ファンタジックな話題作である。興味津々の問題の本は結局判明しないが、読者はその本を探そうとして『新しい人生』を読みすすむプロセスのなかで「新しい人生」そのものの存在に気づかされるとの解釈も考えられる。『黒い書』同様、『新しい人生』も、話題が話題を呼んで、「よく売れているが一番読まれていない小説」と評されている。それは、従来の伝統的な読者は、作品から何らかの具体的なメッセージなり情報を得るのに慣れており、その意味では裏切られた思いがするからかも知れない。

第六番目の小説『わたしの名は紅』(九八/邦訳藤原書店、二〇〇四)では、伝統的なイスラム技法と西洋の遠近法との間で揺れ動く細密画師の葛藤が得意のサスペンスを交えて描かれている。パムクは文明や時代の変化のなかで過去の歴史を見すえつつ物事の本質、普遍性を追求しているといえよう。

第七作目の作品『雪』(二〇〇二/邦訳藤原書店、〇六)では、詩人Kaがトルコ北東部の町カルスで起こる若い女性の自殺連鎖事件の究明とかつての恋人との再会が描かれる。最後に最新作『イスタンブル――思い出とこの町』(〇三/邦訳藤原書店、〇七)は、パムク自らの青年時代までの思い出とイスタンブルが醸し出す独特の「ヒュズン」(寂寥感)を論じた労作で、パムクの作品群を理解するうえで有益な資料となろう。

シュレイマニエ・モスクのイマレット（給食所）だった建物。現在はカフェ・レストランになっている。
Photo by Shibusawa Sachiko

III 資料篇

トルコ民族の西漸図
ノルウェー海
中央シベリア高原
スカンジナビア半島
バイカル湖
東ヨーロッパ平原
ヨーロッパ
アラル海
モンゴル高原
中央アジア
カスピ海
13世紀末
アナトリア
11世紀前半
6〜8世紀
地中海
イラン高原
チベット高原
東トルキスタンを中心に
突厥帝国などを建設しつつ
中央アジアに至る
ルーム・セルジューク朝と
ビザンツ世界の境界線上の
アナトリア西北端にオスマン1世
率いる集団が表れ、君侯国を建国
トルコ系のオグズ族に属するセルジューク家の
率いる遊牧民族の一派は南下してイラン、
イラクに入り、セルジューク朝を樹立
紅海
東シナ海
アジア
アフリカ
アラビア半島
南シナ海
アラビア海
ベンガル湾
太平洋
大西洋
インド洋

オスマン帝国の最大版図
バルト海
北海
ワルシャワ
キエフ
ウィーン
ヨーロッパ
ブダペスト
大西洋
ヴェネツィア
ベオグラード
ブカレスト
アジア
ジェノヴァ
ソフィア
ヴァルナ
黒海
マルセイユ
コンスタンチノープル
カスピ海
バルセロナ
テッサロニキ(セラニキ)
ローマ
アンカラ
バクー
アテネ
イズミル
チュニス
エーゲ海
イスケンデルン
アルジェ
地中海
ダマスクス
エルサレム
バグダード
イスファハーン
トリポリ
アレクサンドリア
カイロ
ペルシア湾
メディナ
メッカ
紅海
アフリカ
アラビア半島
カッサラ
アラビア海
ゼイラ
オスマン帝国の最大版図

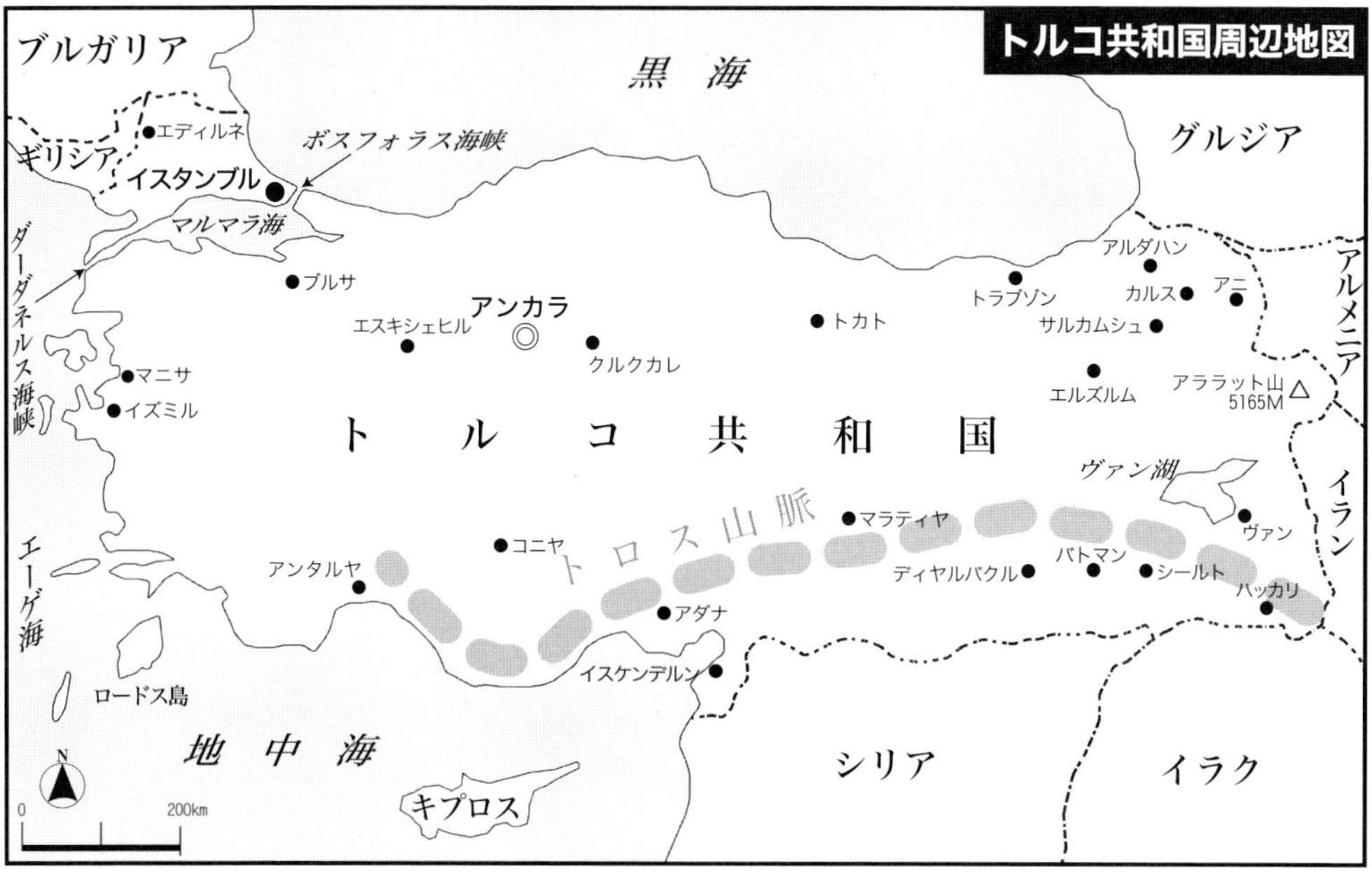
トルコ共和国周辺地図
ブルガリア
黒 海
グルジア
ギリシア
エディルネ
ボスフォラス海峡
イスタンブル
マルマラ海
ダーダネルス海峡
ブルサ
アンカラ
エスキシェヒル
クルクカレ
トカト
トラブゾン
アルダハン
カルス
アニ
サルカムシュ
エルズルム
アララット山
5165M
アルメニア
マニサ
イズミル
トルコ共和国
ヴァン湖
イラン
ヴァン
マラティヤ
トロス山脈
コニヤ
アンタルヤ
ディヤルバクル
バトマン
シールト
ハッカリ
エーゲ海
アダナ
イスケンデルン
ロードス島
地中海
シリア
イラク
キプロス
N
0
200km

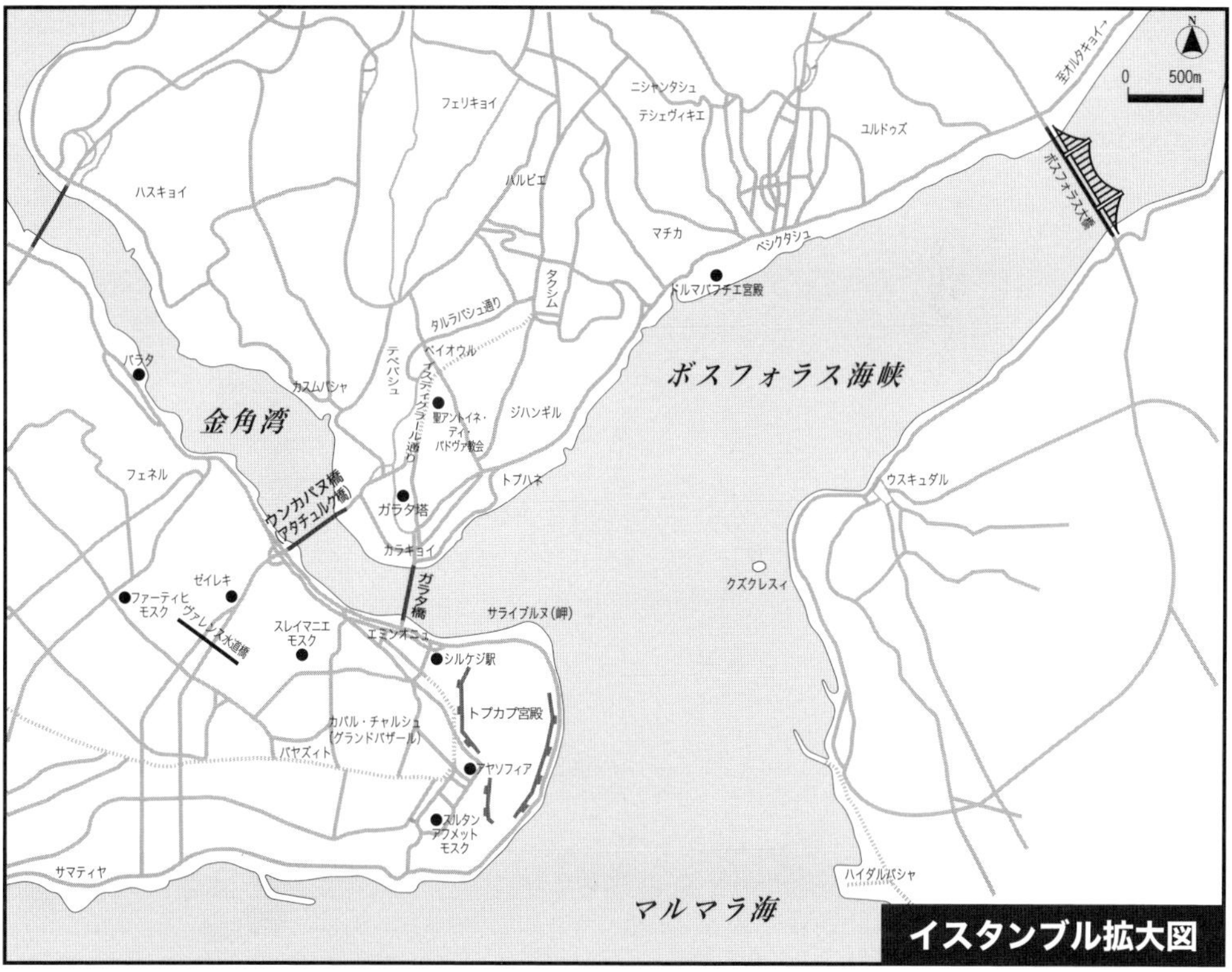
N
0
500m
至オルタキョイ→
フェリキョイ
ニシャンタシュ
テシュヴィキエ
ユルドゥズ
ハスキョイ
ハルビエ
ボスフォラス大橋
マチカ
ベシクタシュ
タクシム
ドルマバフチェ宮殿
タルラバシュ通り
ベイオウル
テペバシュ
イスティクラール通り
バラタ
カスムパシャ
ボスフォラス海峡
聖アントイネ・ディ・パドヴァ教会
ジハンギル
金角湾
フェネル
トプハネ
ウスキュダル
ウンカパヌ橋
(アタチュルク橋)
ガラタ塔
カラキョイ
ゼイレキ
ガラタ橋
クズクレスィ
ファーティヒモスク
サライブルヌ(岬)
ヴァレンス水道橋
スレイマニエモスク
エミンオニュ
シルケジ駅
トプカプ宮殿
カパル・チャルシュ
(グランドバザール)
バヤズィト
アヤソフィア
スルタンアフメットモスク
サマティヤ
ハイダルパシャ
マルマラ海
イスタンブル拡大図

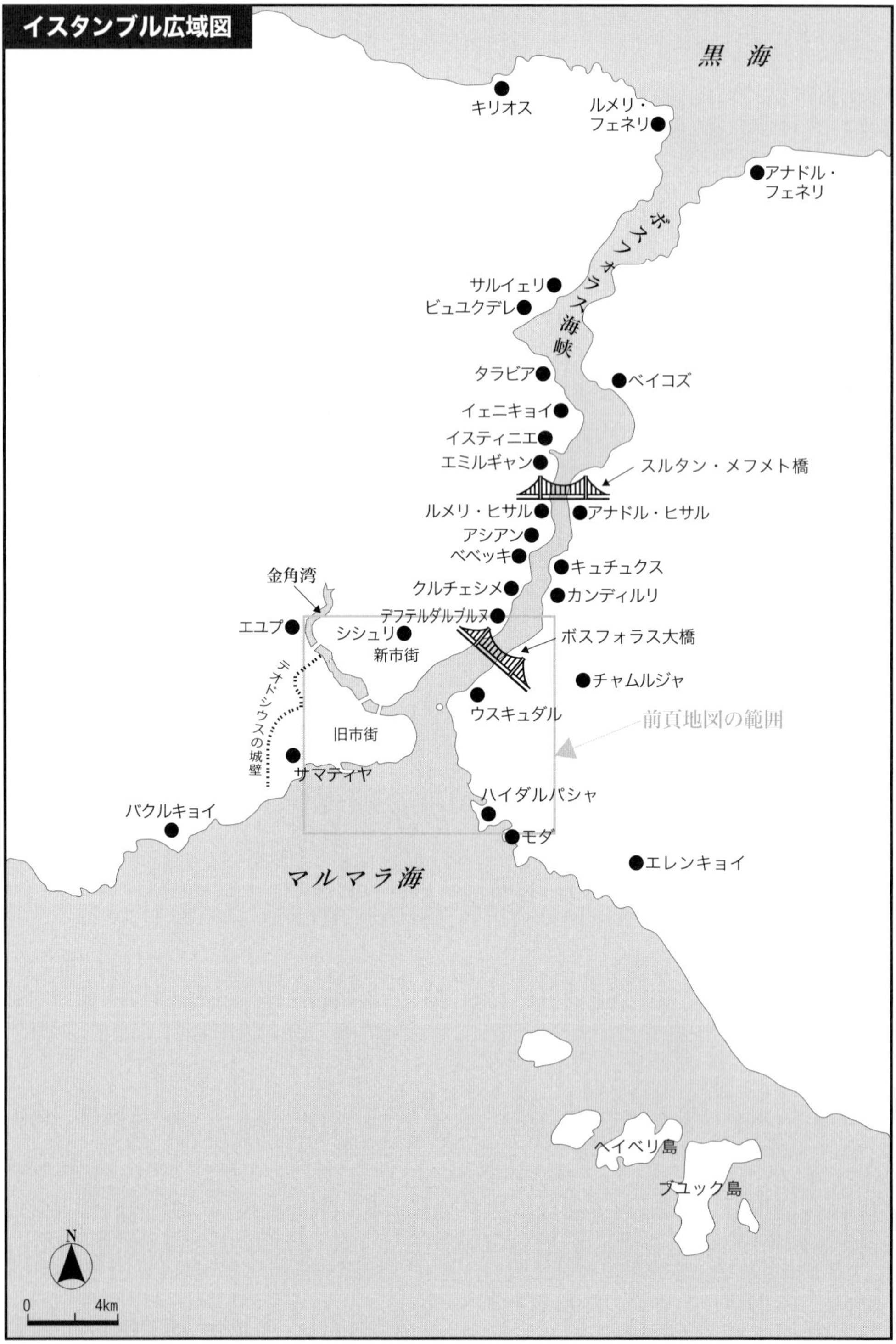
イスタンブル広域図
黒 海
キリオス
ルメリ・
フェネリ
アナドル・
フェネリ
ボスフォラス海峡
サルイェリ
ビュユクデレ
タラビア
ベイコズ
イェニキョイ
イスティニエ
エミルギャン
スルタン・メフメト橋
ルメリ・ヒサル
アナドル・ヒサル
アシアン
ベベッキ
キュチュクス
クルチェシメ
カンディルリ
金角湾
デフテルダルブルヌ
エユプ
シシュリ
新市街
ボスフォラス大橋
テオドシウスの城壁
チャムルジャ
ウスキュダル
前頁地図の範囲
旧市街
サマティヤ
ハイダルパシャ
バクルキョイ
モダ
エレンキョイ
マルマラ海
ヘイベリ島
ブユック島
N
0
4km

トルコ関連年表（1600BC〜2006）

■紀元前

前一六〇〇　ヒッタイト帝国の隆盛
前一二〇〇　ヒッタイト帝国滅亡
前六六七頃　原初のイスタンブルはメガラ（ギリシア）からの植民者たちが建設。彼らの王ビュザンタス王（将軍ビュザスとの説もあり）にちなんでビュザンティオン（ギリシア語）と名づけられた
前三六五　アレキサンドロスがイズミルに迫りエフェソス進出
前三三四　アレキサンドロスのオリエント遠征（〜三二三）
前二八二　フィレタイロスがセレウコス朝から支配権を得る
前二七六　ガラティア人の侵入を撃退
前二六三　アレキサンドロスの死後、帝国は分割、分立。都の一つ、ベルガモン王国の成立（〜一三三）
前二六二　エウメネス一世、セレウコス朝から独立
前二〇八　第一次マケドニア戦争、ローマと同盟関係を結ぶ
前二〇〇　第二次マケドニア戦争
前一八三　セレウコス朝の小アジア領を獲得
前一七一　第三次マケドニア戦争
前一三三　王国をローマに寄贈、属州アシアに編入される

■紀元後

三三〇　コンスタンティヌス一世はリキニウスをクリソポリス（現在のウスキュダル）の戦いで破り、首都をローマからビザンティウムに遷都し、名称をコンスタンティノポリス（英語名コンスタンティノープル。コンスタンティヌスの都市）と改名した
三六〇　コンスタンティウス二世により聖ソフィア大聖堂（アヤソフィア）完成
三七八　ローマ皇帝ヴァレンスが水道橋完成（現在のイスタンブル旧市街中央部、ファーティフの丘とエミノニュの丘にかけて残るローマ様式の水道橋。一九世紀まで使われ、現在は遺跡として整備保存）
三九五　ローマ帝国の東西分裂。コンスタンティノープル（のちのイスタンブル）が東ローマ帝国（ビザンツ帝国）の帝都となる
四〇四　聖ソフィア大聖堂、主教追放に抗議する民衆の暴動により放火、焼失（四一五、修復）
四〇八　テオドシウス二世即位
四一二　テオドシウス二世がコンスタンティノープルに三重構造の大城壁完成（〜四一三）

四二八　テオドシウス二世の命でネストリウス、コンスタンティノープル主教となる（～四三一）

四三一　トルコ西部に位置する小アジアの古代都市「エフェソス公会議」（四四九、第二回エフェソス公会議）

四五一　小アジアのビティニアの都市カルケドン（コンスタンティノポリスの対岸）において行われたキリスト教のカルケドン公会議開催

五三二　**コンスタンティノープルで起きたユスティニアヌス大帝に対するニカの反乱で都市の半分が焼失。アヤソフィア大聖堂等を含め再建工事に着手（～五三七完成）**

六二二　イスラム暦元年、ムハンマドの聖遷（ヒジュラ）

六七三　**アラブ・ムスリム軍がコンスタンティノープルを包囲（～六七八）**

七五〇　アッバース朝成立（～一二五八）

一〇三八　トルコ系ムスリム民族の国家大セルジューク朝建国（～一一五七）

一〇五四　東西両教会分裂（ローマ教皇を首長とするカトリック教会（西方教会）と東ローマ帝国皇帝を首長とする東方正教会とに二分）

一〇七一　**マンズィケルト（マラーズギルト。アナトリア東部）の戦い。大セルジューク朝、ビザンツ軍を破る**

一〇七七　アナトリアで大セルジューク朝からルーム・セルジューク朝（アナトリア地方を中心に支配したトルコ系ムスリムの王朝）が独立（～一三〇八）

一〇九六　**第一次十字軍結成、翌年アナトリアへ侵攻**

一二〇四　**第四次十字軍がコンスタンティノープルを占領。ラテン帝国が成立**

一二四三　ルーム・セルジューク朝、モンゴルに敗れ属国化し、衰退

一二五〇　マムルーク朝建国

一二六一　ビザンツ帝国のミカエル八世、コンスタンティノープルを奪回

一二九五　マルコ・ポーロ、コンスタンティノープルに滞在

一三世紀末　**オスマン朝初代オスマン一世（在一二八一～一三二四）、小アジア西北部に建国**

一三二六　第二代オルハン（在一三二四～一三六〇）、ブルサ（トルコ北西部の都市）を征服し、首都とする。その後も、ニケア（イズニク）、ニコメディア（イズミト）等を相次ぎ奪取、小アジアを完全征服。国家体制を整備する

一三四一　ジェノヴァ人、居留地を城壁で囲む（現ガラタ地区）

一三四八　ジェノヴァ人がガラタ塔建設

一三五四　オスマン朝がバルカン半島侵入（ヨーロッパに初進出）

一三五九　ムラト一世が第三代皇帝即位（～一三八九）

一三六二　**ムラト一世、エディルネ（アドリアノープル）を征服。このスルタンのもとで常備歩兵軍団イェニチェリが創設される**

一三七〇　ティムール朝成立（～一五〇七）

一三八九 勢力を拡大するムラト一世とセルビア王ラザル、ボスニア王トヴルトコ、ワラキア大公ミルチャ等バルカン半島の諸国軍が、コソヴォ平原で会戦。オスマン帝国軍が大勝する（六・二八）。ムラト一世、戦場でセルビア貴族により刺殺される。バヤズィット一世が第四代皇帝に即位

一三九三 バヤズィット一世がアナドルヒサールを築造。ブルガリアを完全掌握

一三九六 バヤズィット一世がニコポリス（ドナウ河畔）の戦いでハンガリー王ジギスムントの率いるニコポリス十字軍を破る

一四〇二 **アンカラ（アンゴラ）の戦いでバヤズィット一世率いるオスマン軍がティムールに敗れ、オスマン朝が一時分裂**

一四〇三 バヤズィット一世は捕虜となり、八ヶ月後にアクシェヒルで没す

一四一〇 メフメット一世が兄スレイマンを打倒

一四一三 メフメット一世が第五代君主に即位、オスマン帝国を再統一（〜一四二一）

一四二一 ムラト二世が第六代君主に即位。ヨーロッパへの攻撃再開

一四四四 ムラト二世がポーランド・ハンガリー連合軍をヴァルナ（ブルガリア北東部）で撃破。ムラト二世退位し、メフメット二世に譲位

一四四六 ムラト二世復位（若年のメフメット二世が難局にあたりえないとみられたため）

一四四九 第二次コソヴォの戦いでハンガリー方面の反オスマン勢力を粉砕

一四五一 ムラト二世没。征服王メフメット二世の最終的即位（第七代君主）

一四五二 メフメット二世がルメリヒサールを四カ月で築造

一四五三 **メフメット二世がコンスタンティノープルを征服し、ビザンツ帝国を滅ぼす。新首都となり、イスタンブルの名でも呼ばれるようになる**

一四五五 **トプカプ宮殿築造開始（〜一四八七完成）** ＊一四五九〜一四六五年着工の説もある

一四六一 トレビゾンド帝国（現トラブゾン）滅びる

一四六三 ファーティフ・ジャーミー築造開始（一四七〇完成）

一四七九 セルビア、アテネ、モレア、ボスニア、ネグロポンテを征服、併合

一四八一 メフメット二世没。バヤズィット二世が第八代君主に即位（〜一五一二）

一四八五 バヤズィット二世がエジプトのマムルーク朝と争う

一五〇一 イラン、サファヴィー朝成立（〜一七三六）

一五一二 セリム一世が第九代君主に即位

一五一六〜一七 **セリム一世がシリア・エジプト併合。マムルーク朝滅亡。メッカ・メディーナの支配権を獲得**

一五二〇 **スレイマン一世が第十代スルタンに即位（〜一五六六）**

一五二一　ベオグラード征服
一五二二　聖ヨハネ騎士団の拠点、ロードス島攻略
一五二六　ハンガリー中央部征服（モハーチの戦い）
一五二九　**第一次ウィーン包囲（対神聖ローマ帝国皇帝カール五世）。攻略は失敗するが、ヨーロッパの深奥に侵攻することで西欧人に衝撃を与える**
一五三四　イランのサファヴィー朝と戦い、バグダードを征服してイラクとアゼルバイジャンの大半を支配下に置き、東方の国境を安定させる
一五三八　プレヴェザの海戦で勝利（スペイン・ヴェネツィア・ローマ教皇の連合艦隊との海戦）
一五四六　イエメンを支配
一五四七　ウスキュダルにミフリマー・モスク築造（トルコ史上最高の建築家ミマール・スィナンの作）
一五五〇　**スレイマニエ・モスク着工（～一五五七完成。建築家ミマール・スィナン）**
一五五五頃　イスタンブルで最初のコーヒー店開かれる
一五五八　スレイマン一世の愛妃ヒュッレム・スルタン没す
一五六六　スレイマン一世没。セリム二世が第十一代スルタンに即位（～一五七四）
一五七一　**セリム二世がキプロス征服。レパントの海戦で、オスマン海軍、スペイン・ヴェネツィア・ローマ教皇の連合艦隊に敗れる**
一五七三　ヴェネツィアとの条約でキプロス島を併合
一五七四　セリム二世がチュニジア（チュニス）を併合。ムラト三世が第十二代スルタンに即位。この頃からオスマン帝国は停滞期に入る
一五八八　イスタンブルにて建築家ミマール・スィナン没
一五八九　ムラト三世の時代、イスタンブル大火
一五九五　メフメット三世即位
一六〇三　メフメット三世没
一六〇九　**アフメット一世がスルタン・アフメット・モスク（ブルー・モスク）着工（～一六一六完成）**
一六一八　第一六代オスマン二世即位（～一六二二）
一六二三　第一七代ムラト四世即位（～一六四〇）
一六三九　ムラト四世、バクダードを再征服し、イラク回復
一六六〇　イスタンブル大火。トゥルハン・ヴァーリデの寄進により、イェニ・モスク再建着工（～一六六三完成）
一六六九　メフメット四世がクレタ島併合
一六八三　**カラ・ムスタファ・パシャが第二次ウィーン包囲に失敗**
一六九九　**カルロヴィッツ条約（オスマン帝国とヨーロッパ諸国に結ばれた講和条約）でハンガリー領土の大半を失い、ヨーロッパにおける後退始まる**
一七〇三　アフメット三世が第二三代スルタンに即位（～一七三〇）
一七一八　ネヴシェヒルリ・イブラヒム・パシャ、大宰相となる。パサロヴィッツ条約を締結し、ベオグラードを一時失

一七三〇　う。対西欧宥和政策をとり、チューリップ時代始まる
パトロナ・ハリルの乱。アフメット三世退位し、チューリップ時代終焉。第二四代マフムート一世即位（〜一七五四）
一七六八　露土戦争（ロシアとオスマン両帝国の戦争）（〜一七七四）
一七七四　キュチュック・カイナルジャ条約でロシアに黒海北岸を割譲。クリミア汗国の宗主権を失う。第二七代アブデュルハミト一世即位（〜一七八九）
一七八七　露土戦争（〜一七九二）。イギリスもロシアに対抗
一七八九　セリム三世が第二八代スルタンに即位
一七九二　ヤッシー条約調印、露土戦争終結（ロシアのクリミア・グルジア支配権が確立）
一七九四　陸軍技術学校の設立
一七九八　ナポレオンのエジプト遠征（〜一八〇二）
一八〇二　ナポレオンのエジプト占領に対して、英・露と同盟を結び、仏に宣戦布告
一八〇六　露土戦争（〜一八一二）
一八一一　メフメット・アリ・パシャ（ムハンマド・アリー）の叛乱（エジプトの実権を握る）
一八一二　露土戦争終結。ブカレスト条約調印
一八二一　**ギリシア独立戦争（〜一八二九）**
一八二六　**マフムート二世改革（〜一八三九）、イェニチェリ軍団廃止。全面的な西洋化改革へ**
一八二七　ヨーロッパへ留学生を派遣
一八二九　アドリアノープル条約（エディルネ条約）調印。ロシアと停戦
一八三三　オスマン帝国とロシア間でヒュンキャール・イスケレスィ条約調印（エジプトの攻撃に対するオスマン帝国とロシア帝国との共同防衛条約）
一八三八　トルコ—イギリス通商条約（バルタ・リマヌ条約）調印
一八三九　**アブデュルメジト一世が第三一代スルタンに即位（在一八二三〜一八六一）。ムスタファ・レシト・パシャが起草したギュルハネ勅書を発布し、タンズィマート改革開始される（〜一八七六）**
一八四一　最初の紙幣発行
一八四五　ガラタ橋開通。最初の木造橋が金角湾に架かる
一八五三　**クリミア戦争（フランス、オスマン帝国及びイギリスを中心とする同盟軍とサルディーニャがロシアと交戦し、その戦闘地域はドナウ川周辺、クリミア半島さらにはカムチャッカ半島まで及んだ近代史上まれに見る大規模戦争。〜一八五六）**
一八五七　**ドルマバフチェ宮殿完成**
一八六一　アブデュルアジズ一世が第三二代スルタンに即位（〜一八七六）
一八七一　シュリーマンがトロイ遺跡を発掘
一八七六　**アブデュルハミト二世、第三四代スルタンに即位。オ**

一八七七　スマン帝国憲法（ミトハト憲法）発布。第一次立憲政開始

一八七八　露土戦争（～一八七八）
アブデュルハミト二世、憲法凍結。専制政治を開始（～一九〇八）

一八八一　チュニジアをフランスに割譲

一八八二　エジプトをイギリスが占領

一八八七　小松宮彰仁親王、イスタンブル訪問

一八八九　オリエント鉄道が開通（イスタンブル～ウィーン）、スィルケジ駅が開かれる

一八九〇　**トルコ軍艦エルトゥールル号が答礼に日本訪問。帰途、和歌山県串本沖で遭難、生存者を軍艦「比叡」「金剛」でイスタンブルに送還。立憲制復活をめざし「統一と進歩委員会」結成**

一八九七　トルコ・ギリシア戦争（～一八九八）

一九〇二　第一回青年トルコ人会議、パリで開催

一九〇八　**青年トルコ人革命、第二次立憲政開始**

一九〇九　アブデュルハミト二世退位。メフメット五世が第三五代スルタンに即位

一九一一　トルコ・イタリア戦争（トリポリ戦争）（～一九一二）

一九一二　第一次および第二次バルカン戦争（～一九一三）で、オスマン帝国、バルカン領のほとんどを失う

一九一三　「統一と進歩委員会」のクーデター。マフムート・パシャの暗殺。エンヴェル、タラト、ジェマルの三頭独裁政治発足

一九一四　**第一次世界大戦。オスマン帝国はドイツ、ハプスブルク帝国と連合して、フランス、イギリス、ロシアに対して戦う**

一九一五　ダーダネルス海峡をめぐるゲリボル（ガリポリ）戦役（～一九一六）で、連合国軍を破る

一九一六　ロシアがエルズルム、トラブゾンを占領。英仏露がトルコ分割に関するサイクス・ピコ秘密協定調印

一九一八　**オスマン帝国敗戦。連合軍、イスタンブルに上陸。第一次世界大戦終結。オスマン帝国最後のスルタン、メフメット六世即位（～一九二二）**

一九一九　パリ講和会議。ムスタファ・ケマル・パシャ（のちのケマル・アタテュルク）がイスタンブルからサムスン上陸へ（黒海側）

一九二一　ムスタファ・ケマル・パシャ総司令官に就任

一九二二　**スルタン制廃止。オスマン帝国滅亡**

一九二三　**列強とローザンヌ条約締結。イスタンブルからアンカラへ遷都。共和制を宣言し、トルコ共和国成立。ムスタファ・ケマル・パシャが初代大統領に就任**

一九二四　**カリフ制廃止。前カリフ、アブデュルメジト二世とオスマン皇族国外追放。トルコ共和国憲法制定**

一九二五　シェイフ・サーイト（東アナトリアのクルド人宗教指導者）の反乱。治安維持法制定。進歩主義者共和党解散。帽子法発令。神秘主義教団の活動を禁止

一九二六 トルコ民法成立。イギリスとイラク国境問題について協定調印
一九二八 **アラビア文字の禁止とラテン文字の採用を布告。憲法から「イスラムを国教とする」の項を削除**
一九三三 ギリシアと友好条約調印
一九三四 創姓法制定（従来、トルコ人に姓はなかった）。聖ソフィア（アヤ・ソフィア）がモスクから国立博物館となる。ムスタファ・ケマルが議会からアタテュルク（父なるトルコ人）の姓を贈られる。婦人参政権の承認。バルカン協商調印
一九三六 モントルー条約調印、ボスフォラス・ダーダネルス海峡の支配権を回復。オリンピック・ベルリン大会初参加
一九三七 エジプトと友好協定調印
一九三八 **アタチュルク死去。第二代大統領にイスメト・イノニュ就任。＊東京都渋谷区大山町に亡命タタール人のために東京モスクを建設**（二〇〇六年六月トルコ宗務庁の援助によりオスマン様式で再建、開堂した）
一九三九 ハタイ（地中海沿岸部のアンタクヤ附近）を併合。第二次世界大戦勃発
一九四〇 イギリス・フランスと経済協力協定調印。農村研究法成立
一九四一 トルコ・ドイツ相互不可侵条約調印
一九四二 富裕税法成立
一九四五 対日・対独宣戦布告。土地分配法成立。国連加盟
一九四六 民主党結成。総選挙の実施。多党政治の開始
一九四八 トルコ―アメリカ経済協力協定に調印。アメリカからトラクター五千台を購入
一九四九 イスラエルを承認。ヨーロッパ評議会に加入
一九五〇 総選挙で民主党大勝。ジェラール・バヤル大統領、アドナン・メンデレス首相。朝鮮戦争に参戦。小学校で宗教教育、必須科目となる
一九五一 アタチュルク擁護法成立。パキスタンと友好協力条約を調印。キプロス紛争始まる
一九五二 **トルコ・ギリシアがＮＡＴＯ理事会に加盟、親西欧化政策強化**
一九五三 ギリシア、ユーゴスラビアと友好及び安全保障条約調印。ルメリ・ヒサール（ヨーロッパ側に位置する）の修復工事行われる
一九五四 パキスタンと相互防衛協定調印。総選挙で民主党が圧勝
一九五五 イラク・トルコ相互防衛協定調印。バグダード条約機構（ＭＥＴＯ）に発展
一九五七 ソ連がトルコに三億ドルの借款供与。総選挙で民主党勝利。トルコ、シリア国境紛争
一九五九 アメリカとトルコ、イラン、パキスタンとの間に相互防衛協定。イラクが革命のため、同機構より脱退、機構本部をバグダードからアンカラに移し、中央条約機

構（CENTO）と改称。高等イスラム研究所開設

一九六〇　**大学生を中心とする反政府デモ（戒厳令布告）。軍部によるクーデター。メンデレス政権倒れる。キプロス共和国宣言。**「トルコ古代美術展」日本で開催

一九六一　公正党設立。トルコ労働者党設立。新憲法制定。メンデレス前首相の死刑執行。第四代大統領にジェマル・ギュルセル就任。クーデター後、第一回の総選挙。シリア新政府を承認。エジプトと国交断絶

一九六四　国連軍をキプロス派遣決定。トルコの軍事介入を阻止。TRT（トルコ放送協会）設立。RCD（トルコ・パキスタン・イラン三国地域開発協力機構）発足。政策を反米に転換

一九六五　総選挙で公正党勝利、スレイマン・デミレルが首相就任

一九六六　第五代大統領にジェヴデト・スナイ就任。フォードとの提携による国産車アナドルの政策開始。ソ連のコスイギン首相がトルコ訪問。以後、ソ連と友好関係になる

一九六七　ソ連と経済技術援助協定調印。第二次五カ年計画発足。キプロスでトルコ、ギリシア系住民の武力衝突頻発

一九六九　総選挙で公正党勝利

一九七〇　EC準加盟

一九七一　軍部からの「書翰によるクーデター」。デミレル首相退陣、左翼のトルコ労働者党、イスラム主義の国民秩序党閉鎖。戒厳令布告、全ての学生組織解体、あらゆる政治集会と労働者組織の禁止、左翼系新聞・雑誌の発行禁止。トルコ人民解放軍によるイスタンブルのイスラエル総領事誘拐事件が発生し、軍は左翼に対する弾圧を強化、左翼系の作家・学者・労働組合幹部を拘束し、トルコ労働者党を禁止。中国と国交樹立

一九七二　フェリト・メレン内閣成立。第三次五カ年計画発足

一九七三　第六代大統領にファフリ・コルゥテュルク就任。第一ボスフォラス大橋完成（イギリスが建設）。総選挙で共和人民党が第一党となる

一九七四　**第一次エジェヴィット内閣成立。トルコ空軍がキプロスに進駐。キプロス停戦協定。トルコ軍が第二次派兵を敢行し、北部を占拠**

一九七五　アメリカがトルコに対して武器禁輸措置、トルコとの防衛協定破棄。キプロス連邦自治州（キプロス連邦トルコ人共和国）の宣言。トルコ国内の米軍基地閉鎖。北部キプロスでトルコ系住民が「キプロス連邦自治州」成立

一九七六　第七回イスラム諸国外相会議イスタンブルで開催。アメリカとの新防衛協定調印

一九七七　イスタンブルで「血のメーデー事件」。トルコ・リラ平価切下げ（一ドル＝一九・二五リラ）。イラクからの石油パイプラインが送油開始

一九七八　第三次エジェヴィット内閣成立。トルコ・リラ平価切

下げ（一ドル＝二五リラ）。ソ連と「善隣と友好協力の原則に関する政治文書」に調印。アメリカが武器禁輸措置解除。イスタンブル・アンカラ、東部諸県等に戒厳令

一九七九　トルコ・リラ平価切下げ（一ドル＝四七リラ）。第六次デミレル内閣成立

一九八〇　トルコ・リラ平価切下げ（一ドル＝七〇リラ）。**トルコ・アメリカ防衛協定に調印。軍部によるクーデター。全ての政党活動禁止、アタテュルク以来の人民共和党は解党。イスラム主義者のエルバカンとテュルケシュを逮捕**

一九八一　トルコ、イラク経済相互協力協定調印。アタテュルク生誕一〇〇年記念

一九八二　新憲法成立。参謀総長エヴレンが第七代大統領に就任

一九八三　北キプロス・トルコ共和国が独立宣言。総選挙における祖国党の勝利により再び民政移管が行われ、オザル内閣（祖国党）が成立

一九八五　トルコ、イラン、パキスタンの経済協力機構（ECO）設立。＊オザル首相来日。＊日本で「トルコ文明展」開催（四〜）

一九八七　**EC加盟申請。旧政治家の追放解除の国民投票**

一九八八　**第二ボスフォラス大橋（ファーティフ・スルタン・メフメット橋）完成（日本企業協力）。オザル首相が大統領に就任。＊「トプカプ宮殿秘宝展」日本で開催**

一九八九　＊オザル首相、大喪の礼のため来日

一九九〇　イスタンブルの人口約五五〇万人。＊日本・トルコ友好一〇〇年。オザル首相、今上天皇即位の礼のため来日

一九九二　デミレル首相来日。新ガラタ橋開通（火災により一時不通になっていた）

一九九三　進歩派ジャーナリストのウウル・ムムジュがテロで爆死。イスラム過激派による世俗（宗教分離）主義者暗殺の先駆けとなる。オザル大統領没。デミレル首相が大統領就任

一九九五　チルレル首相来日。エルバカン、繁栄党連立政権成立

一九九六　欧州連合の関税同盟に加盟

一九九九　**トルコ大地震。EU加盟候補国になる**

二〇〇〇　セゼル元憲法裁判所長官が大統領に就任。＊ウンリュ国務大臣が東京モスク開所式出席のため来日

二〇〇二　選挙で公正発展党（親イスラム右派）が五五〇議席中三六三を占めギュル単独政権成立（一一）

二〇〇三　**公正発展党のエルドアンが政権を継ぐ。EU加盟を最優先課題にイスラム色の自重と軍との友好を重視し、IMF主導の経済政策を進める。ギュルは外相として内閣残留。対イラク軍事行動で対米協力が成立せず。トルコは北イラクに潜伏したクルド人組織PKKへの積極的な対応を米国に期待。トルコ南東部（ビンギョル州）で地震。＊「日本におけるトルコ年」。**記念各

種催事。「大トルコ展（サドベルグ・ハヌム美術館セレクション）」。ヤルチュンバユル副首相が「トルコ年」開会記念式典出席のため来日。ムムジュ文化・観光大臣がNHK「トルコ三大文明展」開会式出席のため来日。ギュル副首相兼外相来日

二〇〇四　トルコ政府がキプロス共和国を国家承認しないまま、EU加盟交渉開始。＊エルドアン首相、ババジャン国務相、ユルドゥルム運輸相、アクダー保健相、ムムジュ文化観光相、国会議員一〇名が同行来日

二〇〇五　トルコ政府がデノミを施行（通貨のトルコリラからゼロが六つ減る）。曲折を経てEU加盟交渉再開。一人当たりのGNPが前年の二〇％の伸びを示す。トルコの輸出額が、二〇〇二年の三六〇億ドルから七八〇億ドルと、過去三年間で倍増

二〇〇六　トルコが皆既日食の観測環境条件が最も良いとされ、特にコンヤ市では皆既継続時間三分三六秒とトルコでは最長の観測時間を記録。**アタテュルク生誕一二五周年記念。オルハン・パムクがトルコ人作家として初のノーベル文学賞受賞。トルコのキプロス共和国不承認問題のため、EUがトルコとの加盟交渉を一部凍結**

オスマン帝国の歴代スルタン（1281〜1924）

1　オスマン一世（在位一二八一―一三二四、または一三二六）

オスマン帝国の基礎を築いた伝説の始祖となった君主。当時のアナトリアに無数に群雄割拠したガーズィ（聖戦の戦士）の一集団であった。オスマン家は、セルジューク朝と同族のトルコ系オグズ族の出身で構成され、有力な建国伝説では、カユ部族の部族長であったとされる。

2　オルハン（在位一三二四―一三六〇、または一三六二）

ガーズィたちの次の指導者には、オスマンの息子オルハンが選ばれた。ブルサの街を領土に加えて根拠地としての組織を確立し、国家へと発展させるきっかけを作った。彼の晩年には、アジア岸のスクタリ（現在のウスクダル）など、ビザンツ帝国の領土は、ほとんどオスマン領となり、ダーダネルス海峡ヨーロッパ岸のガリボリ（ゲリボル）にも足がかりを築いた。

3　ムラト一世（在位一三六〇、または一三六二―一三八九）

オルハンの子。即位後すぐにバルカンに進出し、ビザンツ帝国に残された希少な重要都市アドリアノープルを征服。アナトリアで征服を進めるとともに、ブルガリア、マケドニアなどにまで領土を拡大。帝国の首都をブルサからアドリアノープル（現在のエディルネ）に遷都。常備軍イェニチェリ軍団を創設し、帝国拡大に大きく寄与した。

4　バヤズィット一世（在位一三八九―一四〇二）

即位後すぐに、兄弟たちを処刑したことが、後のオスマン朝で慣例化していく。一三度の戦いに勝利を得た彼の勇敢なる行いからイュルドゥルム（稲妻・電光）の渾名がある。一四〇二年、バヤズィット一世率いるオスマン軍とティムール軍が、アンゴラで激突したがティムール軍に敗北した。

5　メフメット一世（在位一四一三―一四二一）

バヤズィット没後一〇年におよぶ大空位時代は、オスマン帝国にとって真に危機の時代であった。王子の一人、メフメット一世がこの危機を救った。弓の名手で、優れた政治家でもあった。

6　ムラト二世（在位一四二一—一四四四、または一四四五—一四四五、または一四四六—一四五一）
彼の大胆かつ精力的な軍事的行動力と、威厳と公正さによって、多くの信頼を集めた。他方で、平和で静かな生活を好み、在世中に皇位を王子メフメットに譲り瞑想生活に入ろうと試みた。

7　メフメット二世（在位一四四四—一四四五、一四四五—一四四六、一四五三—一四八一）
ビザンツ帝国の首都コンスタンチノープルを征服。「征服者」の異名がある。三度即位し、有能な武人であり、文人としても才能豊かな詩人であった。ルネッサンスのイタリアから画家を招いて肖像画やメダルを作成させた。

8　バヤズィット二世（在位一四八一—一五一二）
バヤズィットは、若い時は快楽に溺れ、父の不興をかったこともあったが、後に敬虔なムスリムとなった。彼の治世は守勢の時代で、晩年は東隣のイランでシーア派のサファヴィー朝が成立したため混乱した。

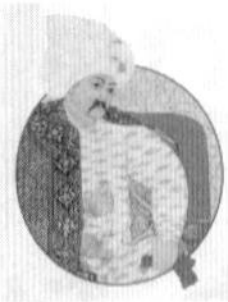

9　セリム一世（在位一五一二—一五二〇）
在位八年のみだが、サファヴィー朝のイランを討って、東アナトリアに領土を広げ、当時イスラーム世界の繁栄の中心だったエジプトとシリアを支配するマムルーク朝を征服して、イスラーム世界の中心部に進出し、聖地メッカとメディナをオスマン帝国領にした。歴代皇帝の中で最高の軍事的天才であり、詩人としても才能を発揮した。

10　スレイマン一世（大帝）（在位一五二〇—一五六六）
帝国の最盛期を築く。領土を東ヨーロッパ、北アフリカにまで広げた。軍事的成功だけでなく、芸術、文学、哲学などを愛し、大建築家シナンの建造による建築物は現在でもトルコの最も重要な文化財の一つである。国外でも「大帝」「壮麗者」と呼ばれ、国内では制度典章を整えたため「立法者（カーヌニー）」という称号で呼ばれた。

11　セリム二世（在位一五六六—一五七四）

12　ムラト三世（在位一五七四—一五九五）

13　メフメット三世（在位一五九五—一六〇三）

14　アフメット一世（在位一六〇三—一六一七）
乗馬とフェンシングが得意で、弓や狩猟を好み、軍人、政治家としても優れていた。一四代のスルタンに一四歳で即位し、一四年間在位したということから彼の人生では一四という数字が非常に縁の深いものとなった。一六一六年に完成したスルタン・アフメット・ジャーミィ

（通称ブルーモスク）は彼の時代のものである。

15　ムスタファ一世（在位一六一七―一六一八、または一六二二―一六一八）

16　オスマン二世（在位一六一八―一六二二）
アフメット一世の子。ムスタファ一世の退位後に一四歳の若さで即位。ゲンチュ（若い）という愛称で呼ばれた。イェニチェリを改革するために新たな編成を取り入れようとしたため、軍人たちの反乱で殺害された。

17　ムラト四世（在位一六二三―一六四〇）
若くして即位し、幼少時は母后キョセムが事実上の政務を執った。成年になると政務を取り返し、親政を開始。彼は歴代屈指の豪傑で、武術と馬術に秀でていた。当時イランのサファヴィー朝によりバグダードを奪われたが、自ら遠征して奪還。その帰還後間もなく病気を患い二八歳で夭折した。庶民の英雄として人気があり、物語のヒーローとしてしばしば登場する。

18　イブラヒム一世（在位一六四〇―一六四八）

19　メフメット四世（在位一六四八―一六八七）
父イブラヒムが殺され、七歳で即位。国事はしないで狩猟に没頭したため「狩人（アヴジュ）」という渾名がある。後宮で祖母キョセムと生母トゥルハンが権力争いをして祖母のクーデター計画を知った生母は祖母を絞殺させた。その後「ヴァリデ・スルタン（スルタンの母后）」として、生母トゥルハンが実権を握った。

20　スレイマン二世（在位一六八七―一六九一）

21　アフメット二世（在位一六九一―一六九五）

22　ムスタファ二世（在位一六九五―一七〇三）

23　アフメット三世（在位一七〇三―一七三〇）
メフメット四世の子。西欧世界が台頭し、帝国の力が衰え始めた一八世紀初頭、帝国の劣勢を自覚し、対西欧融和政策をとりつつ、イスタンブールの都市開発と文化振興に尽力した。詩人・書家で、オスマン詩人ネディームや細密画の巨匠レヴニーを育てた。治世後半には、華やかな「チューリップ時代」を開花させた。

24　マフムート一世（在位一七三〇―一七五四）
アフメット三世は大宰相イブラヒム・パシャに国事を任せていたが、イラン国境の紛争等を解決できず、不満が高まり、一七三〇年パトロナ・ハリ

ルが煽動する反乱がイスタンブルに起き、イブラヒムは殺害され、アフメット三世は退位幽閉された。マフムート一世時代にはじめてもとフランス軍人でムスリムになり、オスマン帝国に亡命したボヌヴァル伯爵を用い、西洋化改革に着手した。

25　オスマン三世（在位一七五四―一七五七）

26　ムスタファ三世（在位一七五七―一七七四）

27　アブデュルハミト一世（在位一七七四―一七八九）

28　セリム三世（在位一七八九―一八〇七）

フランス革命の三カ月前に即位。ムスタファ三世の子でアブデュルハミト一世の甥。文学・書道・音楽など芸術的才能にも富んでいた。王子時代にはルイ一六世と文通し、改革の指南を仰いだりした。即位後は露土戦争を終結させ、西欧モデルの軍制で大改革に着手したが、守旧派の反抗にあって廃位され、暗殺された。

29　ムスタファ四世（在位一八〇七―一八〇八）

30　マフムート二世（在位一八〇八―一八三九）

アブデュルハミト一世の子。ムスタファ四世の異母弟。母ナクシディルにはフランス人との俗説もある。帝国の危機的状況下で即位し、中央集権化と西洋化を軸とする上からの改革を推進して帝国の再生をはかり、オスマン帝国における体系的な「西洋化」改革の創始者となった。他方、書道家で、トルコ古典音楽にも深い造旨があった。結核により五四歳で死去。

31　アブデュルメジト一世（在位一八三九―一八六一）

32　アブデュルアジズ（在位一八六一―一八七六）

33　ムラト五世（在位一八七六―一八七六）

34　アブデュルハミト二世（在位一八七六―一九〇九）

アブデュルメジト一世の子。兄ムラト五世とアブデュルアジズの西欧訪問に随行。兄が「新オスマン人」と呼ばれる立憲派と積極的な関わりを持ったのに対し、彼は距離を置いた。近代化改革の意志を内外に示す必要に迫られ、ミドハト・パシャによるオスマン帝国憲法（ミドハト憲法）を発布した。しかし一八七七年の露土戦争を好機に憲法を凍結し、マフムート二世のようなスルタン専制下の改革を目指した。一方でイスラム主義を標榜したが、他方では、改革も鋭意に進めた。しかし、専制政治への不満が高まり一九〇八年の青年トルコ革命がおこり、翌年、退任させられた。七七歳で死去。

35　メフメット五世（在位一九〇九―一九一八）

36　メフメット六世（在位一九一八―一九二二）

アブデュルメジト一世の子。本名ヴァヒデッティン。メフメット五世と同様、傀儡に等しかった。

第一次世界大戦ではムドロス休戦協定を結んで降伏した。イスタンブールや各地域は連合国が占領。帝国は滅んだも同然の状態になった。この国家の危機に、ムスタファ・ケマル・パシャらがトルコ革命を敢行した。

37　アブデュルメジト二世（カリフとしてのみ）（一九二二―一九二四）

アブドゥル・メジト一世の子。彼は生後すぐに父を亡くし、数年後に母を亡くした。兄アブデュルハミトに育てられた。トルコ国民会議はスルタン制を廃止し、彼をオスマン帝国最後のカリフ（三七代目）に命じた。一九二四年、カリフ制も廃止されると彼は国外追放され、エジプトに亡命してその地で死去した。

〔編集後記〕
■2004年、小社からトルコ文学の邦訳第一作が出版された。オルハン・パムク著『わたしの名は紅』である。日本流にいえば、16世紀頃の歴史小説ということになる。欧米で話題になったというだけに、エーコの『薔薇の名前』を彷彿とさせる殺人ミステリーだ。しかも、この著者独自の“色”を巧みに織り込んだ作品で、欧米でベストセラーになった理由もわかる。その上、舞台がイスタンブールという東西文明融合の地であり、東と西を区別したい人にも、懸け橋として考えたい人にも、どのようにも読めるしかけを作っている。これを読んで、この作家の大変な力量を感じた。この地で生まれ育って初めて紡ぎ出された作品なのだ。それから2年。2006年晩秋、ノーベル文学賞を受賞された。当然といえば当然の受賞かもしれないが、本当にスケールの大きな作家が、辺境の地トルコから誕生したものだ。この大作家を生んだ、トルコについて、歴史・文化・社会の諸側面から考えてみた。　（亮）

別冊『環』⑭
トルコとは何か
2008年5月30日発行

編集兼発行人　藤　原　良　雄
発　行　所　株式会社　藤　原　書　店

〒162-0041　東京都新宿区早稲田鶴巻町523
電　話　03-5272-0301（代表）
ＦＡＸ　03-5272-0450
ＵＲＬ　http://www.fujiwara-shoten.co.jp/
振　替　00160-4-17013

印刷・製本　図書印刷株式会社

ISBN 978-4-89434-626-0

表紙写真＝澁澤幸子